ERINA北東アジア研究叢書──6

ERINA

The Economic Research Institute for Northeast Asia

現代朝鮮経済

挫折と再生への歩み

Mimura Mitsuhiro
三村光弘著

日本評論社

北東アジア研究叢書発刊に際して

　環日本海経済研究所（ERINA）は，その名が示すように，日本海を取り巻く中華人民共和国，朝鮮民主主義人民共和国，日本国，大韓民国，およびロシア連邦に，内陸国のモンゴル国を加えた，6カ国からなる北東アジアの経済社会を研究対象とする。それは，総人口17億人の諸民族の結びつきを包摂する広大な地域である。

　本研究所が設立されたのは1993年10月であるから，それは，冷戦が終結し，社会主義計画経済から市場経済への移行が開始された世界史的大転換期の端緒とほぼ同時に，産声を上げたことになる。すなわちその誕生は，北東アジアにおいても，市場主体間の結びつきや市場と市場との結びつきが新たに形成され，経済交流が拡大・深化し，さらには一つの「経済圏」が形成されるという，壮大な展望への強い期待を背景としていたのである。研究所の課題は，何よりもまず，北東アジア経済社会の調査研究であり，これを担う調査研究部は，国内外の多数の共同研究員の協力を得て，現地調査を含む活発な調査研究活動を繰り広げると同時に，国際的共同研究のプラットフォームの役割をも果たすようになってきている。第2にそれは，経済交流の促進活動であり，これを担う経済交流部は，経済交流推進の国際協力ネットワークのハブとしての機能を担うようになりつつある。第3にそれは，これらの活動を通じて獲得した情報や知見の社会への発信と還元であり，これは企画・広報部を中心に，ERINA Report（隔月），『北東アジア経済データブック』（年刊），ERINA Business News（隔月），ERINA booklet, The Journal of Econometric Study of Northeast Asia（年刊），ディスカッション・ペーパ，ERINA Annual Report（事業報告書）などの出版活動を通じて，行われてきた。

　しかし，所内においてこうした情報や知見の蓄積が進むにつれて，それまでの個別的な情報提供だけでは社会の要請に十分応えていないのではないか，という反省が生まれ，さらに北東アジアの各国経済や国際経済関係の一層深い分析と，この地域の体系的な経済社会像を提示する必要性が明らかになってきた次第であ

る。また研究活動のあり方においても，国際共同研究が大きな柱となるに至り，その研究成果をまとめた研究書の刊行が期待されるようになったのである。だが，そうした北東アジア経済論にしても，各国経済論にしても，一度まとめれば完成というものではない。社会は自然界とは異なって，絶えず変化し，新しくなっていく。先人の成果に基づき新たな地域経済論を作り上げても，それは時とともに色あせ，時代遅れになる。研究所は常に新しい問題に直面し，新たな解決と分析方法を求められ，模索し続けることになる。そこでこうした模索過程の成果を，その時々に一書としてまとめて刊行しようとするのが，本叢書の趣旨に他ならない。私たちは，北東アジアという地域的個性と，同学の方々の鞭撻と批判を通じて得られた質の高さとを兼ね備えた，叢書を目標としたい。

　本叢書はERINAの関係者によって執筆される。一年間に二冊の上梓を目指したい。こうした専門書の公刊は決して容易なものではないが，私たちの身勝手な要請をこころよく聞き入れて，叢書出版を受諾された日本評論社と，この刊行事業に支援を与えられた新潟県とには，研究所を代表して，この機会を借り深く謝意を表したい。

2012年1月

環日本海経済研究所長
西村可明

はじめに

1　本書の目的

　本書は，「ERINA 北東アジア研究叢書」の一環として，朝鮮民主主義人民共和国の経済に対する体系的な研究成果の普及と，社会に対する研究成果の還元という2つの目標を達成するために書かれた。前者については，学術書としての最低限の水準を保つことを目標とし，同じ研究分野で研究を行っている先人や同僚たち，これから朝鮮民主主義人民共和国の経済について研究を進めていく後進の人々による議論や批判に耐えうるものとすることに留意した。後者については，ビジネスパーソンや大学生など，朝鮮民主主義人民共和国や朝鮮半島についての専門知識はないが，関心を持つ人々に，現在の朝鮮民主主義人民共和国の経済や北東アジア地域と朝鮮民主主義人民共和国との経済関係を体系的に理解できるように努力した。

2　日本における朝鮮経済研究

　これまで，日本における朝鮮民主主義人民共和国の経済研究については，伝統的に建国後年を経るにつれて統計資料が限られたものになっていく状況のなかで，植民地時代の統計からはじまり，朝鮮戦争時に米軍が戦利品と鹵獲した資料や数少ない学術書，政治指導者の著作，新聞や雑誌類を含めて公開された資料を組み合わせながら，極めて緻密にパズルの「欠けたピース」を探し出すような実証的かつ職人的な研究スタイル（玉城素，木村光彦，後藤富土男，中川雅彦ら）と，その経済を社会主義経済へと発展していく経済ととらえ，その姿を理想主義的に描こうとするスタイル（西川潤ら，そして1980年代までに研究を行った在日朝鮮人の多くの研究者）があった。

　旧ソ連・東欧の社会主義政権が崩壊し，社会主義への支持がなくなっていくなか，後者の研究は減少していくが，朝鮮民主主義人民共和国を訪問し，現地の研究者との交流を通じて朝鮮民主主義人民共和国経済の現状を明らかにしようとする研究スタイルが現れてきた。このような研究手法では，言語的，制度的にも接

v

近しやすいこともあり，在日朝鮮人の研究者による研究が多い（姜日天，文浩一，朴在勲，文聖姫ら）。筆者の研究スタイルはこのようなスタイルに近い実証研究を主に行っているが，自己批判を込めて言えばやや感覚的な側面が強く，大ざっぱで緻密な分析に欠けるところがある。

さらに，最近では柳学洙のように，計量的分析をとり入れた研究もあらわれてきている。

3　本書と筆者の特徴

本書は，筆者のこのような弱点を逆手に取って，特徴とすることに努めた。これまで専門的な議論が中心で，基礎知識のない人たちにはわかりにくかった朝鮮民主主義人民共和国の経済について，学術書としての最低限の水準を保ちながらも，「大ざっぱに言えばこんな感じである」という「感覚」を読者に伝えることを重要な目標とした。

筆者は朝鮮民主主義人民共和国の経済史上，おそらく最も厳しい経済状況であった時期であった1996年に朝鮮民主主義人民共和国をはじめて訪れ，その後約40回にわたって訪朝し，研究者や実務者との交流を重ねてきた。歴史はそれほど深くはないが（それでももう20年になる），かの国を訪れた日本の研究者の中で，累積でおそらく筆者が一番酒をたくさん飲んだであろうと勝手に想像している。アルコールがないと学術交流ができないとは全く思わないが，その酒盛りの中で筆者は，国家や体制は違うとしても，人間と人間がぶつかり合うところに一定の理解が生まれるということを学んだ。こうして，かの国の人々と時には口論しながらも，話し合った日々で学んだことは，ひょっとすると本を読んで学んだことよりも多いかもしれない。

筆者は朝鮮民主主義人民共和国の人たちとだけ交流したのではない。同時期に日本，大韓民国，中国，ロシア，米国などさまざまな国の研究者や実務家と交流を行ってきた。その経験は直接には書かれてはいないが，同じ物事でも国や制度が違えば違って見えるという経験から，一度対象になりきってみることも必要であると考えるようになった。本書の記述の中には，そのような自問から得られた「ひらめき」も少なからず含まれている。

本書では，第4章で日朝経済関係について，歴史を紹介することにかなりの紙幅を費やした。これは将来日朝経済交流が復活した際に，新たに経済交流に関与

するであろう人々に，ぜひその歴史を伝えたかったからである。筆者は研究の初期にお世話になった，過去に朝鮮民主主義人民共和国とビジネスを行った日本のビジネスパーソンや在日朝鮮人の実務者，朝鮮民主主義人民共和国本国の実務者に，過去の日朝貿易についてたくさんの話を聞いた。それを全部紹介することはできないが，過去のビジネスパーソンの息吹の一部でも紹介したいと考えている。

4　用語

　本書では，これ以後，時に断り書きがない限り，1948年9月9日に朝鮮民主主義人民共和国が成立した後の同国を北朝鮮と表記している。また，1945年8月15日以降1948年9月8日までの主として旧ソ連の軍政期の朝鮮半島北部（38度線以北）のことは「北朝鮮」と表記した。同じように，1948年8月13日の大韓民国建国以降の同国は韓国と表記している。そして，1945年8月15日以降1948年8月12日までの米軍の軍政期の朝鮮半島南部（38度線以南）のことは，「南朝鮮」と表記した。第1章では大韓帝国が登場するが，それは「韓国」と表記した。また，朝鮮半島の南北関係においては，南側，北側という表現も補助的に用いた。

5　本書の構成

　本書は，第1章から第6章までの6章構成となっている。第1章は日本の明治維新から日清，日露戦争を経て，朝鮮半島が日本の植民地となり，第2次世界大戦に大日本帝国の一部として負け，敵国の一部として北緯38度線を境界として旧ソ連と米国に占領され，占領期間中に東西冷戦が激化して統一した国として独立できず，分断国家として出発した経緯を記した。この歴史は，日本に住む人が，南北問わず朝鮮半島の人々と交流する際に必ず頭に入れておかなければならないことである。

　第2章は北朝鮮が主張する社会主義経済発展の歴史である。実際にこの通りに発展していったのかについては議論がある（本当はそんなに格好良くはない）が，北朝鮮の人々と交流するときには，このような表現を聞くことになるので，予備知識として知っておくべき内容と考え，簡単に解説した。

　第3章は，北朝鮮の産業について，可能な限り解説を試みた。最近の鉱工業生産の統計数値がないなか，かなり古い資料も利用したが，北朝鮮の主要な産業がどのようになっているのかについて，できる限り説明を試みたつもりである。

第4章は，北朝鮮の対外経済関係について，旧ソ連と中国，日本そして朝鮮半島の南北経済関係について解説を行った。特に日朝関係の歴史についてはなるべく詳細に記録を残したつもりである。

第5章は，1989～91年に旧ソ連・東欧の社会主義政権が崩壊してゆき，東西冷戦が終了する過程で，北朝鮮が東側陣営と社会主義世界市場のサポートを失い，孤立無援になるなかでどのような事態が発生し，それに国家と国民がどのように対処したのかを，2009年11月の貨幣交換までのタイムスパンで解説を試みる。

第6章は，貨幣交換が所期の成果を上げられなかった後，北朝鮮においても民間の経済活動が国家に大きな影響を与えるようになるなか，北朝鮮の経済政策にどのような変化が見られ，現時点での限界はどこにあるのかを解説する。また，北朝鮮経済の今後について，大きく予断することを避けつつ，進むであろう方向性について簡単に触れてみた。

2017年8月

三村光弘

目　　次

北東アジア研究叢書発刊に際して　　iii

はじめに（三村光弘）　　v

第1章　北朝鮮経済を理解するために………………………………………………1

1　はじめに　　1

2　北朝鮮経済を理解するために必要なこと　　2

3　朝鮮半島と日本の関係　　3

　3.1　日本の近代化と朝鮮半島との関係　　3

　3.2　日本の植民地としての朝鮮半島　　5

4　国際情勢に翻弄される朝鮮半島─日本の敗戦から建国，東西冷戦の勃発，
　分断そして朝鮮戦争　　7

　4.1　日本の敗戦と植民地としての連合国による占領　　7

　4.2　分断国家としての独立と朝鮮戦争　　10

　4.3　分断国家としての体制競争　　12

5　おわりに　　13

第2章　現代朝鮮経済史：東西冷戦下の社会主義経済としての北朝鮮経済…………15

1　はじめに　　15

2　自立的民族経済建設路線と社会主義計画経済　　17

　2.1　自立的民族経済建設路線とは何か　　17

　2.2　朝鮮戦争と「戦時計画経済」　　18

　2.3　朝鮮戦争後の経済建設方向　　18

　2.4　東側陣営の一員としての北朝鮮　　19

　2.5　緊張する国際情勢と北朝鮮の「自主路線」　　20

　2.6　北朝鮮と対外経済関係　　20

3　各時期の経済計画　　21

　3.1　戦後復興三カ年計画　　21

　3.2　五カ年計画　　22

　3.3　第1次七カ年計画　　22

　3.4　六カ年計画　　23

　3.5　第2次七カ年計画　　25

　3.6　第3次七カ年計画　　25

ix

4 おわりに　26

第3章　北朝鮮の産業 ……………………………………………………… 27

1 はじめに　27

2 農林水産業　30

　2.1 農業　30

　2.2 水産業　31

3 鉱工業　34

　3.1 鉱業　34

　　(1) 主要品目の開発状況　35

　3.2 工業　37

　　(1) 重工業　39

　　(2) 軽工業　41

4 エネルギー　42

　4.1 北朝鮮のエネルギー産業の特徴　42

　4.2 北朝鮮のエネルギー需給状況　47

5 おわりに　52

第4章　北朝鮮の対外経済関係 ………………………………………… 53

1 はじめに　53

2 海外直接投資　57

　2.1 合営法（合弁法）の制定と「経済特区」の否定　57

　2.2 羅津・先鋒自由経済貿易地帯の設置　58

　2.3 南北関係の進展と新たな特殊経済地帯の設置　62

　　(1) 金剛山観光地区　63

　　(2) 開城工業地区　63

　2.4 中朝間での共同開発・共同管理の推進　65

　2.5 特殊経済地帯の地方への拡大　68

3 日朝経済関係　71

　3.1 貿易　71

　　(1) 日朝貿易の開始と間接貿易の時期　78

　　(2) 日朝直接貿易の開始と直接決済の承認　80

　　(3) 繰り延べ払い，輸銀融資，貿易保険の適用とプラント輸出の急増　82

　　(4) 日本企業の退潮と在日朝鮮人企業の台頭　84

　　(5) 国際政治的環境の変化と貿易の中断　84

　3.2 投資　85

　　(1) 在日朝鮮人による投資の開始　85

4 朝ソ・朝ロ経済関係　88

5 朝中経済関係　94

目　　次

```
    5.1  朝中関係の開始と朝鮮戦争，戦後復興　94
    5.2  東西冷戦終了後の朝中経済関係　95
    5.3  北朝鮮経済の回復と朝中経済関係　96
  6  朝鮮半島の南北経済関係　100
    6.1  南北経済交流の性格　101
      (1)  南北経済交流開始の経緯　101
      (2)  南北経済交流の時期的区分　103
      (3)  北朝鮮にとっての南北経済交流　103
    6.2  南北交易統計の構造と性質　104
      (1)  南北交易統計の出所とその問題点　104
      (2)  統計上のカテゴリーの区分　104
      (3)  一般交易と委託加工の交易額と品目別特徴　105
      (4)  非商業性取引排除の問題　109
    6.3  北朝鮮にとっての南北交易　109
      (1)  北朝鮮の貿易相手国の構成と対外貿易に占める南北交易の比率　109
      (2)  北朝鮮経済における南北交易が持つ意味　110
    6.4  おわりに　112
  7  おわりに　113
```

第5章　東西冷戦の終了と新たな国際秩序の中での北朝鮮経済 ················ 117

```
  1  はじめに　117
  2  旧ソ連・東欧の社会主義政権崩壊，中韓国交正常化と社会主義世界市場喪
     失　118
    2.1  ペレストロイカと東欧革命の進行，ソ連崩壊　118
    2.2  旧ソ連・東欧の社会主義政権崩壊と朝鮮半島　119
  3  危機の中での再出発の試み―「党の戦略的方針」　121
    3.1  農業部門での変化　122
      (1)  分組管理制改革　122
      (2)  農民市場　123
    3.2  工業部門での変化　124
    3.3  対外経済関係での変化　125
  4  金日成の逝去と「苦難の行軍」　126
    4.1  対外関係改善の努力と金日成の逝去　126
    4.2  苦難の行軍の開始と重工業優先路線の復活　126
    4.3  国家による供給の停止と非国営経済主体の隆盛　128
  5  金正日時代の始まりと経済管理改善への努力　130
    5.1  国営企業のリストラと経済計画作成方法における変化　130
    5.2  「実利社会主義」への進入と経済改革の深化　132
    5.3  経済改革の拡大　133
    5.4  経済管理改善措置　135
```

xi

5.5 農民市場の地域市場への改編と商品流通における価格メカニズムの部分的導入　136

5.6 経済改革の後退と動員体制の復活　137

6 2009年の貨幣交換　140

6.1 貨幣交換の内容　140

6.2 2009年貨幣交換失敗の要因とその影響　142

(1) 非国営部門の成長と商品経済の発達　142

(2) 商品経済の発達と非国営経済主体に対する認識の変化　143

7 おわりに　149

第6章 朝鮮経済の現状と未来 ……………………………………………………… 151

1 はじめに　151

2 「人民生活向上」への取り組み　151

2.1 2010年の新年共同社説以後の国民生活重視路線　151

2.2 中ロとの経済交流の活発化—金正日の中国，ロシア訪問　154

(1) 朝中国境地帯での中国の経済開発プロジェクトの活発化　154

(2) 金正日の中国訪問　155

(3) 中朝間の「共同開発・共同管理」の始動　155

(4) 朝ロ経済協力の活発化　156

2.3 中国との経済交流の活発化—外国投資の受け入れ強化　158

3 金正恩時代の朝鮮経済—「社会主義文明国」「全民科学技術人材化」　160

3.1 金正日の逝去と金正恩時代の始まり　160

3.2 金正恩時代の開始と新しいキーワード（社会主義文明国，新世紀産業革命，知識経済）　161

3.3 「生きた宣伝物」としての建設事業　163

4 「経済開発と核武力開発の並進路線」　167

4.1 朝鮮労働党中央委員会2013年3月全員会議での並進路線の提起　167

4.2 核，ミサイル開発と経済制裁　170

(1) 北朝鮮による核実験，ロケット・ミサイル発射　170

(2) 国連安全保障理事会決議による経済制裁　170

(3) 各国の独自制裁　171

5 経済政策の方向性　173

5.1 経済管理改善への準備　173

5.2 社会主義企業責任管理制の導入　176

(1) 工業における社会主義企業責任管理制　176

(2) 農業における社会主義企業責任管理制　177

6 朝鮮労働党第7回大会と経済部門間連携への挑戦　177

6.1 大会の概要　177

6.2 大会の意義　180

xii

目　次

　7　おわりに─朝鮮経済の未来像　182

おわりに　185
参考文献　191
『ERINA REPORT』記事一覧［Vol.1（1994年2月）〜No.137（2017年8月）］　196
索　引　207

朝鮮半島概略図

■第1章■ 北朝鮮経済を理解するために

1　はじめに

　本章では，北朝鮮経済を理解するために必要な，基礎的知識を紹介する。北朝鮮経済を理解するためには，北朝鮮そのものについてもある程度の予備知識が必要である。本来，このような記述は，北朝鮮経済の本ではなく，北朝鮮入門に書かれるべきものである。しかし，現在の日本には北朝鮮がなぜ今のような姿になったのかを包括的に説明する入門書がない。

　北朝鮮の現在の姿は，さまざまな要素に規定されているが，19世紀中盤から20世紀中盤にかけての欧米列強の東アジアへの勢力拡大，それを受けた日本の対応としての明治維新とその後の近代化，そして日本自体の列強への編入に大きく影響を受けている。朝鮮半島は1910年8月29日から1945年8月15日（法的には1952年4月28日）まで日本の植民地であり，北朝鮮は日本の植民地から独立した朝鮮の一部（分断国家）である。したがって，日本に住むわれわれが北朝鮮のことを考える上では，日本の近代化と朝鮮半島の植民地化，そして日本の第二次世界大戦の敗戦以降に朝鮮半島がどのような経緯で独立し，現在の姿となったのかを知っておく必要がある。

　朝鮮民主主義人民共和国成立後の北朝鮮経済は，東西冷戦や朝鮮戦争など，朝鮮半島がおかれた地理的な位置や歴史，大国の行動に大きく影響されている。本章は北朝鮮経済そのものを論ずるものではないが，北朝鮮経済を理解するために読者に必ず知っていてほしいと思う内容をまとめたものである。

1

2　北朝鮮経済を理解するために必要なこと

　北朝鮮はその政治制度や2017年現在で行っている対外，軍事政策など，日本では非常に奇妙で難解な国であると思われているようである。そのような面は確かにあるが，北朝鮮を列強の植民地支配から独立した発展途上国として見れば，世界に数多くある国のひとつとして見ることも難しくはない。

　北朝鮮経済は，他の国々の経済と同様，政治や国際関係と密接に結びついている。日本や大韓民国（以下，「大韓帝国」など歴史的な呼称の例外を除き，大韓民国を韓国とする）をはじめとして，北東アジアの国々のうち多くの国々では，「金儲け」すなわち経済活動は，それが国家の利害と矛盾しない限り割合自由に行われることが許容されている。多くの国において，経済活動を活性化し，国を富ませることが，国家の重要な活動目標となっている。しかし，北朝鮮では，経済活動は徹底的に政治に従属する。それは，北朝鮮という国家が分断国家であり，常に韓国による吸収統一の可能性が存在し，その上に軍事的には米国と対立しているため，いつ攻撃されてもおかしくない状況にあるという認識に基づいている。そのため，北朝鮮は米国による攻撃や韓国の吸収統一を防ぐためにはどうしたらいいかを真剣に考え，その回答として現在のような政治，軍事体制が作られている。

　韓国が1989〜90年にかけてソ連や東欧の社会主義国と続々と国交を正常化していったのとは対照的に，東西冷戦が終了して25年以上が経つ現在でも，北朝鮮はいまだ米国や日本との国交がない。旧西側の多くの国々は，この25年間，北朝鮮がまもなく崩壊するという認識を持ちつつ北朝鮮に対処してきた。しかし，北朝鮮は「苦難の行軍」と彼らが呼ぶ経済危機を多くの餓死者を出しながらも乗り越え，崩壊せずに現在に至っている。なぜ北朝鮮はこれまで崩壊しなかったのか。それを理解することが北朝鮮を考える上で重要な視点である。

　北朝鮮経済を理解するためには，さまざまな経済外的要因を同時に理解する必要がある。北朝鮮経済は，1948年の朝鮮民主主義人民共和国建国時から始まったものではなく，それ以前の時期，すなわち日本植民地以前の朝鮮王朝，日本植民地期，日本の植民地が終了し，ソ連占領地区としてソ連軍の指導の下で人民政権が打ち立てられていく時期と，さまざまな時期の出来事の結果存在している。したがって，北朝鮮経済を理解する際には，それよりはるか以前の1905年，1910年，

第1章 北朝鮮経済を理解するために

1945年，1948年，1952年といった歴史的な区切りを意識しつつ，そこに通底する何かを同時に見ていくことも必要とされる。

本章ではまず，朝鮮半島が日本の旧植民地であったことに関連し，明治維新以降の日本の近代化と朝鮮半島との関係から日本の植民地となる過程，日本植民地期，日本敗戦後のソ連占領地域，東西冷戦の開始と北朝鮮と韓国という2つの分断国家が同じ年に成立したこと，そして朝鮮民主主義人民共和国建国後から朝鮮戦争終結までの歴史を俯瞰する。

3　朝鮮半島と日本の関係

3.1　日本の近代化と朝鮮半島との関係

北朝鮮の人々と交流したり，北朝鮮の問題を考えたりするときに，日本に住む人々がまず認識しないといけないのは，1910年から45年まで，現在の北朝鮮と韓国の実効支配領域が存在する朝鮮半島は植民地として大日本帝国の一部であった，という事実である。北朝鮮がなぜ頑なに「国家」「主権」にこだわり，北朝鮮の人々は自らの生活が貧しくても国に対して文句を言わないのか，言い換えれば自らの人権よりも「国権」を優先する発想に親しむのかは，建国後の政策や教育も影響しているが，近代化の荒波の中で朝鮮半島の人々が受けた「苦難」あるいは「トラウマ」を知ることなしには，理解することは難しい。

江戸時代には，日朝両国は欧米諸国に対して鎖国をしていたが，両国間には友好的な関係が存在した。それが変化したのは1868年，明治政府が成立し，日本が欧米諸国との国交を前提として，欧米の近代的秩序のもとでの国交を朝鮮に対して求めた時であった（いわゆる「書契問題」）。朝鮮は清の冊封国として，日本の国書に記されたいくつかの用語に難色を示し，日本との国交を結ぶことを拒絶した。このため，日朝の国交は，1870年の日清の国交（特異な平等条約）よりも後の1876年「日朝修好条規」によって実現した（不平等条約）。欧米の秩序を前提とする近代秩序への対応をめぐり，日朝間には大きな隔たりがあった。

朝鮮を冊封国としておきたい清の意向も影響し，朝鮮の国内勢力は親清派，親日派，親露派などに分かれ，1882年の壬午事変，84年の甲申政変などがあり，日本も清も軍隊を朝鮮に派遣するようになる。これは，日清間で85年4月天津条約が結ばれるまで続いた。

3

日本による朝鮮半島の植民地化への動きは，1894～95年に顕在化する。94年8月26日の大日本大朝鮮両国盟約の締結時に日清戦争の目的は「朝鮮の独立のためのもの」とされた。この間に日清戦争が戦われ，日本が清国に勝利した。翌95年4月17日に「下関条約」（同年5月8日発効）によって清・朝間の宗藩（宗主・藩属）関係解消，清から日本への領土割譲（遼東半島・台湾・澎湖列島）と賠償金支払い（7年年賦で2億両（約3.1億円）），日本への最恵国待遇の提供が決まった[1]。95年5月29日には，台湾北部に日本軍が入り，96年6月17日に台北で台湾総督府が業務を開始し，同年11月18日に「全島平定」が報告されている。日清戦争の結果，日本は植民地として台湾を獲得し，朝鮮への干渉を強化した。

　1895年10月8日には乙未事変（いわゆる閔妃暗殺）があった。親露派が力をつけ，96年2月11日には，王である高宗がロシア公使館に避難して執務を行う「露館播遷／俄館播遷」（～97年2月20日）が発生，この間ロシアは朝鮮に多くの権益を得ることになり，朝鮮をめぐって日ロの利害が対立することとなった。1900～01年の清における「義和団の乱」の際，ロシアは満州（現在の中国東北部）に派兵し，その後も占領を続けた。これに対抗するため，日本は1902年に英国との同盟（日英同盟）を結び，1904年2月8日には日露戦争が始まった（～05年9月5日）。同月23日に日本は大韓帝国（以下，本章では「韓国」とするが，大韓民国とは異なる）と「日韓議定書」を締結，戦争遂行のための臨検収用権や日本の韓国施政＝内政への忠告権などを認めさせた。この結果，「韓国」は日本軍に占領された。同年8月22日には日本政府は自らの推薦者を「韓国」政府の財政・外交の顧問に任命する内容の「第一次日韓協約」を「韓国」と締結した。日露戦争のポーツマス講和条約では，ロシアに対して「韓国」における日本の権益を認めさせた。日露戦争終戦後の翌05年11月17日には日本は「韓国」と「第二次日韓協約」（日韓保護条約，乙巳五條約などともいう）を締結し，「韓国」の外交権の大半は日本に属するものと規定され，「韓国」は日本の保護国となり，事実上の支配下に置かれた。「韓国」皇帝高宗は1907年3月のハーグ平和会議に，日

1）遼東半島の領土割譲は，ロシア，ドイツ，フランスによるいわゆる三国干渉により，清と返還条約を結び，有償で返還することとなった。この時，日本はまだ欧州列強と互角に戦う力はなく，その悔しさは「臥薪嘗胆」と表現され，特にロシアに対する日本人の反発が強かった（そしてそれは，日露戦争へとつながっていく）。

第1章　北朝鮮経済を理解するために

本の干渉を排除し「韓国」の外交権保護を要請する密使を送った（ハーグ密使事件）が成功せず，同年7月，日本は高宗を退位させた。日本は同月24日に第三次日韓協約を結んで「韓国」軍を解散させ，「韓国」の内政まで掌握した。その後，日本は1910年8月22日に「韓国」と日韓併合条約を結んで朝鮮半島を併合した（韓国併合）。大韓帝国は朝鮮と改称された。

3.2　日本の植民地としての朝鮮半島

　日本の35年にわたる植民地支配は，大別して（1）1910年代の武断政治と（2）1919年3月に勃発した「三・一独立運動」後の1920～30年代の文化政治，（3）1940年代の戦時下の軍政時代に分けることができる。

　1910年代の武断政治の時期に行われた事業として「土地調査事業」があげられる。これは，植民地の安定的な税収を確保するため，近代的な土地所有関係を確立しようとするものであった。1918年11月に全事業が終了し，課税地は2866万町歩から4375万町歩へと52％増加した。しかし，土地所有関係に流動的要素があり，また調査は申告制で，小作人が土地を耕す伝統的な権利などが十分保証されず，納税を行う地主に土地に関するすべての権利を認める結果になったため，事実上の農民的土地所有を否定されたり[2]，有力者に土地を収奪されたり，国有地となってしまうケースが多発し，農民が耕す土地を失い，流民化する例が多く生じた。

　武断政治の時代，憲兵隊司令官が憲兵を指揮して，治安維持のみならず，戸籍管理や農政まで取り扱うという軍政が実施された。日本国内（内地）と植民地（外地）は異なった法域とされ，朝鮮人は教育，官吏任用などで差別され，自治は認められなかった。植民地化以前に存在した抗日組織は満州やロシア沿海地方に移って抵抗を続けた。

　1919年に世界的な民族自決の気運の高まり[3]をうけ，「三・一独立運動」が起こった。学生や教会などの中から起こった独立を求める動きは，同年3月1日にソウルで独立宣言の発表へと盛り上がったが，原敬内閣は軍隊を派遣してこの独立運動を鎮圧した。この事件は，本格的かつ全国的な独立運動の最初の動きとし

2）これは日本の地租改正でも，特に入会地の所有をどのようにするかについて，大きな問題となった。村所有，あるいは村が何らかの権利を有しているという証明責任は村に課せられ，証明できない場合は官有地となった。例えば，田中［1997］34-36頁などを参照。

て日本政府に衝撃を与え，日本政府はそれまでの武断政治を改め，1920年代は文化政治といわれる路線に転換した。憲兵が廃止されて警察に切り替わり，総督府の官吏に朝鮮人が任用されるなどの転換が図られた。後には道知事にも，朝鮮人が登用されるようになった。とはいえ，給与などでの日本人と朝鮮人の差は日本統治の最後まで存在した。1919年4月には上海に結集していた朝鮮人独立運動家たちが「大韓民国臨時政府」を設立した。大韓民国臨時政府は，最後までどの国にも承認されなかった単なる運動体であるが，韓国は自国をこの臨時政府の系譜に連なるとしている（韓国憲法の前文に書いてある）。

　朝鮮人は特に1930年代末から，日本が行った戦争に協力させられるようになった。兵士としては，陸軍士官学校や陸軍幼年学校，満州国陸軍軍官学校を経て軍人になる以外に，1938年に陸軍特別志願兵制度，1943年に海軍特別志願兵制度が導入され，44年には徴兵制度が実施され，最終的に11万人を超える朝鮮人兵士が（軍属を入れるとその倍以上）日本軍で軍務についた。国家総動員体制下の日本の産業現場では多くの朝鮮人労働者が自主的な就職，官斡旋，1944年9月〜翌45年3月までの7カ月間については，国民徴用令による戦時徴用の形で朝鮮半島から集められ，働いた。戦時徴用以外は自由意思での就職ということになっているが，官斡旋については事実上の割り当てであったことも多く，半強制的な労働力の動員であった[4]。また，従軍慰安婦の問題もあり，日韓，日朝間でその性質についての解釈で大きな相違がある[5]。

　日本の植民地時代には，経済インフラに相当の投資が行われ，朝鮮半島も本格

---

3) 1917年11月8日に，ソビエト政権の第2回全ロシア・ソビエト大会で発表された第一次世界大戦の即時講和を訴える布告のなかに，「民族自決」が入っていた。また，19年11月のパリ講和会議で，米国全権代表となったウィルソンが提唱した十四か条の平和原則にも植民地問題の公正解決すなわち制限的な「民族自決」を認める条項が入っていた。三・一独立運動はこのような世界的な流れにも関連した動きである。

4) 朝鮮人の労働力動員に関しては，外村［2012］が詳しい。また，法務研修所［1955］www.sumquick.com/tonomura/data/120312.../tyousendouin_gyousei_01.pdf も参照されたい。

5) 従軍慰安婦がたとえ自由営業の売春婦だったとしても，この時代の売春婦の多くが日本本土でさえ親や家族のための「年季奉公」で人身売買に等しい取り扱いをされていたことを考えると，その「自由意思」が現在私たちが考える自由意思であるのかどうかも疑う必要がある。実際に従事していた女性やその家族にとっては，日本の戦争遂行のために身を挺したという記憶が残り，そのような形での労力動員に対する恨み，つらみがあるのは当然のことであろう。

第1章　北朝鮮経済を理解するために

的な近代化を迎えることになる。近代化や資本主義経済の発達に注目して言えば，日本政府や日本人が朝鮮で行ったことは「投資」であるが，同時にそれが主に朝鮮の人々の利益のために企図されたものではなく，あくまで日本の近代化や成長，利益追求，列強としての地位確保のためのものであったことを認識する必要がある。朝鮮半島の人々が「国なき民」に甘んじなければいけなかったことで失ったものは多く，そのトラウマが南北を問わず，日本（およびその協力者である親日派）に対する極めて厳しい見方や反応につながっていることは否めない。

4　国際情勢に翻弄される朝鮮半島──日本の敗戦から建国，東西冷戦の勃発，分断そして朝鮮戦争

4.1　日本の敗戦と植民地としての連合国による占領

　1945年8月15日，昭和天皇の玉音放送により，日本のポツダム宣言の受諾と，連合国への降伏が発表された。ポツダム宣言の8条には，「「カイロ」宣言ノ条項ハ履行セラルヘク又日本国ノ主権ハ本州，北海道，九州及四国並ニ吾等ノ決定スル諸小島ニ局限セラルヘシ」とあり，カイロ宣言には「前記三大国ハ朝鮮ノ人民ノ奴隷状態ニ留意シ軈テ朝鮮ヲ自由且独立ノモノタラシムルノ決意ヲ有ス」とあるため，連合国の間で朝鮮半島は「将来的に」独立するものとして考えられていた。同じ日に，政府樹立までの過渡的準備機関として，建国準備委員会が設置された。米軍上陸前日の同年9月7日にはソウルで朝鮮人民共和国樹立宣言が行われた。米軍は同日付の合衆国太平洋陸軍最高司令官マッカーサー布告第1号で朝鮮を敵国すなわち大日本帝国の領土として軍政下に置くことを宣言した。米軍政下では朝鮮人民共和国は認められなかった。解放された民族ではなく，敗戦国民として扱われたことは，朝鮮の人々の気持ちを逆なでし，独立への道筋に少なからぬ影響を与えた。

　ソ連軍はすでに同年8月12日には朝鮮半島北東部の羅津に上陸しており，同月24日には38度線に到達した。ソ連占領下では，同月25日に朝鮮民族咸南執行委員会[6]に日本の行政機構の権限が移譲された。同月27日には平安南道人民政治委員

6）建国準備委員会咸鏡南道支部，咸鏡南道共産主義者協議会の協同戦線組織であった。共産主義者が優勢の組織であったといわれる。

会が成立した[7]。以降，ソ連占領下では人民政治委員会，人民委員会を主体として政権が樹立されていく。米軍は同年9月8日に仁川に上陸し，朝鮮は38度線以北はソ連に，以南は米国によって占領された（以下，本節では米軍政下の地域を南朝鮮，ソ連軍政下の地域を北朝鮮とする）。ソ連は同月20日のソ連軍最高総司令部の北朝鮮占領方針指令で，朝鮮人を敵国人とはみなさず，「北朝鮮に反日的な民主主義政党・組織の広範なブロック（連合）を基礎としたブルジョア民主主義政権を確立すること」を目的とした。朝鮮民主主義人民共和国建国時に首相となる金日成は，同月19日に元山に帰国した。

　朝鮮の独立について，1945年10月20日，ビンセント米国務省極東局長は講演で朝鮮の即時自主独立は困難として，米英ソ中の4カ国による信託統治を提唱した。同年12月16日〜27日に開かれたモスクワ3国外相会議では，この問題が議論され，同月27日付のコミュニケ＝モスクワ協定では，米ソ共同委員会を構成し，臨時朝鮮政府を設立，5年の信託統治のうえ独立することが合意されている。

　これに対し，左派勢力は賛成，朝鮮共産党は当初反対したものの翌46年1月に賛成し，保守派や右派，親日勢力は反対が多かった[8]。これらの勢力は時には協力し，特には対立しながら活動していった[9]。米ソ共同委員会は，46年1月16日〜25日に予備会談を，同年3月20日〜5月6日まで第1次米ソ共同委員会を持ったが，臨時政府樹立のための協議対象として，ソ連はモスクワ協定に反対した政治団体・個人を排除することを主張したのに対して，米国は信託統治問題に対する見解に関係なく協議参加は可能であるとの立場を示した。同年5月6日に協議は決裂し，次の日程を定めることなく，会議は休会となった。後に大韓民国の初代大統領となる李承晩を中心とした反共右派勢力は，南朝鮮だけの単独政府樹立を主張していた[10]。この後，中道勢力を中心に，信託統治問題は棚上げにして，

7）建国準備委員会平安南道支部と朝鮮共産党平安南道委員会が15名ずつのメンバーで共同で設置した体裁をとっている。

8）この時期，南朝鮮には，有力な独立運動家，政治家として呂運亨（中道左派），金九（大韓民国臨時政府，李承晩（大韓民国臨時政府，反共主義，南朝鮮の単独独立主張），宋鎮禹（元東亜日報社長，民族主義右派），安在鴻（元朝鮮日報主筆，民族主義左派），金奎植（大韓民国臨時政府，民族主義右派），許憲（共産主義者，朝鮮共産党→南朝鮮労働党），朴憲永（共産主義者，朝鮮共産党→南朝鮮労働党）がいた。

9）政敵を暗殺するようなことも少なくなかった。代表的な人物では宋鎮禹（1945年12月30日没），呂運亨（47年7月19日没），金九（49年6月26日没）らが犠牲となっている。

第1章 北朝鮮経済を理解するために

南北統一の臨時政府樹立をめざす「左右合作運動」が展開されたが奏功しなかった。

翌47年5月21日に第2次米ソ共同委員会が持たれたが，同年7月10日に事実上決裂し，米国は南朝鮮に単独政権を樹立することを決意し，同年9月17日に第2回国連総会に朝鮮問題を提出することを発表し，米ソの決裂が確定した。国連は，朝鮮独立問題を総会議題に含める決定をし，第1委員会に審議を付託した。同年11月14日の総会決議112（II）で，臨時朝鮮委員会（UNTCOK）[11]を設置し，翌48年3月31日までに政府樹立のための代議員選挙を実施し，政府樹立後，90日以内に占領軍は撤退することが決議された。

UNTCOK代表団は，北朝鮮への立ち入りが拒否され，カナダ，オーストラリアなどの反対にもかかわらず，米国は南朝鮮での単独選挙を企図し，UNTCOKに「立ち入り可能な限りの地域」＝南朝鮮での選挙実施，監視を求める国連中間委員会（総会閉会中の決議機関）決議が48年2月26日に採択された。UNTCOKは翌3月12日に南朝鮮での単独選挙とその監視を行う決定を行った。これに対して，南朝鮮では「2月ゼネスト」（3月はじめまでに30万人参加。警察との衝突で100余名死亡），「済州島4・3抗争」（島民の8分の1にあたる死者3万余名），「南北協商」（同年4月19日〜23日に「全朝鮮諸政党社会団体代表者連席会議（南北連席会議）」が開かれたが，南北の考えの違いから成功せず）などの分断反対闘争が展開されたが，1948年5月10日に南朝鮮での単独選挙が行われ，同月31日から国会が開かれ，翌6月10日に「国会法」，同年7月12日に「大韓民国憲法」が制定され，翌8月15日に大韓民国が成立した。

一方，北朝鮮では1946年2月8日に北朝鮮臨時人民委員会が成立し，金日成が委員長となった（幹部はほぼ全員が共産党系）。米国占領地域では同月14日に南朝鮮代表民主議院が創設された（28名の最高政務委員中，24名は右派，4名左派）。翌3月5日に北朝鮮臨時人民委員会は「北朝鮮土地改革にかんする法令」を発表し，ソ連軍政の影響力の下，非常に短期間のうちに土地の分配と地主の追

---

10) 当初は米軍も統一した独立が望ましいとし，李承晩の考えを斥けていたが，ソ連との関係が悪化する中で，それもやむなしの考えへと変化していった。

11) 国連臨時朝鮮委員会（UNTCOK ＝ United Nations Temporary Commission on Korea）は，オーストラリア，カナダ，中国，エルサルバドル，フランス，インド，フィリピン，シリアの8カ国（ウクライナは参加せず）で構成された。

9

放が完了した[12]。同月23日には北朝鮮臨時人民委員会が「20か条政綱」を発表し，大企業所，運輸機関，銀行，鉱山，山林を国有化し，灌漑施設を国家の管理下に置き，8時間労働を実施するなどその後の社会主義体制への移行につながる措置をとった。翌47年2月22日には北朝鮮人民委員会が成立した。48年7月9日に第5回北朝鮮人民会議が開かれ，「憲法実施について」が採択され，翌8月25日には北朝鮮で最高人民会議選挙が行われ（南では同月21日〜26日南朝鮮人民代表者大会が開かれ代議員決定），翌9月8日の最高人民会議第1期第1回会議で憲法が制定され，翌9日に，朝鮮民主主義人民共和国が成立した（南北の共産主義者たちの連合政府）。

4.2 分断国家としての独立と朝鮮戦争

大韓民国と朝鮮民主主義人民共和国がそれぞれ成立した後，国連では1948年9月24日に総会本会議が，第1委員会に朝鮮問題の審議を付託した。米豪中は共同決議案（UNTCOK の選挙成功の報告承認，新しい朝鮮委員会を設置し，統一を援助，総会は大韓民国を正当とすべき）を，ソ連は別の決議案（UNTCOK 監視下での南朝鮮選挙は不当で，モスクワ協定で処理すべき。朝鮮民主主義人民共和国が正当）を提出した。同年12月8日に共同決議案が採択，ソ連案が否決され，同月12日に総会決議195（III）として採択された。その結果，韓国は，未だに統一されていないこと，韓国が朝鮮半島の一部のみを実効支配している前提で「朝鮮における唯一政府」として国連から認定されたが，1991年9月17日に南北が国連に同時加盟するまで，国連の加盟国ではなかった。

米ソに代表される東西陣営の対立が先鋭化する中，1949年3月17日には，朝ソ経済文化協力協定が締結され，2億1200万ルーブルの借款に合意，あわせて軍事秘密協定が，翌18日には中国共産党軍と軍事秘密協定が結ばれた。同年10月1日に中華人民共和国が成立し，同月6日に中朝は国交樹立した。一方，1948年12月10日に米韓経済援助協定が締結され，無償の長期的援助が約束された。これらの援助は，食料品・原綿などの消費財中心で，韓国ではこれらを加工する産業「三白産業」（製粉・製糖・紡績）が勃興し，現在の財閥系企業の多くがここから恩恵を得た。米国のアチソン国務長官が1950年1月12日の演説でアメリカの防衛線

---

12) 詳細については，木村［1998］，桜井編［1990］を参照。

10

はアリューシャンから日本を通ってフィリピンにいたる線であると演説するなど，米国の対韓政策は動揺を見せたが，同月26日には米韓相互防衛援助協定が締結された。米国国務省ダレス顧問は同年6月19日，38度線視察後，戦争への援助を約束した。

　北朝鮮は1948年8月にソ連に武力統一の意思表示をしていたが，ソ連はそれを拒否していた。1950年4月に金日成と朴憲永が訪ソし，スターリンと会談，スターリンは，毛沢東の承諾を条件に開戦を認めた。金日成と朴憲永は翌5月に訪中し，毛沢東は開戦を支持した。同年6月25日，北朝鮮軍が侵攻を開始し，同月28日にはソウルを占領し，翌月20日には，大田をも占領した。韓国政府は同年8月18日に釜山を臨時首都とし，9月はじめには慶尚南北道の一部を残して北朝鮮軍が占領した。

　米国は開戦当日の6月25日，国連安全保障理事会開催を要求した。安保理は，ソ連が欠席のまま，北朝鮮の行為を「平和の破壊」と断定し，北緯38度線までの撤退を要求する停戦決議を採択した。当時の米国のトルーマン大統領は，同月27日，米空海軍出動を，同月30日本を占領していた地上軍の出動を命令した。安保理は同年7月7日，国連軍の結成を決議し[13]，同月14日には韓国軍の指揮権を国連軍司令官（マッカーサー）に委譲し，同月25日に東京に司令部が設置された。

　同年9月15日に国連軍は仁川上陸作戦を行い，同月26日にはソウルを，同年10月7日には38度線を越え，同月20日には平壌を占領した。中国は，同年10月1日，国連軍が38度線を突破すれば軍事介入すると警告したが，国連軍は同月24日，中朝国境の鴨緑江沿岸まで進撃した。これを受けて，同月19日から朝鮮に展開していた中国人民志願軍は翌25日に朝鮮戦争に参戦し，翌51年1月4日には，ソウルを再奪回した。その後国連軍は攻勢をかけ，同年3月14日にはソウルを取り戻し，同月24日には38度線を越え，同年6月にはさらに北方の鉄原などを占領したが，以後，38度線付近で戦局は一進一退の状況であった。ソ連は同年6月23日に国連

13）日本を占領していた連合国軍の最高司令官マッカーサーは翌7月8日に日本に対して警察予備隊の結成を指令しており，朝鮮戦争は日本の再軍備のきっかけとなった。また日本も連合国軍の実質的な命令により戦闘地域に機雷除去を任務とする日本特別掃海隊を派遣するなど，事実上朝鮮戦争に参戦した。

に休戦を提起したが，米国は司令官のマッカーサーが中国東北に原爆投下を主張するなど強硬策を主張，マッカーサーは翌51年4月，国連軍総司令官を解任された。休戦会談は，51年7月に始まり，軍事境界線の設定，監視機関の構成，捕虜交換などを討議したが，李承晩大統領は北進統一を主張し，強硬に反対した。米国は，米韓相互安全保障条約の締結，長期経済援助，韓国軍の増強などを条件に，李承晩大統領を説得し，1953年7月27日，板門店で韓国の署名のないまま，国連軍，北朝鮮軍，中国人民志願軍の間で休戦協定が締結された。

　この戦争の結果，死者は400万名を超え，南北分断は固定化し，軍事境界線は要塞化した。また，この戦争は米国を中心とする西側陣営と，ソ連を中心とする東側陣営の代理戦争の様相を呈し，東西冷戦が激化する契機となった。このことは，日本が西側に止まることを条件としたより有利な対日講和条約，日米安全保障条約，日本の再軍備（警察予備隊→保安隊→自衛隊）の契機となった。また，朝鮮戦争時に日本が国連軍（米軍）の兵站基地となり，軍用物資の調達が増えたため（朝鮮特需），敗戦後に低迷していた日本経済の大きな刺激となり，高度成長へとつながっていった。

4.3　分断国家としての体制競争

　朝鮮戦争後，北朝鮮と韓国は1990〜91年の冷戦終結まで東側陣営と西側陣営に分かれて対立し，200万近い兵力が軍事境界線の両側に布陣した。また，双方が自分たちがより正当な政府であることを競いあった（体制競争）。南北双方が自分たちの体制によって，朝鮮半島全体を支配しようとしたのである。2017年4月現在，南北双方とも，憲法上の領土は朝鮮半島全体である。南北の体制競争はまた，双方の内部にも極めて深刻な対立をもたらした。国内政治のために南北の対立と体制競争が利用されたのである。このような構図は，1970年代から少しずつ南北の緊張緩和が試みられ，2000年代に入ってからそれが相当に進んでからも解消されていない。

　南北間の体制競争を経済の側面からみると，1960年代までは北朝鮮が優勢であったが，60年代から韓国の高度成長が始まり，70年代には韓国の方が経済的に優勢となっていった。1986年のアジア競技大会の成功，87年の民主化（6月29日「国民の大団結と偉大な国家への前進のための特別宣言」），88年のソウル・オリンピックの成功などを契機に韓国の優位性が強調されるようになり，90〜91年に

かけてのソ連・東欧の社会主義政権の崩壊（および89～91年のソ連・東欧諸国の韓国との国交樹立）と92年の中韓国交正常化で北朝鮮を支援する勢力がなくなると，北朝鮮は極めて厳しい経済状況に陥ることになった。

朝鮮半島は現在でも，南北の体制競争のさなかにある。韓国が体制競争に勝った，というのが世界の大方の見解であり，北朝鮮も現在では韓国を自らの体制で統一しようとするところまでの力はない。しかし今後，北朝鮮経済が成長し，力をつけてきたときに，自らの体制で相手方を統一しようという誘惑を完全に捨てきれるかどうかは分からない。また韓国も，自らの体制で北朝鮮を吸収統一することを主張する勢力が常に一大政治勢力となっており（いわゆる「保守」，「進歩」の区分けのうちの「保守」），北朝鮮にとっては対立する米国の存在と共に，体制を脅かす要因として認識されている。北朝鮮の核，ミサイル問題を考えるとき，南北の対立すなわち分断国家としての体制競争は，北朝鮮にとってそれらを保有，開発する理由として，現在も現実問題として存在している。

5　おわりに

本章では，日本の植民地期の前史から日本の植民地時代，植民地からの解放を経て，大韓民国と朝鮮民主主義人民共和国の2つの国が成立し，その後朝鮮戦争で同じ民族が闘う悲劇を経験したところまでを主に取り扱った。

北朝鮮が分断国家として，韓国と対立状態にあること，そして朝鮮戦争は休戦状態であり，法的には米国を中心とする国連軍との戦争がまだ続いている状態であることは，北朝鮮経済を規定する極めて重要な前提条件である。この2つの前提条件は，北朝鮮という国が何かを決定し，行動する際の前提ともなっている。したがって，北朝鮮を考える上で，常に心に留めておく必要のある事項と言える。

次章からは，北朝鮮経済そのものの姿に迫るべく，北朝鮮経済の歴史や構造，現状について，具体的に述べていくこととする。

■第2章■ 現代朝鮮経済史
東西冷戦下の社会主義経済としての北朝鮮経済

1 はじめに

　本章では，日本からの解放後，ソ連軍による占領，朝鮮民主主義人民共和国成立を経て，現在に至る朝鮮半島北部の経済の流れを概観することを目的とする。

　ソ連軍による占領地域に成立した北朝鮮臨時人民委員会は，1946年8月10日には北朝鮮臨時人民委員会が「産業，交通運輸，逓信，銀行等の国有化に対する法令」（重要産業国有化法令）を公布し，鉱山，鉄道，大規模な商業施設など，これまで主に日本人が所有していた主要な産業施設を同月21日までに無償で没収し，国有化した。また，1947年，48年に単年度の経済計画を実施するなど，社会主義計画経済を志向する傾向があった。朝鮮民主主義人民共和国成立後の1949年～50年には，2カ年計画をスタートさせ，ソ連の技術援助や借款を受けながら植民地経済からの脱却を図ろうとしたが，1950年6月25日の朝鮮戦争の勃発を受け，同計画は中断した（鐸木［1992：45］）。しかし，北朝鮮では최윤규［チェ・ユンギュ］［1995：164］のように，基本的な建設は成就したと考えている。このような急速な社会主義的政策を可能にしたのが，日本植民地期に朝鮮半島北部に存在した重化学工場の接収であった。

　表2-1のように，日本植民地期の朝鮮半島北部には重化学工業の約8割が位置した。これらの投資の圧倒的な部分は日本人の所有によるものであった。代表的なものには，日窒コンツェルン（朝鮮水電株式会社，朝鮮窒素肥料株式会社など）による東海岸，後には鴨緑江における大規模な水力発電所建設（赴戦江，長津江，虚川江，水豊など）と硫安製造をはじめとした化学工業があげられる。その他，製鉄業では日本製鉄の兼二浦製鉄所，三菱製鉄の清津工場，朝鮮理研の鎮南浦工場，朝鮮工業の興南工場，日本高周波の城津製鋼所などが，化学工業では

15

表 2-1　部門別工業生産の南北別分布（1940年）

（単位，1,000円，％）

	南		北		合計生産額
	生産額	比率	生産額	比率	
化学工業	91,172	18	410,578	82	501,750
金属工業	13,602	10	123,490	90	137,092
機械工業	38,406	72	14,820	28	53,226
小計	143,180	21	548,888	79	692,068
紡績工業	170,986	85	30,356	15	201,342
窯業	7,966	21	31,276	79	39,242
木製品工業	13,749	65	7,312	35	21,061
印刷・製本業	17,246	89	2,127	11	19,373
食料品工業	213,628	65	114,724	35	328,352
ガス・電気業	11,097	36	19,366	64	30,463
その他	127,474	78	35,794	22	163,268
小計	562,146	70	240,955	30	803,101
総計	705,326	47	789,843	53	1,495,169

（出所）朝鮮銀行『朝鮮経済年報』1948年版，I-101頁，『現代朝鮮問題講座』IV
巻 21頁より再引用

前述した朝鮮窒素の興南工場，本宮工場，朝鮮石油の元山精油所，朝鮮石灰の阿
吾地工場，王子製紙の新義州工場，北鮮製紙の吉州工場，朝鮮理研の鎮南浦酒精
工場，朝鮮無水酒精の新義州工場などがあげられる。セメント工業では，小野田
セメントの勝湖里，川内，古茂山工場，浅野セメントの海州工場，沙里院工場，
紡績業では鐘淵紡績の平壌工場，大日本紡績の清津工場，朝鮮レーヨンの咸興工
場などがある[1]

　これらの工場は，日本の敗戦後に北朝鮮にできた人民政権に接収され，朝鮮民
主主義人民共和国成立後は国営企業となった。その多くが朝鮮戦争後の北朝鮮で
も引き続き使用されていることが分かっている。当時の朝鮮半島北部では，日本
人が残していった膨大な産業施設を国有化することによって，一挙に社会主義化

1）詳しくは中川［2011］59-62頁の表を参照されたい。https://ir.ide.go.jp/?action=reposit
ory_uri&item_id=42299&file_id=26&file_no=1（最終アクセス2017年 5 月10日）。

第2章　現代朝鮮経済史

を実現することができる環境にあったということができる。しかし，このような産業施設がそのまま北朝鮮の経済建設に用いられたかといえば，そうではない面もあった。中川［2011：57］は，引き揚げ時の日本人による破壊とともに，ソ連軍が当初，戦利品として少なからぬ穀物，家畜，在庫物資，産業施設を没収したと指摘している。また，建国後まもなくの朝鮮戦争により，多くの工場が被害を受けたと言われており，北朝鮮では，戦後の復興の多くは北朝鮮国民の努力のたまものであり，日本人が残していったものについての評価は一般に低いと考える論者が多いようである。

2　自立的民族経済建設路線と社会主義計画経済

2.1　自立的民族経済建設路線とは何か

　北朝鮮の現在の経済政策の基本は，社会主義計画経済の堅持と自立的民族経済の拡大・発展である[2]。具体的には国内資源，原料による生産を重視し，国防産業を支えることができる産業基盤整備の重要性の強調という方向性として現れる。朝鮮戦争において，武器弾薬を含む物資の不足により円滑な戦争遂行ができなかった経験から，北朝鮮はその後，重工業を中心に国内の技術，原料，燃料で基本的なものは生産できるようにする政策をとるようになった。この傾向は，第5章で述べるように1990年代前半に修正されたかに見えたが，その後復活し，2017年現在でも貫徹されている。

　北朝鮮は現在，自国の経済政策の基本を「自立的民族経済建設路線」であるとしている。中川［2011：55-56］によれば，自立的民族経済建設路線ははじめからそのように構想された政策というよりも，その主要な特徴である重工業の優先的発展も，それまでの経済政策の展開から帰納的に形成されたものであると見るべき，としている。すなわち，現在北朝鮮が主張している，北朝鮮は建国後一貫して自立的民族経済を建設してきたというのは，最初からそのようなグランドデザインがあったのではなく，個々の政策とその展開を遡ってみるとそのように見える，ということである。

　2）これは北朝鮮においては思想における主体，政治における自主，経済における自立，国防における自衛という主体思想から導かれたものであるとされている。

17

2.2　朝鮮戦争と「戦時計画経済」

　建国後 2 年に満たない1950年 6 月25日，朝鮮戦争が勃発した。申熙九 ［2004：
25-27］によれば，北朝鮮経済は，人民民主主義経済を「戦時計画経済」へと再
編成することになった。建国間もない北朝鮮には，独力で戦争を遂行するだけの
生産力がなく，朝鮮戦争はソ連と中国のプロレタリア国際主義に基づく支援に支
えられた面が大きい。朝鮮戦争を戦う中で，戦時計画経済という，極めて中央集
権的な上意下達の指導体系が，国民を飢えさせることなく戦争を遂行する結果を
生み，その後，同体系を敷衍する形で北朝鮮の経済政策は展開されるようになっ
た。

　1953年の朝鮮戦争休戦後も東西冷戦のアジアにおける最前線として，韓国と米
国（米軍基地のある日本も相当の脅威であった）との熾烈な対立を続けることに
なった北朝鮮は，政治が経済に，軍事が民生に先行するという発想で管理が行わ
れるようになり，現実の経済状況や国民生活よりも政治的要請や理想を重視する
特徴を持つに至った。

2.3　朝鮮戦争後の経済建設方向

　北朝鮮は，社会主義工業国となるためにも，主要な国防装備を国産化するため
にも，重工業を重視する政策を継続してきた[3]。諸外国に比べても人口に占める
軍人が多いのも北朝鮮の特徴である。2009年の統計では北朝鮮の兵力は約70万人
と，人口が約 2 倍の韓国の約69万名に比べても非常に多い[4]。その結果，国家予
算に占める国防費の割合も周辺国に比べてきわめて高い現状が続いていると考え
られている[5]。

　朝鮮戦争後の北朝鮮は，重化学工業を基幹産業とする社会主義工業国家の建設

---

　3 ）重工業優先の政策を変更したのは，1993年に第 3 次七カ年計画が一部指標未達成で終了し
　　た後「新経済戦略」がとられた時期のみである。その後，1998年には再び重工業優先の戦略
　　に戻った。2009年以降の政策については，農業と軽工業に注力している点では「新経済戦
　　略」との類似性も見られるが，重工業，なかんずく軍需工業の優先的発展について強調して
　　いる点は，90年代中盤とは状況が異なると考えざるを得ない。
　4 ）文浩一 ［2009］によれば，国連機関の協力の下に行われた1993年の人口センサスから導き
　　出された軍人数は691,027人，2008年の人口センサスから導き出された軍人数は702,373人で
　　ある。

第2章　現代朝鮮経済史

を基本的な経済政策とした。これは，朝鮮戦争時に自力で戦争を遂行する能力がないことが指導部の教訓となったからであった。植民地から独立して間もない北朝鮮が，3年間にわたる熾烈な戦争を戦い，廃墟からの建設を行うとしたとき，深刻な資本と外貨の不足問題に直面した。

資本と外貨の不足をいかに乗り越え，国家建設を行い，産業を育成するのかが列強の植民地から独立した国々の共通の課題であった。この問題点は，政治体制や地理的位置などにかかわらず，同様の諸国にほぼ普遍的に存在する問題であると言ってよい。北朝鮮も各時期において，この問題を解決するためにさまざまな対応をとっている。

2.4　東側陣営の一員としての北朝鮮

朝鮮戦争遂行の記憶と，東西冷戦下で東西陣営が対立する最前線としての地位の継続は，朝鮮戦争の休戦後も東側陣営からプロレタリア国際主義に基づく復興支援を得ることにつながった。北朝鮮は自立的民族経済建設をスローガンとして掲げ，実際にそのように努力しながらも，資本と技術，北朝鮮で生産できない石油やコークスなどの燃料，原材料を社会主義国から調達し，貿易赤字のうち多くは事実上の支援として解決する構造を内包しつつ成長した。

重工業は石油や石炭，コークスなどの燃料を自給あるいは容易に調達しうるソ連や東ドイツ，ポーランドなどをモデルとして，その支援を受けながらプラントを建設した。その結果，エネルギー高消費，低効率型の工業ができあがった。このようなエネルギー多消費型の工業を，東側陣営からの支援を受けつつ，できるだけ国内の原料，燃料（特に石炭）を利用して稼働させるのが北朝鮮型の成長モデルであったといっても過言ではないだろう。

1980年代後半から1990年代初めにかけて，旧ソ連・東欧の社会主義政権が崩壊する以前には，東西冷戦を背景に，社会主義国間の支援が行われていた。北朝鮮は経済相互援助会議（COMECON）には加盟していなかったが，建国以来，旧

5）北朝鮮は国家予算の中で国防費を計上しており，この数値は2000年代に入ってからは約16％である。しかし，北朝鮮の国防費は，国家予算の中から支出される以外に，公表されていない「第2経済委員会」などの予算からも支出されていると言われている。具体的に対GDP比何パーセントの国防費が支出されているのかを正確に示す統計資料は存在しない。

19

ソ連や東欧諸国，中国などから，事前に締結した貿易協定により，主として国際市場価格よりも有利な条件（友好価格）で，外貨準備に制約されないで貿易を行えるバーター貿易などの形式で貿易を行い，経済建設に必要な燃料，食糧，原材料等の供給を受けてきた。

2.5 緊張する国際情勢と北朝鮮の「自主路線」

1960年代は，キューバ危機，ベトナム戦争をはじめとして，アメリカとの軍事的緊張が高まっただけでなく，北朝鮮と国境を接し，かつ，主要な援助供与国となっていたソ連と中国の路線対立，軍事的対立により，経済建設が二重に遅れるという痛手を負った10年間であった。この教訓から，北朝鮮は経済建設において「自主」を強調していくようになる。

同時に，韓国に対する工業化での相対的優位性が崩れた結果，北朝鮮はその打開策として貿易多角化と西側技術の導入により技術革新を行おうとした。第4章で詳しく述べるが，北朝鮮はソ連と中国に依存した経済建設のあり方を再検討するようになり，かつ経済計画の遅れにともなって更新が立ち遅れた生産設備を一新する必要も生じた。それが1970年代初頭の西欧及び日本を中心とする西側諸国からの借款大量導入につながったが，債務の償還が滞り，累積債務問題が発生した。累積債務問題は，現在も解決されておらず，北朝鮮と日本や欧州との経済交流を妨げる要因として存在している。

2.6 北朝鮮と対外経済関係

対外債務が急増した反省の上で，北朝鮮は1977年以降は輸出の増加につとめた。これは輸出志向型の経済体制をとったのではなく，あくまでも従来の経済政策の中での輸出増加策であった。

1980年に行われた朝鮮労働党第6回大会を契機として，北朝鮮は貿易の多角化，多様化，信用第一主義原則の堅持のスローガンのもと，貿易を大きく拡大させる路線を提示した。1984年9月，北朝鮮の最高人民会議常設会議は「合営法」（合弁法）を採択した。合弁によって，外貨準備に制約されることなく，比較的容易に外国の資本と先進技術を導入することが目指された。同時に，同年5月中旬～7月初旬には金日成が20年ぶりにソ連・東欧を訪問し，ソ連との貿易協定に合意し，旧東ドイツとの親善協力条約（期間25年），ブルガリアとの親善協力関条約

第2章　現代朝鮮経済史

（期間20年）を締結し，長期間の社会主義諸国による支援を取り付けた。ソ連との貿易額は年々増加したが，社会主義国への依存を深めた時期が，社会主義政権の崩壊のプロセスと重なっていたのは皮肉なことであった。

3　各時期の経済計画

　本節では，朝鮮民主主義人民共和国成立後の北朝鮮の経済計画について概観する。北朝鮮の社会主義計画経済の「質」については，木村［1999］やKim［2017：56-90］が指摘するように，旧ソ連で行われていたような国民経済のかなりの部分を網羅する統計に基づいた科学的な経済計画ではなかったという見方をする研究者が多い。本節では，北朝鮮における経済計画にそのような限界が存在したことを認識しつつ，北朝鮮が現在主張している経済史がどのようなものであったかを紹介する。

3.1　戦後復興三カ年計画

　朝鮮戦争後，北朝鮮の経済建設の目標は，朝鮮戦争で破壊された経済を戦前のレベル以上に復活させ，かつ社会主義経済の土台を建設することにあった。そのために北朝鮮は計画経済体制をとることにした。経済計画の遂行は1954年から始まった。まず行われたものは，戦後復興三カ年計画（1954年〜56年）である。戦後復興3カ年計画の中心課題は，重工業を優先的に発展させることであった。北朝鮮はこの後，1993年に朝鮮労働党が新経済戦略を発表するまで，重工業を中心とする工業化を推進していく。朝鮮労働党の見解によれば，戦後復興三カ年計画によって，「産業の植民地的跛行性がかなり減少し，民族経済の自立的土台が打ち建てられはじめ，人民経済のあらゆる部門において社会主義的経済形態の支配的地位が強化された」とされている。この計画による工業生産額の年平均増加率は，41.7％であった。この計画では，総投資額の24％をソ連や中国からの援助によって得ていたが，その結果高率の経済発展を遂げることが可能であった。この時期の経済建設は，国民経済の社会主義化が主要な目標であった。

　北朝鮮は社会主義計画経済を導入することにより，中国とソ連から相当額の援助を受け，朝鮮戦争の廃墟から復興を遂げていった。

21

3.2 五カ年計画

　次に行われたのは，五カ年計画（1957年～61年）であった。五カ年計画の基本的な目標は，都市と農村において生産関係の社会主義的改造（国営化，集団化）を終え，社会主義的工業化の基礎を作り，国民の衣食住の問題を基本的に解決することであった。これを北朝鮮では，社会主義基礎建設の完成と呼んでいる。この計画は，1960年に繰り上げ達成された。この計画により「社会主義基礎建設目標が完遂されたことにより，わが党と人民の前には社会主義を全面的に建設していく目標が出現した」とされている。そしてこの2つの計画によって，社会主義経済の土台が建設されたとされている。この計画による工業生産額の年平均増加率は，36.6％であった。

3.3　第1次七カ年計画

　1960年代は1950年代と異なり，北朝鮮の主要な援助提供国であったソ連と中国間に路線対立が生まれ，その結果，軍事的緊張が生じた時期であった。北朝鮮の経済建設は，前節で述べたとおり，その多くの部分をソ連と中国の援助に頼っており，また両国とは国境を接しているため，両国の対立は北朝鮮に対して，経済上の困難をもたらしただけでなく，軍事的にもきわめて緊張した要素をもたらした。

　この10年は，朝鮮労働党の公式文献では「勝利した社会主義制度に依拠して全面的技術改革と文化革命を遂行し，社会主義工業化を実現し，朝鮮を社会主義工業国家に転化させ，人民生活を画期的に高める」ことを目標とした第1次七カ年計画（1961～70年）の時期にあたり，北朝鮮が社会主義建設を推進し，経済が社会主義の全面的建設への移行を開始し，制度的には1972年に社会主義憲法の制定に結実した時期であるとされている。しかし，1950年代には順風満帆であった北朝鮮の経済建設も，ここに来て国際的な軍事的緊張の高まりに無関係ではありえなかった。

　第1次七カ年期間中の1962年にはキューバ危機が発生し，その後，ベトナム戦争も激化した。1962年12月に召集された朝鮮労働党第4期第5回会議では経済建設と国防建設の並進路線，すなわち国防建設を国民経済の建設に優先する路線が提起された。また，中ソ紛争が拡大する中，1966年10月に開かれた朝鮮労働党第2回代表者会では，「朝鮮をとりまく国際情勢は，米国帝国主義の侵略策動と，

社会主義国同士や国際共産主義運動での機会主義の出現により，複雑である」との認識のもとで，「社会主義党の自主性を堅持することが国際共産運動における重要な問題となる」ことを強調した。そして，国防建設に大きな力を注ぐ条件の下で，第1次七カ年計画遂行を3年間延長することを決定した。1966年には国家財政に占める軍事費が10%であったものが，1970年には31.3%になった。反面，国家財政に占める人民経済費の割合は，1966年に68.4%であったものが，47%に下落した。第1次七カ年計画では，工業生産率が年平均12.8%増加したが，1950年代までの計画のような高い成長にはならなかった。

　北朝鮮の経済発展を支えてきた社会主義国の援助は，基本的に貿易の形式をとっており，社会主義国との貿易は，双務的協定に依拠した清算貿易ないしはバーター貿易であった。1960年代を通じて貿易量の60〜70%は中国とソ連を中心とする社会主義諸国との貿易であった。朴貞東［1996］によれば，北朝鮮の貿易収支は基本的に赤字であり，この赤字は中国とソ連両国の援助により補充された。しかし，中ソ対立の激化により，軍事的支出に多くの資源を振り向けなくてはならなくなり，中ソ両国との関係も「中ソ両国間の等距離外交を通じて巧妙に両国から借款，技術協力等を引き出していた」と形容されるように，1950年代とは異なりより緊張をはらんだものとなった。

　北朝鮮にとって1960年代は，米国との軍事的緊張が高まっただけでなく，ソ連と中国の路線対立，軍事的対立により，経済建設が二重に遅れるという痛手を負った10年間であった。この教訓から，北朝鮮は経済建設において「自主」を強調していくようになる。同時に，経済計画の遅れにともなって更新が立ち遅れた生産設備を一新する必要も生じ，それが1970年代初頭の西欧及び日本を中心とする西側諸国からの借款大量導入につながっていった。

3.4　六カ年計画

　この時期は，韓国の高度成長が始まり，韓国のGNPが北朝鮮のそれを上回ったことが誰の目にも明らかになるようになる時期でもある。北朝鮮はそれまで農業が産業の中心で，工業化の遅れた植民地経済を克服できないでいた韓国を，経済発展のライバルとして捉えざるを得なくなった。このため，六カ年計画（1971年〜76年）を早期達成する運動が繰り広げられ，その手段として日本や西側諸国からの工場設備などの導入が開始される。1960年代にはソ連と中国との貿易が輸

表2-2　第2次七カ年計画と1980年代の10大展望目標の比較

指標	単位	10大展望目標 （1980年代）	第2次七カ年 計画目標 （1978～84年）	第3次七カ年 計画目標 （1987～93年）	六カ年計画実 績（1975年8 月末現在）
電力	億KWh	1,000	560～600	560～600	280
石炭	万トン	12,000	7,000～8,000	7,000～8,000	5000
鉄鋼	万トン	1,500	740～800	1,000	330
非鉄金属	万トン	150	100	170	…
セメント	万トン	2,000	1,200～1,300	2,200	680
化学肥料	万トン	700	500	720	300
織物	億メートル	15	8	15	6（1976年）
水産物	万トン	500	350	1,100	160
穀物	万トン	1,500	1,000	1,500	800（1976年）
干拓地開墾	万ヘクタール	30	10	30	…

（出所）『アジア動向年報』1981年版，65頁の表および『アジア動向年報』1988年版73頁から筆者作成。

出入とも圧倒的な比重を占めていたが，1970年代前半に入って，北朝鮮は西側先進国から借款により大量の資金を導入した。1972年から75年にかけての西側先進国からの借款導入は，ソ連からのそれよりも金額的に大きかった。

　六カ年計画の目的は「工業化の成果を強化発展させ，技術革命を新しい高い段階に前進させ，社会主義の物質的技術的土台をより強固にし，人民経済のすべての部門において勤労者を骨の折れる労働から解放することであった」とし，技術革新をその主要な目標に置いているところが1960年代までの経済計画とは異なる。また，生活面では労働者と農民の生活水準における差異，都市と農村国民の生活条件での差異を速やかに解消することを重要な目標とした。このため，1971年には国防費が財政に占める割合が31.1％であったものが，1977年には15.7％になっている。ただし，国防費の金額は1971年に10.4億ドルであったものが，1977年には21.7億ドルと増加している。この時期に，北朝鮮の工業生産額は年平均16.3％と第1次七カ年計画を越えるペースで増加した。第1次七カ年計画とその後の六カ年計画で，北朝鮮は社会主義経済の工業化を達成し，その体系化を実現したとされている。六カ年計画期間中の1972年，社会の基本的な社会主義化が達成されたとして朝鮮民主主義人民共和国社会主義憲法（1972年憲法）が採択された。なお，同時期の工業総生産額の年平均増加率は16.3％であった。

第2章　現代朝鮮経済史

3.5　第2次七カ年計画

　第2次七カ年計画（1978年〜84年）の目的は，人民経済の主体化，現代化，科学化を促進し，社会主義経済の土台をより強化し，人民生活をより一層高めることであり，第2次七カ年計画期には北朝鮮の工業生産額は年平均12.2％増加した。

　第4章でくわしく述べるが，日本やドイツに対する累積債務問題は，現在も解決されておらず，北朝鮮の西側諸国との経済交流を妨げる要因として存在している。北朝鮮は貿易多角化と西側技術の導入により技術革新を行おうとしたが，その望みは，世界石油危機による国際市場価格の変動により，債務償還が滞ることにより，不可能となった。期間中の1980年には，朝鮮労働党第6回大会が開かれ，後の金正日総書記が後継者として確定した。同時に「80年代の10大展望目標」が発表されたが，この内容は第2次七カ年計画とは異なる。はるかに冒険的な目標をもつものであり，計画は大幅な修正を余儀なくされた。

3.6　第3次七カ年計画

　1987年4月21日〜23日に最高人民会議第8期第2回会議が開催された。ここで，第3次七カ年計画（1987年〜93年）案が提出され，採択された。最高人民会議第8期第1回会議で採択された同計画は，計画期間内に「80年代の10大展望目標」を実現し，工業生産を1.9倍（年平均増加率10％），地方工業生産を2.5倍，農業生産を1.4倍以上にすることであった。しかし，この計画の内容は，1980年の第6回党大会で発表された「80年代の10大展望目標」を一部下回るものであった。例えば，鉄鋼生産目標は1500万トンから1000万トンに下方修正されている。

　ソ連・東欧の社会主義市場崩壊の影響は，北朝鮮経済を直撃した。1993年12月8日，朝鮮労働党中央委員会第6期第21回総会で，姜成山総理によって第3次七カ年計画の総括報告が発表された。同報告によれば，工業生産1.5倍（年平均増加率5.6％），地方工業生産が1.7倍にとどまり，農業生産については数値の発表がなかった。詳細についても，石炭，鉄鉱，非鉄金属，化学肥料については成果の発表があったが，セメント，織物，水産物，穀物，干拓地造成については数値が発表されなかった。比較的実績が上がった分野については発表が行われ，発表されなかった分野は思わしい成果を上げることができなかったと推定される。同報告は，第3次七カ年計画が目標未達成のまま終了したことについて，(1) 社会主義諸国および社会主義市場の崩壊により，経済協力や貿易に支障をきたしたこ

25

と，(2)「チーム・スピリット」米韓合同演習などの「帝国主義者の策動」に対処するための「自衛的措置」によって国防に資源を投入したことをその理由としている。

4 おわりに

これまで見てきたように，北朝鮮の長期経済計画は，北朝鮮が置かれた国際政治的な環境に大きく左右されてきた。北朝鮮経済を貫通する特徴として，経済が独自性を持つことができず，政治に大きく影響される（あるいは経済は政治に服従する）と言うことができるだろう[6]。

北朝鮮は現在でも社会主義経済計画を実施していると主張するが，1993年にかなりの部分，計画未達成で終了した第3次七カ年計画以後，単年度の経済計画は実施されているものの，長期の経済計画を実施していない。2016年の朝鮮労働党第7回大会の際に発表された「国家経済発展5カ年戦略」は，これまでの長期経済計画とは異なり，直後の最高人民会議で審議され，法令として発表されるという手続きを踏んでいないため，この動きが長期経済計画の復活であると言い切ることは現時点では難しい。しかし，それが可能であるかどうかは別として，長期経済計画を復活し，重工業を中心とする主要産業を国家が指導していこうとする考え方が依然健在であることが確認できた。

6）北朝鮮は戦後復興3カ年計画，五カ年計画，第1次七カ年計画，六カ年計画，第2次七カ年計画の工業総生産額の年平均増加率をそれぞれ，41.7%，36.6%，12.8%，16.3%，12.2%と発表しているが，『アジア動向年報』をはじめとする多くの分析で，個別の数値と全体の数値に乖離があることが指摘されている。これは単なる統計上の問題に止まらず，経済建設の成果自体が当事者の政治的評価に関連するため，下級の単位から上級に至るまで，正確な統計数値を出すことができない事情があったせいであると考えられる。

■第3章■ 北朝鮮の産業

1 はじめに

　本章は，北朝鮮の産業について，農林水産業，鉱工業，エネルギーの分野を対象に，現状を示すことを目的とする。北朝鮮は特に1980年代以降，国民経済の基本的な統計数値を公表していない。したがって，他国のようにその産業についての信頼性のおける統計数値を利用することができない。では，北朝鮮経済の現状を把握するためにはどうすればよいのか。

　韓国は，北朝鮮経済の現状について，統計庁が推計値の発表を行っている。韓国・統計庁のホームページには「北韓統計（North Korea Statistics）」というコーナーがあり［https://kosis.kr/bukhan/index.jsp］，朝鮮語だけのサービスであるが，韓国が推計した北朝鮮の統計数値や，これらをまとめた出版物（各年版の『北韓の主要統計指標』等）を無料で利用できるようになっている。しかし，個々に出ている統計はあくまで韓国が統一や対北朝鮮政策を樹立するために「作った」数値であり，北朝鮮が数値を提供しているわけでも，北朝鮮の実際に調査に出かけて数値を得ているわけでもない。したがって北朝鮮の公式メディアで発電所や産業施設の完成がアナウンスされ，外国メディアの報道や研究者の調査でそれなりの効果が確認されていたとしても，それらが翌年以降の推計値に反映される保証はない。

　同様の推計値に，韓国銀行（韓国の中央銀行で日本の日本銀行にあたる）が北朝鮮の国民総所得（GNI：国内総生産（GDP）に海外からの所得以外の経常移転を含んだもの。北朝鮮の場合，ほぼGDPと同じと考えてよい）の推計を行っている。この数値は1990年代から継続して発表されているため，北朝鮮経済の推移を表す数値として筆者の勤務する研究機関を含め，国内外でよく利用されている。

しかし，この数値ももともと統一にともなって発生する韓国側の費用の計算をするために作られたものであり，その根拠となるデータがどのようなものであるかは一切公表されていない。各政権の意図に従って数値が修正されているとの「噂」も流れることが多く，北朝鮮経済の姿を正確に映し出しているとは言えない。ただし，北朝鮮に対して比較的強硬な立場をとっていた李明博政権と朴槿恵政権期にも，経済成長を示唆する数値が発表されていたことから，筆者は完全な嘘でもないと考える。北朝鮮が1990年代中盤の経済危機から緩やかな回復を見せてきた軌跡をたどる程度の利用はできるのではないかと考える。

　韓国のさまざまな政府系シンクタンクからも自らの専門とする分野の推計値が公表されている（例えば，韓国農村経済研究院からは北朝鮮の穀物生産量の推計が出ている）。国際機関や第三国の政府機関，非政府機構などからも北朝鮮経済に関する推計が出ている。その多くは，世界各国をカバーするために，北朝鮮の数値も推計値ではあるが入れているというものである。国際エネルギー機関（IEA）や国連食糧農業機関（FAO），国際連合世界食糧計画（WFP），米国地質調査所（USGS）などのデータがそれである。本章でもこれらの推計値の一部を引用しているが，そのアウトプットを見るとWFPとFAOの推計が現地調査を元にある程度信憑性があると考えられる推計値を出しているのを除けば，かなり「大雑把」である感を免れない。しかし，全く数値がないと客観性を疑われたり，何も言えなかったりすることから，信憑性がかなり低いことが分かっていても「ある程度権威があると感じられる」機関の推計を多くの人が引用し，その結果不十分な推計値がやり玉に挙げられずに発表し続けられるという状況が続いている。

　北朝鮮が現在，定期的に発表している数値は，毎年の国家予算の収入（歳入）と支出（歳出）が前年度あるいは計画に比べてどのように増減したかの相対的な変化と，その年によって異なるがいくつかの予算費目別の対前年比の増減や収入総額や支出総額に対する割合である。2005年に予算の実額が一度発表されたものの，その後は発表されていない。また，電力や鉄鋼，セメントなどの生産量も1980年代以降は発表されなくなった。

　表3-1は北朝鮮が毎年発表する国家予算の数値の対予算／前年度比の増減を表す数値を主としたものだが，これを見ると予算の執行が予算の0.1〜0.4%程度低くなっている年があるものの，収入自体は計画比でも対前年比でもコンスタン

28

第3章　北朝鮮の産業

表3-1　北朝鮮の発表する国家予算数値の変遷

（単位：1万朝鮮ウォン，％）

年	歳入	計画比／前年比	歳出	計画比／前年比	収支
2004（実績）	33,754,600	1.6	34,880,700	1.6	− 1,126,100
2005（計画）	38,857,100	15.1	38,857,100	15.1	0
2005（実績）	n/a	16.1	n/a	16.0	（歳入の3.6％の赤字）
2006（計画）	n/a	7.1	n/a	3.5	n/a
2006（実績）	n/a	4.4	n/a	−0.1	n/a
2007（計画）	n/a	5.9	n/a	3.3	n/a
2007（実績）	n/a	6.1	n/a	n/a	n/a
2008（計画）	n/a	4.0	n/a	2.5	n/a
2008（実績）	n/a	5.7	n/a	n/a	n/a
2009（計画）	n/a	5.2	n/a	7.0	n/a
2009（実績）	n/a	7.0	n/a	n/a	n/a
2010（計画）	n/a	6.3	n/a	8.3	n/a
2010（実績）	n/a	6.6	n/a	−0.1	n/a
2011（計画）	n/a	7.5	n/a	8.9	n/a
2011（実績）	n/a	1.1	n/a	−0.2	n/a
2012（計画）	n/a	8.7	n/a	10.1	n/a
2012（実績）	n/a	1.3	n/a	−0.4	n/a
2013（計画）	n/a	4.1	n/a	5.9	n/a
2013（実績）	n/a	1.8	n/a	−0.3	n/a
2014（計画）	n/a	4.3	n/a	6.5	n/a
2014（実績）	n/a	1.6	n/a	−0.1	n/a
2015（計画）	n/a	3.7	n/a	5.5	n/a
2015（実績）	n/a	1.3	n/a	−0.1	n/a
2016（計画）	n/a	4.1	n/a	5.6	n/a
2016（実績）	n/a	2.3	n/a	−0.1	n/a
2017（計画）	n/a	3.1	n/a	5.4	n/a

（出所）2004年の実績と2005年の計画，2005年の実績と2006年の計画の前年比の数値は文浩一「核実験の実施と
　　　6カ国協議の再開」『2007アジア動向年報』（アジア経済研究所，2007）p.91の表1より引用。その後は
　　　朝鮮中央通信の報道を元に筆者が作成。

トに伸びていることが見て取れる。北朝鮮では近年，政府の投資によらない生産設備が増えてきていると言われているので，その分はここには反映されないが，主要産業である重工業は基本的にすべて国営企業によって担当されているので，21世紀に入って少ししてから2016年までの北朝鮮経済は少なくとも緩やかな回復基調にあるということをこの数値から述べることが可能である。

以下，各部門の特徴や主要な産業施設についてできる限り北朝鮮の出している資料を使いながら説明を試みることとする。

2　農林水産業

2.1　農業

北朝鮮は日本と同じく，国土に占める農地の割合が低い。表3−2は少し古い数値だが，北朝鮮の土地利用を表したものである。山林が74％を占め，農地は16.4％しかない。したがって，北朝鮮の農業は国土面積に比して狭い土地を有効に活用する方向で整備が進められていった。

地域別に耕地面積を見ると，黄海南道が38％，黄海北道が24％，平安北道が21％，平安南道が20％で土地に占める耕地の割合が比較的多い（表3−3）。逆に，山間地帯の両江道や慈江道は耕地面積が5％であり，寒冷なこともあり，農業には適していない。咸鏡南道と咸鏡北道の耕地比率は10％，江原道は13％で海に面しているといっても日本海側は山地が多く，農業用地は不足気味である。

表3−4から地目の構成を見ると，寒冷な北部では畑作が，比較的温暖な南部では稲作が多いことが分かる。稲作は主に水稲，畑作は主にトウモロコシや麦類，ジャガイモが主要な作物である。稲作が多いのは黄海南道，平安南道，咸鏡南道で，畑作が多いのが平安北道，黄海北道，咸鏡北道である。慈江道と両江道は畑作が圧倒的であるが，農地自体が極めて少ない。また，平壌市[1]や南浦市，開城市（現在は黄海南道に編入）は直轄市であり，統計上は区分されているものの面積自体は他の道に比べて狭い。

食料生産の推計を見ると，2010年以降は大規模な干ばつに見舞われた2015／16

1）この数値は1984年現在のもののため，現在では黄海北道に編入されている勝湖郡，祥原郡，中和郡を含んでいる。

第3章　北朝鮮の産業

表3-2　北朝鮮における土地利用（1984年）

（単位：%）

区分	農地	住民地区	山林	産業用地	水域土地	特殊土地
面積比率	16.40	1.04	74.39	1.39	5.72	1.06

（出所）『朝鮮地理全書（経済地理）』平壌：教育図書出版社，1990，243頁の表より

表3-3　道別の耕地面積比率

（単位%）

全国平均	14.76
平壌市	32.89
平安南道	20.07
平安北道	20.75
慈江道	5.23
黄海南道	38.18
黄海北道	24.09
江原道	12.69
咸鏡南道	10.19
咸鏡北道	9.62
両江道	5.00
開城市	25.09
南浦市	40.00

（出所）『朝鮮地理全書（経済地理）』平壌：教育図書出版社，1990，244頁の表より

穀物年度を除けば，生産が伸びてきていることが見て取れる（表3-5）。これは北朝鮮政府が優良品種の導入や科学的な営農方法の導入など，食料増産のために力を入れていることと，第5章で説明する生産に対する経済的インセンティブの強化が相当に影響しているものと考えられる。

2.2　水産業

　三方を海に囲まれている朝鮮半島は，水産資源も豊富である。北朝鮮は西は黄海（現地では朝鮮西海），東は日本海（現地では朝鮮東海）に面している。

　独立行政法人水産総合研究センターが毎年刊行している『国際漁業資源の現

表3-4 耕地の地目構成

(単位:%)

地域／区分	計	田	畑	果樹畑	桑畑	苗畑	クルミ畑	竹林	葦原
全国平均	100	32.62	54.83	8.85	2.65	0.44	0.35	0.05	0.21
平壌市	100	35.71	52.21	10.02	1.49	0.47	0.07	-	0.03
平安南道	100	40.96	47.82	7.62	3.09	0.47	-	-	0.04
平安北道	100	38.52	51.60	7.31	2.12	0.39	-	-	0.06
慈江道	100	8.10	73.64	4.06	8.41	0.74	-	-	0.05
黄海南道	100	47.98	36.84	11.27	1.49	0.31	1.26	0.12	0.73
黄海北道	100	25.49	61.91	8.77	3.08	0.33	0.23	-	0.19
江原道	100	27.80	57.19	10.01	3.01	0.41	1.20	0.32	0.06
咸鏡南道	100	31.78	51.17	11.89	4.13	0.49	0.05	-	0.49
咸鏡北道	100	14.45	74.33	9.05	1.58	0.58	0.01	-	-
両江道	100	1.97	97.08	0.51	0.05	0.39	-	-	-
開城市	100	42.36	44.13	10.77	1.83	0.64	0.21	0.06	-
南浦市	100	48.06	40.96	9.21	1.30	0.41	0.06	-	-

(出所)『朝鮮地理全書(経済地理)』平壌:教育図書出版社,1990,246頁の表より

表3-5 韓国による北朝鮮の穀物生産量推計(精穀基準)

(単位:万トン)

区分	計	コメ	トウモロコシ	豆類	芋類	麦類	雑穀
2015/16年生産量推計	480.1	128.4	251.6	26.4	51.5	6.6	15.6
2014/15年生産量推計	508.2	173.3	259.4	19.2	44.9	6	5.4
2013/14年生産量推計	503.1	191.5	224.7	19.6	50.1	10.5	6.6
2012/13年生産量推計	492.2	176.9	228.5	20	44.9	16	5.9
2011/12年生産量推計	465.7	161	203.2	29.4	48.9	18.2	4.9
2010/11年生産量推計	448.4	157.7	168.3	15.4	58.5	24	1.9
2009年生産量	411	N/A	N/A	N/A	N/A	N/A	N/A
2008年生産量	431	186	154	16	51	22	2
2007年生産量	401	153	159	15	47	25	2
2006年生産量	448	189	175	16	45	23	

(注) コメの搗精率は66%。ジャガイモは25%の換算率を適用して換算。大豆は120%の換算率を適
用して穀物相当値として換算。
(出所) 林尚澤ほか『2009年北韓経済操業評価および2010年展望』(統一研究院,2010)および
『KREI北韓農業動向』第12巻第4号,第13巻第4号,第14巻第4号

第3章　北朝鮮の産業

況』平成28年度版によれば，黄海においてはタチウオ，マサバ等が有力な魚種であり，このうちマサバは黄海南北道の沖が生育場となっている。また，南北の境界線（北方限界線）付近はワタリガニの良漁場であり，漁期には南北の漁船だけでなく，中国の漁船も集まり，境界線や排他的経済水域の侵犯問題をめぐって時には南北海軍同士や韓国の海洋警察と中国漁船の間で衝突が起こることはよく知られている。

日本海においては，スケトウダラ[2]，マイワシ，マサバ，ブリ，スルメイカ，ズワイガニ，ベニズワイガニ，ハタハタ，アカガレイ等が有力な魚種となっている。

また，朝鮮半島東部の河川にはシロザケが遡上しており，現在でも豆満江では，中国によりシロザケ稚魚の放流が継続的に行われており，サケを朝鮮半島東北部のタンパク源として利用する客観的可能性が存在する[3]。また，重化学工業の稼働率が下がっている現在，北朝鮮の日本海岸の水質は保全されており，養殖業に適した海域では，ホタテ，カキ，ニジマス等の養殖が可能である。

北朝鮮政府も，食生活の質向上（特にタンパク源の確保）の面から，近年水産業に力を入れはじめている。金正日時代には内水面養殖（ナマズ等）を主に推奨した。金正恩時代に入って，特に2013年後半から主として日本海での水産業の振興に力を入れだしている[4]。穀物生産が増加し，食料生産の量的な拡大はある程度なしとげられたために，質的な面での改善が強化される構造になっている。実際に，平壌の商店等ではイワシやハタハタ等，魚種によっては1キロあたり日本円にして40〜60円程度で売られている魚（冷凍）があり，北朝鮮国民の食生活改善に寄与している。

2）近年漁獲量の減少が著しい。

3）日本の優れたサケのふ化，放流技術が供与されれば，日本海側のその他の川でもサケが遡上するようになる可能性は高い。また，日本海側の咸鏡北道ではタイセイヨウサケの養殖が行われている。

4）最初は軍人の食生活改善を意図したものだったようである。水産部門での朝鮮人民軍傘下の企業に対する設備の拡充や新たな企業（「1月8日水産事業所」）の開設など，軍関係の動静報道が多い。日本海における北朝鮮の水域には，入漁料を支払って中国の漁船が大量に出漁しており，資源の枯渇が深刻な問題となっている。水産業の振興とこのような漁業権の販売は相反する問題であると思われるが，漁船，漁具の整備やこれにより得られている外貨収入を放棄できない等の問題があり，当分は継続する可能性が高い。

3　鉱工業

3.1　鉱業

大韓商工会議所が2007年11月に出した『北韓地下資源共同開発戦略』(以下,『開発戦略』とする)という報告書は,南北経済協力を通じて韓国が北朝鮮の鉱物資源開発に乗り出した場合に,非常に大きな経済的効果があるとしたものである。同報告書は韓国政府系のシンクタンク,韓国鉱業振興公社と韓国地質資源研究院の資料を基に作成された[5]。地下資源価格が高騰していた時期に作成され,

図3-1　北朝鮮の鉱業の配置図

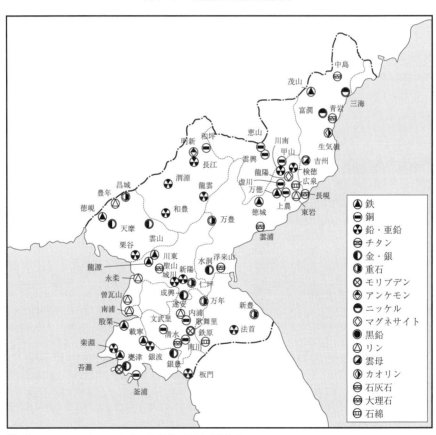

(出所) リム・ヒョンジョンほか [1990] 掲載の図から筆者作成

第3章　北朝鮮の産業

南北経済交流協力を推進する立場から書かれているため，若干誇張気味のきらいがある。とはいえ，北朝鮮の地下資源に経済的な視点からスポットライトをあてたものとして重要な資料である。

『開発戦略』によれば，北朝鮮は埋蔵量で世界トップ10に入る鉱物を7種保有しており，それらには，マグネサイト，タングステン，モリブデン，黒鉛，蛍石が含まれる。当時までに把握されている北朝鮮の鉱山は約760カ所であり，このうち炭鉱が30％，一般鉱山が70％を占めている（図3-1，表3-6）。石炭および鉄鉱石は継続して生産されているが，非鉄金属生産は，電力事情がよくなく，良質の製品生産が行えていない。主要輸出品目は無煙炭，鉄鉱石，金塊，銀塊，亜鉛塊等であり，主に中国および韓国に輸出されていたが，核・ミサイル開発をめぐる国際的な制裁強化や南北関係の悪化のため，2017年からは激減している。

(1) 主要品目の開発状況

金は雲山金鉱（平安北道雲山郡），大楡洞鉱山（平安北道東倉郡郡），遂安鉱山（黄海北道遂安郡），笏洞鉱山（黄海北道燕山郡），成興鉱山（平安南道檜倉郡）等が有名であり，年間2000キロを生産していると推定されている（表3-7）。

鉄鉱石は咸鏡北道茂山郡の磁鉄鉱，黄海南道殷栗郡と載寧郡の赤・褐鉄鉱，咸鏡南道利原郡と北青郡の赤鉄鉱が有名である。北朝鮮最大の露天鉱山である茂山鉱山は，埋蔵量15〜20億トンと推定されており，年間350万トンを生産している（表3-8）。

鉛・亜鉛鉱は，剣徳鉱山（咸鏡南道端川地区），精錬所は文坪精錬所（江原道文川市），南浦精錬総合企業所等が有名である（表3-9）。

マグネサイトは咸鏡南道端川郡一帯の露天鉱が有名である。露出したものだけでも長さ7660m，深さ100mに達し，推定埋蔵は36億トンに達する（表3-10，表3-11）。

石炭は有煙炭が鶴松（阿吾地），吉州，咸鏡北道端川，無煙炭が安州（平安南道），鳳山（黄海北道沙里院）炭鉱等が有名である。反面，製鉄および製鋼用コークス原料である粘結炭は全量輸入に頼っている（表3-12）。

5）なお，これらの資料の根拠の多くは，日本の植民地時代に朝鮮総督府や個別の日本企業によって作成された鉱業関係の調査結果に基づくものであると言われている。

表3-6　北朝鮮の主要な金属鉱山

種類	鉱山名	位置
金・銀	遂安鉱山	黄海北道遂安郡
	笏洞鉱山	黄海北道延山郡笏洞労働者区
	大楡洞鉱山	平安北道東倉郡大楡洞労働者区
	雲山金鉱山	平安北道雲山郡北鎮労働者区
	成興鉱山	平安南道檜倉郡
	上農鉱山	咸鏡南道虚川郡上農鉱山労働者区
銅	恵山青年鉱山	両江道恵山市馬上洞
	雲興鉱山	両江道雲興郡
	甲山鉱山	両江道甲山郡銅店労働者区
	新坡青年鉱山	両江道金貞淑郡龍河労働者区
	虚川青年鉱山	咸鏡南道虚川郡
鉛・亜鉛	剣徳鉱山	咸鏡南道端川市
	成川鉱山	平安南道成川郡
	楽淵鉱山	黄海南道長淵郡楽淵労働者区
	万年鉱山	黄海北道新坪郡万年労働者区
鉄	茂山鉱山	咸鏡北道茂山郡
	利原鉱山	咸鏡南道利原郡
	徳城鉱山	咸鏡南道徳城郡
	万徳鉱山	咸鏡南道虚川郡万徳労働者区
	虚川青年鉱山	咸鏡南道虚川郡
	价川鉱山	平安南道价川市
	殷栗鉱山	黄海南道殷栗郡
	載寧鉱山	黄海南道載寧郡
タングステン	万年鉱山	黄海北道新坪郡万年労働者区
	鯨水鉱山	平安南道大興郡鯨水労働者区
	万豊鉱山	咸鏡南道長津郡
	昌城鉱山	平安北道昌城郡
	新峯鉱山	江原道高城郡
	丹楓鉱山	江原道金剛郡

(出所) チョン・ウジン [2004]

第3章　北朝鮮の産業

表3-7　年度別金生産量推計

年度	2001	2002	2003	2004	2005	2006	2007	2008	2009	2010	2011	2012	2013	2014
生産量（Au 100%,キロ）	6,600	6,600	6,300	6,000	6,000	2,000	2,000	2,000	2,000	2,000	2,000	2,000	2,000	2,000

（出所）U.S. Geological Survey, *2005 Minerals Yearbook, 2010 Minerals Yearbook, 2014 Minerals Yearbook*
（注）　あくまで推計値のため，2005年と06年を境に大きく値が変化している。

表3-8　年度別鉄鉱石生産量

年度	2000	2001	2002	2003	2004
生産量（Fe 55 ～66%,万トン）	379.3	420.8	407.8	443.3	457.9

（出所）大韓鉱業振興公社［2007］から再整理

表3-9　年度別鉛・亜鉛鉱生産量

年度	2001	2002	2003	2004	2005	2006	2007	2008	2009	2010	2011	2012	2013	2014
生産量（Pb 100%,千トン）	9	10	20	20	20	13	13	13	13	26	32	38	59	53.1
生産量（Zn 100%,千トン）	60	60	60	62	67	67	70	70	70	29	38	34	35	36

（出所）U.S. Geological Survey, *2006 Minerals Yearbook, 2010 Minerals Yearbook, 2014 Minerals Yearbook*

　その他主要鉱物の生産状況としては（表3-10），黒鉛は，龍虎黒鉛鉱山（黄海南道延安郡龍虎里）や鼎村鉱山（黄海南道延安郡鼎村里）が有名で，年間約200トン生産されている。タングステンは万年鉱山（黄海北道新坪郡）が有名で，埋蔵量2千万トンと推定される。モリブデンは，龍興鉱山（平安南道成川郡龍興里），シンパランサン（両江道金正淑郡），カムリ鉱山（黄海北道新渓郡）等が有名である。

3.2　工業

　生産手段の社会的所有を旨とする北朝鮮では，制度的にはすべての工場が国営である。このうち，軍需品生産以外の民間の工場として（1）内閣およびその傘下の省や委員会が直接管轄する工場，（2）道や直轄市，特別市の人民委員会が管轄する工場，（3）市や郡の人民委員会が管轄する工場がある。

　重工業の工場は，第2章で述べたとおり，植民地統治期に日本人が建設したさ

37

表 3-10 北朝鮮の主要非金属鉱山

種類	鉱山名	位置
マグネサイト	龍陽鉱山	咸鏡南道端川市
	大興鉱山	咸鏡南道端川市
	端川鉱山	咸鏡南道端川市
	白バウィ鉱山	咸鏡南道端川市
	南渓鉱山	両江道 白岩郡
	生長鉱山	両江道 雲興郡
石灰石	古茂山鉱山	咸鏡北道富寧郡
	무수鉱山	咸鏡北道富寧郡
	中島鉱山	咸鏡北道会寧市
	豊山鉱山	咸鏡北道会寧市
	浮来山鉱山	咸鏡南道 高原郡浮来山労働者区
	豊南鉱山	咸鏡南道 高原郡豊南里
	聖山鉱山	平安南道 順川市
	5月4日鉱山	平安南道 順川市
	順川鉱山	平安南道 順川市
	祥原鉱山	黄海北道祥原郡
	三青鉱山	黄海北道勝湖区域
	松街鉱山	平壌市江東郡
	文武里鉱山	黄海北道瑞興郡
	馬洞鉱山	黄海北道新坪郡
	青龍鉱山	黄海北道鳳山郡青龍里
	新徳鉱山	黄海南道新院郡
	川内鉱山	江原道 川内郡
黒鉛	龍虎鉱山	黄海南道延安郡龍虎里
	鼎村鉱山	黄海南道延安郡鼎村里
	价川鉱山	平安南道 价川市
	博川鉱山	平安北道 博川郡
	新昌鉱山	平安北道 昌城郡
	業億鉱山	咸鏡北道 金策市 鶴城洞
	プスン鉱山	慈江道松源郡

(出所) チョン・ウジン [2004]

第3章　北朝鮮の産業

表3-11　年度別マグネサイト生産量

年度	2010	2011	2012	2013	2014
生産量（千トン）	250	250	178	180	180

（出所）U.S. Geological Survey, *2014 Minerals Yearbook*

表3-12　年度別石炭生産量

年度	2001	2002	2003	2004	2005	2006	2007	2008	2009	2010	2011	2012	2013	2014
生産量（万トン）	2,300	2,400	2,230	2,280	2,350	2,300	2,410	2,506	3,600	4,100	4,100	4,150	4,200	4,100

（出所）U.S. Geological Survey, *2006 Minerals Yearbook, 2010 Minerals Yearbook, 2014 Minerals Yearbook*

まざまな工場や発電所などが解放後，ソ連軍政から人民政権に引き渡され，それが国営企業となっていった。第4章で述べるとおり，朝鮮戦争後の経済復旧の時代（1950年代）に，ソ連や東欧諸国，中国からの支援でさまざまな産業施設が建設された。60年代には中ソ対立などの影響で支援が緩慢になった。70年代には，旧ソ連からの支援が再開されるが，同時に日本や西欧諸国からの借款の導入によるプラント輸入も行われた。債務の償還が滞ったため，80年代以降は日本や西側諸国からの借款は停止し，新規の建設が行われなくなったため，一般的に老朽化が激しい。

（1）重工業

　北朝鮮の重工業には，大きく分けて製鉄・製鋼，非鉄金属，化学産業，機械産業，自動車，電気・電子，建材などがある（表3-13）。各会社は一般的に「企業所」と呼ばれる。連合企業所とは，いくつかの企業所（工場）が連合して生産を行うもので，（1）さまざまな工程が別々の企業所にまたがっているもの，（2）原料を生産する企業所とそれを加工する企業所が組になっているもの[6]，（3）同じ地域にあるいくつかの企業をまとめたもの，などがある。

　一般的にいって，重工業は一企業あたりの投資額が多く，複数の企業間での生

6）例えば，羅先特別市にある「勝利化学連合企業所」は，原油の輸入や石油製品の積み出しを行う先鋒港と石油精製を行う勝利化学工場，精製した製油で発電を行う先鋒火力発電所がセットになっている。

表 3-13　北朝鮮の主な重工業の工場

区分	工場名	所在地
製鉄・製鋼	黄海製鉄連合企業所	黄海北道松林市
	金策製鉄連合企業所	咸鏡北道清津市松坪区域
	城津製鋼連合企業所	咸鏡北道金策市
	千里馬製鋼連合企業所	南浦市千里馬区域
精錬	端川精錬所	咸鏡南道端川市
	文坪精錬所	江原道文川市
化学	興南肥料連合企業所	咸鏡南道咸興市興南区域
	南興青年化学連合企業所	平安南道安州市
機械	楽元機械連合企業所	平安北道新義州市
	大安重機械連合企業所	南浦市大安区域
	羅南炭鉱機械連合企業所	咸鏡北道清津市羅南区域
	龍城機械連合企業所	咸鏡南道咸興市海岸区域
	蓮河機械工場	慈江道熙川市
	熙川蓮河機械総合工場	慈江道熙川市
	亀城工作機械工場	平安北道亀城市
自動車	金星トラクター工場	南浦市江西区域
	勝利自動車連合企業所	平安南道徳川市
	平和自動車総合工場	南浦市港口区域
電気・電子	3・26 電線工場	平壌市平川区域
建材	順川セメント連合企業所	平安南道順天市
	祥原セメント連合企業所	黄海北道祥原郡
	大安親善ガラス工場	南浦市大安区域
	千里馬タイル工場	南浦市千里馬区域
	端川マグネシア工場	咸鏡南道端川市

（出所）한국산업은행［韓国産業銀行］［2015］『북한의 산업 2015』［北韓の産業2015］

産連係が必要である。したがって，一工場や企業の努力だけでは生産正常化が行えないケースが多く，国の経済全体の底上げによって生産正常化を行う必要がある産業分野が多い。また，重工業の企業は雇用している労働者の数も多く，重工業の復活が雇用の安定，工場が所在する地方の経済への波及効果，労働者が職場に出勤して働くことによる集団主義的な生活様式（思想教育）の徹底など，北朝

第3章　北朝鮮の産業

表 3-14　北朝鮮の主な軽工業の工場

区分	工場名	所在地
繊維・織物	2.8ビナロン連合企業所	咸鏡南道咸興市
	新義州化学繊維連合企業所	平安北道新義州市
	新義州紡織工場	同上
	金貞淑平壌紡織工場	平壌市平川区域
履物	元山革靴工場	江原道元山市
	新義州履物工場	平安北道新義州市

(出所) 한국산업은행 [韓国産業銀行] [2015] 『북한의 산업 2015』 [北韓の産業2015]

　鮮の現存のシステムを強化するうえで非常に重要である。また，重工業の振興は国家体制の維持において特別な意義を有する国防産業とも密接につながっており，単に一企業の採算が合わないからといって止めてしまうことも難しい。したがって，2017年4月現在でも北朝鮮の経済政策は重工業を復活させるための国家のいわば「基礎体力」を高めることに主眼が置かれている。ただし，重工業の国際競争力がどの程度なのかははっきりとわかっておらず，今後，北朝鮮経済が成長軌道に乗るときに，重工業をどのように取り扱うのかは非常に興味深い問題である。重工業は国際産業と密接に関連しているため，おそらくそれは経済的要因だけで判断できる問題ではなく，国際関係など経済外的要因に相当影響されると予想される。

(2) 軽工業

　軽工業には，繊維・織物，履物などが含まれる（表3-14）。これらの産業は，中央政府が直接管理する企業のほか，地方政府が管理する地方産業も多く含まれている。一般的にいって，軽工業は，比較的少額の投資で生産が行え，企業にもよるが消費者が直接消費する商品を生産する企業の場合，生産する商品さえよければ需要はそれなりにあり，より早く生産が正常化する特徴がある。したがって，地方産業工場においても，各地方政府の努力によりさまざまな社会的，経済的資源を動員して生産を活性化する動きが盛んである。

　軽工業であっても，素材を生産する企業の場合，製品の販路が国営企業である場合は，販売が即企業の収入増につながらない場合もあり，政府からの投資が十

分に行えない場合には，生産の完全な正常化は簡単ではない。しかし，このような企業では，咸鏡南道咸興市にある2.8ビナロン工場のようにさまざまな化学物質や素材を生産しているケースが多く，その裾野が広いため，生産の正常化が達成できれば，他の企業や産業分野に与える影響も大きい。

4 エネルギー

4.1 北朝鮮のエネルギー産業の特徴

　北朝鮮は，国内の技術および燃料資源に依拠した経済開発モデルを選択してきた。もちろんその中には旧ソ連・東欧や中国といった社会主義国からの支援や日本や旧西ドイツなどの資本主義諸国からの技術・設備の導入があったことは事実である。しかし，エネルギー資源の供給については，1950年代に中東やアフリカに相次いで大油田が発見され，世界的にエネルギーの主役が石炭から石油へと移行した後も，北朝鮮は自国に豊富に存在する石炭を中心とするエネルギー体系を変えなかった（図3-2）。

　表3-15は主要炭鉱地区別の石炭埋蔵量である。北朝鮮最大の炭鉱地帯である西部の平壌南道安州地区の埋蔵量が際だっており，有煙炭，無煙炭をあわせた採掘可能埋蔵量の3割強を占めている。図3-3にも示すように，安州地区の炭種は褐炭を中心とする有煙炭である。無煙炭では平南北部炭田に属する炭鉱の埋蔵量が多い。平壌周辺の平南南部炭田でも日本統治期から無煙炭が産出されており，「平壌炭」として有名である。このように北朝鮮は石炭の埋蔵量に関する限りは，エネルギー供給に問題はないようだが，なぜ現在のようなエネルギー危機に瀕しているのだろうか。

　北朝鮮がエネルギー危機に陥っている理由は主に3つある。第1に，国内で石油を生産できないため，交通部門や産業用など必ず石油を必要とする部門に充分な供給ができないことである。第2に発電所，送配電網などエネルギー産業の老朽化が激しく，稼働率が低いことである。第3に主力の石炭産業が不振であることである。

　北朝鮮の石炭産業不振の理由は，まず1980年代以降，北朝鮮の国防産業を除くほとんどすべての産業分野で顕在化した生産設備の老朽化があげられる。次に，旧ソ連・東欧の社会主義政権崩壊にともなう社会主義世界市場の喪失により，生

第3章　北朝鮮の産業

図3-2　北朝鮮の一次エネルギー供給源（2012年）の推計

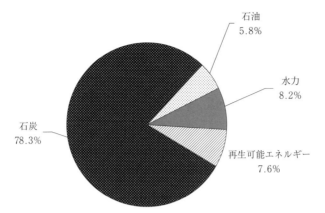

（出所）IEA, Energy Balances of Non-OECD Countries 2014 Edition

図3-3　北朝鮮の石炭工業の配置図

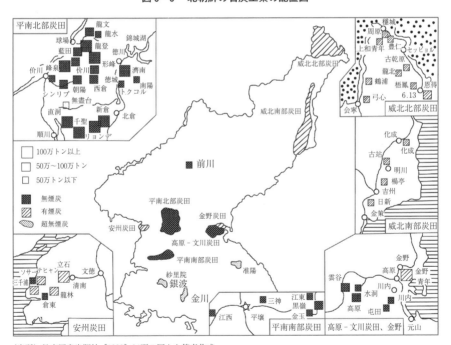

（出所）教育図書出版社［1990］94頁の図から筆者作成

表 3 -15　主要炭鉱地区別の石炭埋蔵量

炭種別	炭鉱地区名	含炭面積 (km²)	展望埋蔵量			採掘可能埋蔵量		
			標準燃料換算埋蔵量 (千トン)	炭種別に対する比率 (%)	石炭総計に対する比率 (%)	標準燃料換算埋蔵量 (千トン)	炭種別に対する比率 (%)	石炭総計に対する比率 (%)
有煙炭	安州地区	856	8,055,483	93.10	68.44	580,908	57.5	31.93
	咸鏡北道地区	581.9	451,046	5.21	3.83	295,951	29.3	16.27
	金野炭鉱	8	21,250	0.20	0.18	115,135	11.4	6.33
	安辺地区	20.5	1,061	0.01	0.01	1,061	0.1	0.05
	沙里院炭鉱	8	7,184	0.08	0.06	5,731	0.6	0.31
	馬東地区	16	125,000	1.40	1.06	10,838	1.1	0.59
	小計		8,661,024	100	73.58	1,009,624	100	55.48
無煙炭	徳川地区	149.0	790,069	25.42	6.71	180,834	22.5	9.94
	价川地区	196.1	753,118	24.23	6.39	158,967	19.6	8.74
	順天地区	95.0	631,958	20.33	5.36	124,117	15.3	6.82
	球場地区	32.1	164,174	5.28	1.39	111,115	13.7	6.16
	高原地区	50.1	191,993	6.17	1.63	52,914	6.5	2.95
	江東地区	119.5	290,547	9.34	2.46	85,272	10.6	4.68
	北倉地区	26.5	137,401	4.42	1.16	45,837	5.6	2.52
	三神地区	8.0	10,166	0.32	0.08	4,790	0.6	0.26
	江西地区	40.0	22,900	0.73	0.19	8,890	1.3	0.48
	文川炭鉱	2.45	8,440	0.27	0.08	7,121	0.8	0.39
	川内炭鉱	4.3	11,420	0.36	0.08	3,936	0.4	0.21
	前川炭鉱	20.0	18,700	0.60	0.16	14,493	1.8	0.79
	新義州炭鉱	6.0	4,976	0.16	0.04	3,441	0.4	0.19
	フェヤンチョ無煙炭	12.7	72,000	2.37	0.68	7,423	0.9	0.4
	小計		3,107,862	100	26.42	809,150	100	44.52
	総計		11,768,886		100	1,818,774		100

（注1）標準燃料29,300KJ/kg で換算。
（注2）原表では無煙炭の埋蔵量は3,107,562千トンとなっているが，これは計算間違いであると判断し，各項目の合計を正しい数値とした。
（出所）教育図書出版社［1990a］98～99頁の表

産設備や部品類の輸入が不可能になったことがあげられる。また，1990年代中盤に北朝鮮をおそった風水害のために坑道が浸水し，掘削可能な炭鉱が減少してしまったことも大きな理由のひとつである。すなわち，経済危機のために石炭生産量そのものが減少したうえに，生産量の維持・拡大を確保するための投資を行えなかったことが不振を招いていると分析することができよう[7]。このような悪循環は北朝鮮経済が底を打った後の1997～98年ころから徐々に回復の兆しが見えて

きた[8]。しかし，北朝鮮のエネルギー事情や産業施設の生産正常化の状況はいまだに厳しく，自然災害の防止のための堤防や排水施設の建設や復旧作業などにはまだ手が回らないようである。そのため，自然災害に弱い状況が継続しており，日本であれば大規模な災害にはならないような場合であっても，重要な産業施設が被害を受ける可能性が高い[9]。

北朝鮮の石炭産業のもう一つの特徴としては，これだけ大量の無煙炭を産出するにもかかわらず，産出量のほとんどが粉炭であり，コークス製造に適した粘結炭がないということである[10]。コークス炭は外国からの輸入に依存している。これが製鉄業にとって生産増加の抑制要因となっている。そのため，北朝鮮では，コークスを使わない製鉄法の開発を推進している[11]。

図3-4のように，電力産業においては首都である平壌の電力需要と暖房用の熱をまかなうために平壌火力発電所（設備能力50万kW）と東平壌火力発電所が存在するほか，石炭工業が盛んで，石炭を利用した発電が容易なほか，石炭化学工業などの電力需要をまかなうために主要な炭鉱が集中する平南北部炭田に設備能力160万kWの北倉石炭火力発電所と順川火力発電所（設備能力15～20万kW）が位置する。そのほか，安州炭田には清川江火力発電所（設備能力20万kW）が，存在する。

7）北朝鮮の炭鉱では坑の掘進のために必要な坑木を旧ソ連から輸入していたが，国産品で代替しなければならない状況となった。「98共和国——経済動向／各担当者に聞く（2）石炭」『朝鮮新報』ホームページ　http://eigyou.korea-np.co.jp/sinboj1998/sinboj98-1/sinboj980130/sinboj980130.htm

8）「共和国各地で石炭増産／19地域で新たな埋蔵地を発見」『朝鮮新報』ホームページ　http://eigyou.korea-np.co.jp/sinboj1998/sinboj98-5/sinboj980508/sinboj98050863.htm「経済各部門で年初から成果／電力45％，石炭40％増産」『朝鮮新報』ホームページ　http://www1.korea-np.co.jp/sinboj/sinboj1999/sinboj99-1/sinboj990129/sinboj99012962.htm

9）「豪雨，台風損害61億ドル分」『朝鮮新報』ホームページ http://eigyou.korea-np.co.jp/sinboj2000/sinboj2000-9/sinboj000929/63.htm「水害状況　死者，行方不明者600人以上　朝鮮中央通信が報道」『朝鮮新報』ホームページ　http://www1.korea-np.co.jp/sinboj/j-2007/04/0704j0829-00001.htm

10）新エネルギー・産業技術総合開発機構ホームページ［http://www.nedo.go.jp/sekitan/database/country/c0026.htm］

11）「時事・解説／黄鉄で開発された酸素熱法による銑鉄生産方法」『朝鮮新報』ホームページ http://eigyou.korea-np.co.jp/sinboj1999/sinboj99-3/sinboj990316/sinboj99031661.htm

図3-4 北朝鮮の電力工業の配置図

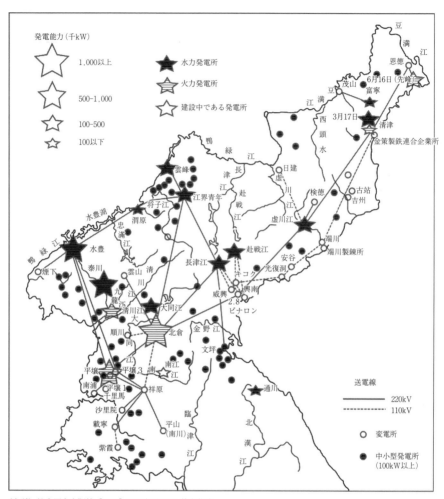

(出所) 教育図書出版社 [1990] 119頁の図から筆者作成

　国土の7割以上が山岳であるという地理的特徴から，日本統治期から豊富な水力資源を利用するために，水豊発電所や赴戦江発電所，長津江発電所，虚川眼発電所などが建設されてきた。朝鮮戦争後にも水力発電所が増設され，1990年代後半からさらに新規の水力発電所建設が進んでいる。

第3章 北朝鮮の産業

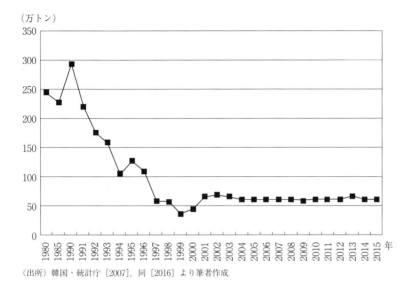

図3-5 北朝鮮の原油輸入量推計

（出所）韓国・統計庁［2007］，同［2016］より筆者作成

　北朝鮮のエネルギーは石炭と水力という国内で供給可能なエネルギーに大きく依存しているが，自動車運輸をはじめ，石油化学工業や発電，各種産業用の燃料として石油が全く必要ないわけではなかった。北朝鮮は図3-5のように1980年代の終わりまで年間250万〜300万トン程度の原油を輸入していた。

　1980年代後半から始まった旧ソ連・東欧における社会主義政権の崩壊と，それにともなう社会主義世界市場の消滅は，北朝鮮がそれまでに必要としたエネルギー資源の供給元を消滅させる結果となった。その後，中国からの支援が若干残っているものの，基本的には国際市場価格での輸入を行っている。その結果，北朝鮮の原油輸入量は1980年代の4分の1〜6分の1の水準にとどまっている。これが北朝鮮の産業施設の稼働率が極端に下がっている主要な原因のひとつである。

4.2　北朝鮮のエネルギー需給状況

　北朝鮮のエネルギー需給状況に関しては，北朝鮮から具体的な数値の発表がないため，推計を利用するしかない。まず必要になるのが発電所の設備容量および総発電量である。これに対する主要な推計は国際エネルギー機関（IEA：Inter-

表3-16　IEAの推計による北朝鮮の一次エネルギー供給状況

(単位：千TOE)

年	石炭	石油			水力	再生可能エネルギー	合計
		原油	石油製品	計			
2000	16,843	394	629	1,023	877	1,005	19,748
2001	17,391	585	542	1,127	912	1,010	20,440
2002	16,478	586	544	1,130	913	1,015	19,537
2003	16,783	570	530	1,100	1,008	1,022	19,912
2004	17,163	575	532	1,107	1,075	1,027	20,373
2005	18,352	483	446	929	1,129	1,032	21,442
2006	18,825	370	340	710	1,085	1,035	21,655
2007	15,347	442	406	848	1,142	1,039	18,376
2008	17,142	453	414	867	1,210	1,042	20,261
2009	16,383	345	316	661	1,072	1,060	19,176
2010	15,683	329	301	630	1,153	1,065	18,531
2011	10,928	530	326	856	1,135	1,070	13,989
2012	11,023	531	292	823	1,161	1,075	14,082

（出所）IEA, Energy Statistics of Non-OECD Countries 各年度版および IEA, Energy Balances of Non-OECD Countries 各年度版より筆者作成

national Energy Agency）のものと韓国の統計庁が出しているものである。前者は統計が整備されている国に関しては信頼性が高いが，北朝鮮のように対外的に統計をあまり出さない国に関しての精度は高くない。後者は韓国銀行による北朝鮮の国内総生産（GDP）推計と同じく，当該所管庁と政府系シンクタンク，国家情報院の情報を総合して「作成」された数値である。

　IEAの資料によれば，北朝鮮のエネルギー需給状況に関する推計は，一次エネルギーの需給状況と石油製品の需給状況，石油および石油製品の輸入量，電力生産量およびその用途の3点である。韓国・統計庁が推計しているのは，一次エネルギーの供給量，一次エネルギーの供給構造，原油導入量と精製能力，発電設備容量，発電量である。

　表3-16はIEAの推計による北朝鮮の一次エネルギー供給状況，表3-17は韓国・統計庁の推計によるそれである。一次エネルギーの供給状況に関しては，IEAの推計の方が，石炭の供給量（生産マイナス輸出）を多めに見積もってい

48

第3章　北朝鮮の産業

表3-17　韓国・統計庁による北朝鮮の一次エネルギー供給構造の推計

（単位：千 TOE[1]，％）

年	総計	石炭	構成比	石油	構成比	水力	構成比	その他[2]	構成比
1980	21,013	15,135	72.0	2,100	10.0	2,658	12.6	1,120	5.3
1985	24,940	18,750	75.2	1,960	7.9	3,110	12.5	1,120	4.5
1990	23,963	16,575	69.2	2,520	10.5	3,748	15.7	1,120	4.7
1991	21,920	15,500	70.7	1,890	8.6	3,750	17.1	780	3.6
1992	20,450	14,600	71.4	1,520	7.4	3,550	17.4	780	3.8
1993	19,013	13,550	71.3	1,360	7.2	3,304	17.4	799	4.2
1994	17,870	12,700	71.1	910	5.1	3,475	19.4	785	4.4
1995	17,280	11,850	68.6	1,100	6.4	3,535	20.5	795	4.6
1996	15,836	10,500	66.3	1,436	9.1	3,109	19.6	791	5.0
1997	14,746	10,300	69.8	1,006	6.8	2,656	18.0	784	5.3
1998	14,030	9,300	66.3	1,400	10.0	2,554	18.2	776	5.5
1999	14,955	10,500	70.2	881	5.9	2,794	18.7	780	5.2
2000	15,687	11,250	71.7	1,117	7.1	2,540	16.2	780	5.0
2001	16,230	11,550	71.2	1,250	7.7	2,650	16.3	780	4.8
2002	15,638	10,950	70.0	1,253	8.0	2,655	17.0	780	5.0
2003	16,079	11,150	69.3	1,219	7.6	2,930	18.2	780	4.9
2004	16,535	11,400	68.9	1,230	7.4	3,125	18.9	780	4.7
2005	17,127	12,030	70.2	1,034	6.0	3,283	19.2	780	4.6
2006	17,955	12,340	68.7	790	4.4	3,155	17.6	1,670	9.3
2007	15,594	10,060	64.5	944	6.1	3,320	21.3	1,270	8.1
2008	16,980	11,236	66.2	967	5.7	3,517	20.7	1,260	7.4
2009	15,914	10,800	67.9	738	4.6	3,116	19.6	1,260	7.9
2010	15,662	10,347	66.1	704	4.5	3,352	21.4	1,260	8.0
2011	12,598	7,275	57.7	763	6.1	3,300	26.2	1,260	10.0
2012	12,284	6,970	56.7	684	5.6	3,370	27.4	1,260	10.3
2013	10,630	5,190	48.8	710	6.7	3,470	32.6	1,260	11.9
2014	11,050	5,810	52.6	730	6.6	3,250	29.4	1,260	11.4
2015	8,700	3,930	45.2	1,010	11.6	2,500	28.7	1,260	14.5

（注1）TOE は Ton of Oil Equivalent の略語である。（石油から換算されたトン単位）
（注2）薪炭，廃棄物の加熱などが含まれている。
（出所）韓国・統計庁 [2007]，同 [2016]

る。

　逆に韓国の推計は水力と再生可能エネルギー（韓国の場合「その他」に該当）を多めに見積もっている。これらの推計から言えることは，北朝鮮の一次エネルギー供給が極端に石炭に偏っているということである。それゆえ，北朝鮮において炭鉱の稼働率が，産業の振興において死活的な問題となる。また，石油の供給の点でいえば，輸入が1980年代末に250万トン程度であったころの水準に復帰すれば，石油の欠乏により，多くの産業の稼働と自動車運輸が阻害される事態が減少するであろうことが読み取れる[12]。全体的なエネルギー供給量でいうと，1980年代中盤の2500万 TOE 程度のエネルギー供給ができるようになってはじめて，北朝鮮のエネルギー事情が経済危機以前の状態に復活した，ということができるであろう。したがって，2016〜20年に実施されている「国家経済発展五カ年戦略」の目標が国民経済を成長軌道に乗せるという意味であるならば，エネルギー需給の面でも年率10％程度の成長が必要となるであろう[13]。

　日本との比較のため，長期間の推計を行っている韓国・統計庁による北朝鮮の一次エネルギー供給量の推計値に日本のエネルギー統計の数値を併記してみた（表３-18）。一人あたりの供給エネルギーの差は1980年でも2.85倍，2014年では8.4倍に達する。日朝間のエネルギー供給量の全体を比較すると2014年の推計値で，北朝鮮の一次エネルギー供給量は日本の約43分の１となる。産業の稼働率が低く，自家用自動車にも乗らず，停電も多く，電力消費量も低く抑えられ，暖房も充分に利用できない北朝鮮と日本のエネルギー供給量の差が43倍であるというのは，実感よりも小さいような感じがするが，これは日本のエネルギー効率が北朝鮮のそれよりもよいことが一因であると考えられる。したがって，今後，北朝鮮のエネルギー事情を改善するためには，供給量の増加を図ることも重要である

12）ただし，北朝鮮における産業施設の稼働率低下は1980年代初めからすでに認識され始めていた。その後，大規模な設備投資が行われたという報道もないので，エネルギー不足だけが北朝鮮の産業施設の稼働率低下の原因ではないことに注意が必要である。

13）輸送部門には自動車や船舶，鉄道用機関車の燃料も必要なため，石炭に偏った需給構造をある程度修正し，これらの需要を満たせるようにする必要もある。北朝鮮が産油国にならない以上は，石油を外貨で購入する必要があるため，この問題の解決は比較的難しい問題となる。そのため，北朝鮮において輸出志向型の産業（観光などのサービス業含む）を振興することが必要となるだろう。

第3章 北朝鮮の産業

表3-18 韓国・統計庁の推計による北朝鮮の一次エネルギー供給状況

年	総供給量 （千TOE）	総供給量 （10^{12}J）	一人当り供 給量（TOE）	一人当り供 給量（GJ）	参考	
					日本の総供 給量（10^{18}J）	日本の一人あた り供給量（GJ）
1980	21,013	879,772	1.19	49.82	15.92	135.99
1985	24,940	1,044,188	1.31	54.85	16.47	136.03
1990	23,963	1,003,283	1.19	49.82	19.69	159.33
1991	21,920	917,747	1.07	44.80	20.25	163.18
1992	20,450	856,201	0.98	41.03	20.38	163.58
1993	19,013	796,036	0.90	37.68	20.54	164.38
1994	17,870	748,181	0.84	35.17	21.42	170.98
1995	17,280	723,479	0.80	33.49	22.04	175.50
1996	15,836	663,022	0.73	30.56	22.30	177.21
1997	14,746	617,386	0.68	28.47	22.49	178.27
1998	14,030	587,408	0.64	26.80	22.06	174.46
1999	14,955	626,136	0.68	28.47	22.42	177.00
2000	15,687	656,783	0.71	29.73	22.74	179.16
2001	16,230	679,518	0.73	30.56	22.44	176.22
2002	15,638	654,732	0.70	29.31	22.55	176.86
2003	16,079	673,196	0.71	29.73	22.32	174.80
2004	16,535	692,287	0.73	30.56	23.00	179.96
2005	17,127	717,073	0.75	31.40	22.86	178.90
2006	17,955	751,740	0.78	32.66	22.89	179.00
2007	15,594	652,878	0.65	27.21	22.99	179.54
2008	16,980	710,906	0.71	29.73	21.81	170.29
2009	15,914	666,276	0.66	27.63	20.86	162.96
2010	15,662	655,725	0.65	27.21	22.16	173.03
2011	12,598	527,444	0.52	21.77	21.22	166.03
2012	12,284	514,298	0.50	20.93	20.83	163.22
2013	10,630	445,049	0.43	18.00	21.01	164.91
2014	11,050	462,633	0.45	18.84	20.06	157.65
2015	8,700	364,245	0.36	15.07	n/a	n/a

(注) TOE は Ton of Oil Equivalent の略語である。（石油で換算されたトン単位）
(出所) 韓国・統計庁［2007］，同［2016］および資源エネルギー庁『平成28年度エネルギーに関する年
次報告』，総務省統計局ホームページより筆者作成

が，社会全体のエネルギー効率を上げることも同様に重要である。

5　おわりに

　以上，北朝鮮の産業の姿をできるだけ信憑性のある統計や推計数値を利用して説明を試みたが，やはり統計数値が公表されている国と比較すると隔靴掻痒の感を免れない。

　農業は，山がちで寒冷な条件から輸出産業としての発展は難しいかもしれないが，国内需要をまかなう程度の生産は条件次第では可能な感じである。水産業は優良な漁場が存在するが，資源が必ずしも豊富とは言い切れない。当分の間，国民に対するタンパク源の供給の観点からも水産業は重要であり続けるであろう。鉱工業に関しては，北朝鮮には大量の石炭や石灰石，鉄鉱石などがあり，単に資源を輸出するだけでなく，精錬や加工を行う産業の潜在力は大きい。工業に関しては，重工業は老朽化とエネルギーや原材料の供給不足にともなう供給連鎖の分断があり，正常な稼働を行っている企業が少ない。経済全体の底上げには，新たな資金や技術の導入が必要であるが，経済外的要因も相まって，急速な回復が難しいのも現状である。エネルギーに関しては，石油の輸入量が低迷する中，国内に存在する石炭を利用する取り組みが先行している。今後の国際情勢の変化いかんによっては北朝鮮に対する石油の供給がさらに減少する可能性もあるし，逆に1980年代の水準に増加する可能性もある。

　エネルギー供給量が極めて少ないのが北朝鮮経済低迷の主要な理由のひとつである。したがって，北朝鮮が自国の産業や国民生活に必要なエネルギーをどのように確保するのかが北朝鮮の今後を決定づけるうえで極めて重要である。

■第4章■ 北朝鮮の対外経済関係

1　はじめに

　本章では，北朝鮮の対外経済関係のうち，主要な4つの対象（日本と旧ソ連・ロシア，中国，朝鮮半島の南北経済関係）について主に取り扱う。

　北朝鮮は前述したとおり，その国家成立の背景（日本の植民地からの独立，冷戦下での分断国家としての出発）とその後の歴史（特に朝鮮戦争での経験），地理的な位置（中国とソ連は北朝鮮の隣国で，1950年代後半から矛盾が顕在化し，北朝鮮はどちらにつくかを双方から迫られた）から，国内の技術や資源を最大限に活かし，経済的に外国から独立しようとする傾向が強くなっていった。このような傾向は後に，自立的民族経済建設路線として定式化され，貿易は自国に存在しないか足りないものを，自国に多くあるものと交換するという原則が存在した（有無相通[1]）。この原則は東西冷戦が終了し，社会主義世界市場がなくなるまで北朝鮮の貿易を貫く重要な原則であった。

---

1 ）社会科学院主体経済研究所編［1985］657頁によれば，「有無相通の原則は自立的民族経済建設のための必需的要求である…社会主義の対外貿易の基本目的は社会主義の経済建設の早い発展のために媒介し，国にないか足りない機械，設備，原料や資材と人民消費品など使用価値そのものを保障することにあるし，利益追求や価値が前面に提起できない。有無相通の原則は社会主義国家の対外貿易の基本目的を実現するにあたって重要な意義を持つ。社会主義国の対外貿易において有無相通の原則は不等価交換を排除し，お互い助け合うことを重要な要求とする。有無相通の原則に基づく対外貿易においてはより発展した国が発展していない国に自分の商品を高く売ったり，その国の製品を安く買ったりすることがなく，貿易取引過程でお互い公平に利得を得てお互いの国と助け合うことができる。対外貿易にて有無相通の原則が貫かれる時に，民族経済の自立的発展はより促進され，人民生活はより早く向上できる」と説明している。

1950年代，特に朝鮮戦争の終了した53年以降には，ソ連や東欧諸国，中国からの支援が多く寄せられた。これらの支援はその時々の国際情勢に大きく左右された。東西冷戦下で，東側陣営の代理として朝鮮戦争を戦った北朝鮮としては，このような支援はある意味，当然のものであった。北朝鮮の貿易相手国は当初はソ連や東欧を中心とした社会主義諸国，中国が主要なものであり，日本との貿易は1950年代の後半から，東南アジアや南アジアとの貿易が盛んになったのは，1980年代以降であった[2]。社会主義市場との貿易は，後述する資本主義国際市場との貿易よりも一般的に取引条件が有利であり，多くの場合国際市場価格より有利な友好価格が適用され，決済も一定期間の輸出入を相殺するバーター取引が主流であった。

　資本主義国との貿易においては，価格は国際市場価格で決定され，決済に国際決済通貨（例えば日朝貿易の場合には，英国ポンドやスイスフラン，後にドイツマルク）を使う必要があった。そのため，輸入を増やすためには輸出も増やす必要があり，外国に買ってもらえる輸出品を作り出すことで輸入に必要な外貨を手当てすることが行われた。しかし，産業政策の基本は国内経済の充実，すなわち経済計画を達成したり，国防に必要な装備品を備えたり，国民生活を向上させたりすることであった。貿易は，そのために必要な各種機械や設備，原材料，資源を手に入れるための手段であるという考え方は一貫しており，外貨を手に入れるためだけに産業を興し，それによって国を富ませるという発想はなかった[3]。

　1970年代には日本や西ドイツといった資本主義国との貿易が増加し，プラント輸入なども行われたが，建設されたのは国内向けの生産を行う企業向けが主であり，生産の増加が外貨準備の増加に寄与することはなかった（図4-1，図4-2）。さらに，第一次世界石油危機にともなう天然資源価格の下落により，北朝

2）ただし，ソ連や中国と距離を置く意味での第三世界での立場の強化や韓国との体制競争の一環としてアフリカ諸国との関係はきわめて重視されており，1960年代の終わりから70年代にかけて多くの国と国交を結んだ。また，北朝鮮はこれらのアフリカ諸国に対して，さまざまな援助を提供した。これに関しては，本書では詳しく述べないが，高林［2010］，宮本［2011］，市川［2013］等を参照されたい。

3）1990年代に日朝貿易に携わっていたある北朝鮮の公務員は，筆者との会話の中で，当時を回想しながら「多くの同僚たちが，社会主義市場が存在し，最低限必要なものはそこから得られるのに，どうして苦労してまで資本主義国と貿易をする必要があるのか，と考えていた」と話していたのが印象的である。

第4章　北朝鮮の対外経済関係

図4-1　北朝鮮の対外貿易額の推移（1989年以降の南北交易含む）

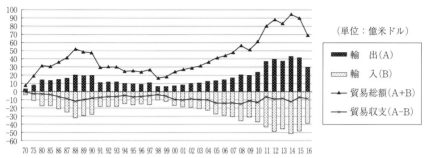

（出所）環日本海経済研究所『北東アジア経済データブック』各年度版

図4-2　北朝鮮の対外貿易額の推移（南北交易を除く）

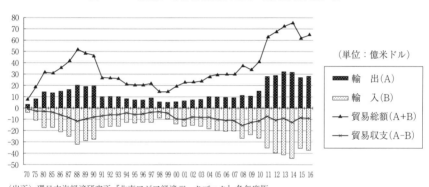

（出所）環日本海経済研究所『北東アジア経済データブック』各年度版

鮮が貿易代金を決済するために輸出していた亜鉛やタングステン，石炭といった資源の価格が暴落し，資本主義国との決済が滞り，日本は1975年から貿易保険の引き受け停止を行い，1986年10月には償還能力がないとみなされ，貿易保険の支払が行われた。西欧の銀行団も87年8月には債務不履行（デフォルト）宣言を行った。

　北朝鮮が資本主義国との貿易に本腰を入れ始めたのは，1990年代に入り，ソ連・東欧の社会主義政権が崩壊し，社会主義市場がなくなり，世界中が資本主義市場になってからである[4]。それまでバーター取引や友好価格，清算決済（貿易赤字が出た場合には，輸出を増やすことで対応）などの社会主義市場での有利な

貿易方式が主流で，債務償還に対するソ連の気前のよい態度[5]に慣れていた北朝鮮にとって，資本主義市場への対応は難しかったようである。現在ではずいぶんと改善されたものの，当時の北朝鮮の貿易当事者は，契約観念が薄く，納期や品質などの契約条件を守らないことなど当たり前であった。そのため，1990年代の北朝鮮は自国に必要なエネルギーや食料を手当てする外貨を十分に用意できず，経済は落ち込み，多くの餓死者を出すに至った。

投資については，ソ連が提唱したコメコンには参加せず，自国が一方的に搾取されるだけであるとして社会主義圏内での国際分業にも批判的であったが，1980年代に入り外貨事情が苦しくなると，84年9月に「合営法」（合弁法）を制定し，海外からの直接投資（FDI）受け入れに関心を示した。中国のような特殊経済地帯方式については当初は否定をしていたが[6]，その後，ソ連の崩壊（1991年12月25日）の3日後にあたる1991年12月28日，北朝鮮，ロシア，中国の三国国境地帯に「羅津・先鋒自由経済貿易地帯」を設置した。その後，このような「特殊経済地帯」（いわゆる経済特区）は，2002年に3つ，2011年に1つ，2013年以降に大量に設定されて現在に至る。

また，韓国とは長い間，体制競争が続いており，1972年7月の「南北共同声明」のような政治的接触以外の経済関係はなかった。1987年に韓国の盧泰愚大統領は「民族自尊と繁栄のための大統領特別宣言」（7・7宣言）を行い，北朝鮮に対して経済，文化，学術などの各種領域での交流拡大と敵対関係の清算を呼びかけた。その後，1989年から経済交流が始まり，それが本格化したのは2000年6月の金大中大統領と金正日国防委員長間で南北首脳会談が行われた後のことである。その後，南北経済関係は大幅に深まり，2002年10月23日に金剛山観光地区が設置され，南からの観光客が一時は年間30万人を超える状況となった。同年11月

4）ソ連との貿易は，1990年に国際価格，国際決済通貨での決済となった。中国は崩壊も解体もしなかったものの，1992年8月24日に中韓国交正常化が行われ，中国との貿易も国際決済通貨で行うことが要求されるようになった。

5）中川［2011］125頁。

6）『朝鮮新報』朝鮮語版1984年10月17日付は同月6日に中央人民委員会経済政策委員会の尹基福副委員長が在日朝鮮同胞訪問団との会見において「中国での『特殊経済地帯』の設定は，中国の実情に適ったものである。しかし，『特殊経済地帯』はわが国の実情に適していない。わが国は『特殊経済地帯』の設定を見こしていない」との発言をしたことを報じている。

27日には開城工業地区が設置され，03年6月に開城工業団地の工事が起工し，04年末には入居企業の生産が開始した。16年1月の北朝鮮の第4回目の核実験と同年2月7日のロケット打ち上げを受けて，翌2月10日に韓国政府が操業停止を決定するまでの間，多いときは年間約18万人の人員が南北を往復し，生産活動に従事した。

2　海外直接投資

2.1　合営法（合弁法）の制定と「経済特区」の否定

　1984年1月に開かれた最高人民会議第7期第3回会議では「南南協力と対外経済事業を強化し，貿易をいっそう発展させるために」[7]が最高人民会議決定として採択された。その中で，▼発展途上国相互の協力である南南協力を拡大発展し，▼共和国に必要な原料，燃料と一部の機械設備の輸入をいっそう増大させることによって，向う5～6年内に社会主義諸国との貿易高を当時の10倍以上に増やし，▼社会主義国との経済合作と技術協力を広く発展させ，▼共和国の自主性を尊重する資本主義諸国との経済・技術交流と貿易を積極的に発展させることをうたっている。

　1984年5月17日～7月1日，金日成は20年ぶりにソ連・東欧を訪問した[8]。この訪問で，ソ連は北朝鮮との貿易協定に合意し，「朝鮮民主主義人民共和国とドイツ民主共和国の親善および協力に関する条約」（期間25年），「朝鮮民主主義人民共和国とブルガリアの親善および協力に関する条約」（期間20年）を締結し，長期間の社会主義諸国による支援を取り付けた。

　1984年9月8日，最高人民会議常設会議は合弁法を採択した。西側からの技術導入が累積債務のために不可能になった条件で，経済発展を保障していくためには，何らかの手段をとることが必要になった。また，共和国では消費生活必需品の面で，先進社会主義諸国や発達した資本主義諸国との格差があり[9]，韓国をは

　7）日本語版は『月刊朝鮮資料』1984年3月号，15～24頁に翻訳掲載されている。
　8）訪問した国はソ連，ポーランド，東ドイツ，チェコ・スロバキア，ハンガリー，ユーゴスラビア，ブルガリア，ルーマニアである。パク・テホ［1987］214～219頁。
　9）金己大［1986］26～27頁。

57

じめとする周囲の諸国との物質面における優位性を見出しにくい状況になっていた[10]。北朝鮮は外貨を獲得し，国民の物質的生活水準を向上させる手段として合弁法を採択し，社会主義国との国際分業体制を通じた社会主義市場への輸出増加や，対外経済交流の多角化によって乗り出そうとした。合弁法によって，社会主義国との国際分業を行うことを容易にし，かつ「外貨準備水準とある程度切り離して，比較的容易に外国の資本と先進技術を導入しうる[11]」海外直接投資の受け入れを実現することが必要だったのである。

前述したように（注6），当初は中国とは異なり，特殊経済地帯を置かないとしていた北朝鮮であるが，ソ連・東欧の社会主義政権崩壊（すなわち社会主義世界市場の終焉）を受けて方針を変え，1991年末に中国およびロシアと国境を接する羅津・先鋒地区（現在の羅先特別市）に「羅津・先鋒自由経済貿易地帯」を設置することとなる。

2.2 羅津・先鋒自由経済貿易地帯の設置

北朝鮮は西側国家との交流強化をはかるために1991年12月28日，中国，ロシアとの国境地帯に羅津・先鋒自由経済貿易地帯（1998年に「羅津・先鋒経済貿易地帯」，2000年に「羅先経済貿易地帯」に改称）を設置した。翌92年には，20年ぶりに憲法が改正され，外交の基本路線がプロレタリア国際主義から「自主，平和，親善」に変更された。北朝鮮としては，ソ連・東欧の社会主義政権の崩壊という現状に対応して，米国や日本，西欧諸国といったこれまで対立してきた資本主義国との関係改善を念頭に置いたものであった。

羅先経済貿易地帯は2017年4月末現在で25年の歴史を有する北朝鮮でもっとも古い特殊経済地帯である。地理的には北朝鮮の北東端に位置し，中国・吉林省延辺朝鮮族自治州琿春市およびロシア・沿海地方ハサン地区と隣接している。中国とは道路で[12]，ロシアとは鉄道で[13]連結されている[14]。地帯内に羅津港，先鋒

---

10) 北朝鮮での国民生活向上への取り組みは，金日成をはじめとする国家指導者が中国や東欧諸国を訪問した際に受けた衝撃によるものだといわれている。金日成の1982年の中国訪問時の演説などを見ても，中国の改革開放に対する関心と驚きが割合はっきりと表現されている。新経済戦略の策定も基本的には中国やソ連・東欧といった社会主義国や先進資本主義国へのキャッチアップをねらってのものと理解してよいだろう。

11) 朴三石［1990］47頁。

港，雄尚港の3つの港を有し，特に羅津港は1930年代の日本植民地時代に当時の満州国（現在の中国東北地方），特に北満（現在の黒龍江省）と日本を結ぶ連絡ルート建設のため，南満州鉄道（満鉄）によって建設されたという歴史を有する。地帯内には北朝鮮で唯一の海運大学が存在するなど，港町として国内的にも有名である。1991年の羅津・先鋒自由経済貿易地帯指定の際には，貿易及び中継輸送及び輸出，加工，金融，サービスの拠点とすることが意図された。2011年には，これに加え投資と観光が追加された。

　創設当初から中国，特に隣接する吉林省・延辺朝鮮族自治州の企業の投資が多いとされ，実際に市内で見かける中国ナンバーの自動車の多くが延辺朝鮮族自治州を示す「吉H」で占められている（近年は他省のナンバーも増えつつある）。大規模な投資は少なく，2008年に後述するロシアとの鉄道と羅津港第3埠頭の改修および運営に当たる合弁会社が設立されるまでは，タイのロックスレーグループによる電気通信の運営，香港資本によるエンペラーカジノ（カジノ付きリゾートホテルの運営），羅先大興貿易会社（漁業，水産加工）などを除けば，圧倒的多数が小規模な投資にとどまっていた。小規模な投資がほとんどとは言え，25年以上にわたって外国企業が投資を続けてきた結果，住民の資本主義的経営手法に対する「慣れ」は相当のものである。延辺朝鮮族自治州との人的交流が多く，食堂や商店，観光業などは延辺のそれに類似する部分が増えてきており，地帯内の住民の生活も食やファッションの面で延辺の影響を強く受けている[15]。博物館や美術館，コンサートホールなど文化施設はまだない（体育館はある）が，市場

12）羅先経済貿易地帯から直接中国に連結されているのは元汀税関を通じた道路だけであるが，北部鉄道を通じて，羅津または先鋒から南陽まで出て，そこから豆満江を渡り，中国・吉林省図們市に抜ける鉄道を利用することもできる。ただし北部鉄道は軌道や構造物の整備状況が悪く，本格的な利用のためにはかなり大規模な改修工事が必要とされる。

13）ロシアとの国境の「朝ロ友誼橋」は鉄道橋で，道路は併設されていない。したがって人の往来はもっぱら鉄道によって行われている。国境の豆満江駅から対岸のロシア・ハサン駅間は平壌とモスクワ，ハバロフスクを結ぶ国際列車（北朝鮮車両）やハサンからモスクワに向かう列車（ロシア車両）のほか，豆満江駅からウスリースク駅間だけを結ぶ国際列車が週2回運行されている。ロシアとの往来の場合にも，羅先経済貿易地帯のノービザ出入国は適用される。

14）中国やロシアの車両を臨時に乗り入れることが可能で，羅先市内では中国ナンバーやロシアナンバーの車両を見かけることも多い。

は北朝鮮の中で最大規模かつ最も衛生的で立派な建物を備えている（第5章参照）。販売されている品目も，海産物をはじめとして平壌の「統一通り市場」を大きく凌駕しており，羅先市民の平均的な生活水準が国内の他の地方に比して相当に高いことを感じさせる。羅先市は日常生活においては，北朝鮮のなかで外国人にとってもっとも暮らしやすい街のうちの一つであると言えよう。

　羅先における開発が遅れていたのは，北朝鮮の投資環境が他国と比較して良好ではないと判断されたことのほか，道路や鉄道，港湾などのインフラ整備が遅れていたためである[16]。これらの問題を解決するために，羅津地区と中国国境とを結ぶ道路の補修および舗装，羅津港からロシア国境に至る鉄道と羅津港の埠頭の近代化，中国からの電力供給などが必要と考えられてきた。

　鉄道と羅津港の近代化については，2001年と翌02年の朝ロ首脳会談によって原則的に合意されたシベリア横断鉄道と北朝鮮の鉄道連結のスキームにのっとり，両国政府間で，北朝鮮・ロシアとも羅津港を利用するためのインフラ建設を行った[17]。同事業は2006年から本格的な進展を見るようになり，2006年3月，北朝鮮側の金容三前鉄道相がロシアを訪問し，ロ朝両国間の鉄道連結のための問題を討議した。その第1段階の措置として，羅津とハサン間鉄道の改修近代化に合意した。同年7月，ロシア鉄道株式会社代表団が訪朝し，金容三前鉄道相と会談し

---

15) 2016年末には，市内の冷麺店傘下にエスプレッソコーヒーや各種洋菓子類を供するコーヒーショップがオープンした。価格は隣接する中国の延辺朝鮮族自治州やロシア・沿海地方と同じくらいで，北朝鮮国内の物価と比してかなり高価であるにもかかわらず，地元の人々にとっても人気店となっている。このような店は首都・平壌やスキーリゾートである馬息嶺スキー場にはあるが，地方都市にはあまりない。

16) 中国国境の元汀税関と羅先市の中心である羅津地区は54キロ離れているが，そのうち舗装されていたのは先鋒地区から羅津地区までの約10キロのみで，残りは非舗装の山道であり，元汀から羅津まで乗用車で約1時間半，トラックで2時間半以上を要した。羅津とロシアを結ぶ鉄道も老朽化が激しく，路盤のほかトンネル，橋梁などの構造物に相当の補修が必要とされた。羅津港は基本的には1930年代に建設された当時のままであり，水深が最大で9メートル程度と浅く，重量物，特にコンテナを扱うことのできるクレーンが不足していた。羅先市内には出力20万キロワットと言われる，北朝鮮で唯一の大型石油火力発電所である先鋒火力発電所があるが，燃料不足により稼働しておらず，市内に建設された中型水力発電所と国家の電力網に電力を依存しており，恒常的に電力不足の状況にあった。現在は西頭水発電所の発電機1基が羅先市専用として確保されており，住民用電力も0.045米ドル/kwhと高く，原価を反映したものとなっている。

第 4 章　北朝鮮の対外経済関係

た[18]。2007年 4 月には，鉄道省とロシア鉄道がハサン―羅津鉄道区間の改修近
代化に関する覚書を締結した[19]。同年11月，ロシア鉄道代表団が羅先を訪問し，
羅津―ハサン間鉄道の一部区間と羅津港に対する最終調査を行い下準備は最終段
階に入った。2008年 3 月，鉄道省とロシア鉄道側は平壌で会談を行い，羅津港に
コンテナ埠頭を建設し，羅津―ハサン間の鉄道を改修，シベリア横断鉄道を利用
した国際貨物中継輸送で協力することと，以上の事業を担当する合弁企業創設に
関する法的・技術的問題などを協議し，合弁会社設立契約を結んだ。同年 8 月 6
日には羅先国際コンテナ輸送合弁会社（ラソンコントランス：Rasoncontrans）
と鉄道省東海鉄道連運会社の間で羅津～豆満江鉄道賃貸契約書が締結された[20]。
ロシア鉄道側はハサン―羅津間の鉄道改修を契機に，羅津港へ納入される貨物を
シベリア横断鉄道（TSR）経由でヨーロッパに輸送する計画を立てている[21]。
しばらくの間，建設事業は中断していたようであったが，2010年 5 月からはロシ
ア鉄道の子会社「RZD ストロイ」が参加し[22]，割合速い速度で整備が進んでい
った[23]。2011年10月13日には，ハサン～羅津間の54キロメートルのうち，ロシ

17）「朝鮮とロシアは2001年 8 月 4 日，金正日総書記とプーチン大統領が署名した朝ロ・モス
　　クワ宣言を通じて朝鮮半島とロシア，ヨーロッパを連結する鉄道輸送ルート創設のために朝
　　ロ間の鉄道連結事業を本格的に推進していくことを公表した」。「モスクワ宣言第 6 項には
　　『双方は世界的実践で公認された相互利益の原則に基づいて，朝鮮半島の北南とロシア，ヨ
　　ーロッパを結ぶ鉄道輸送路創設計画を実現するため，必要なすべての努力を傾けることを公
　　約しつつ，朝鮮とロシア鉄道連結事業が本格的な実現段階に入ることを宣言した」と明記さ
　　れている』」。「羅津―ハサン鉄道，7 年間の軌跡」『朝鮮新報』オンライン版［https:
　　//korea-np.co.jp/j-2008/04/0804j1008-00002.htm］（最終アクセス2017年 4 月24日）
18）羅津―ハサン区間鉄道と羅津港の改修事業をロシア鉄道株式会社が担当することが決定し，
　　双方は数次にわたる交渉と現地調査を行い，鉄道と港の運営方式などに合意した。
19）覚書には，羅津―ハサン鉄道区間の改修近代化事業のため朝ロ合弁企業を設立する点に言
　　及されている。
20）「羅津―ハサン鉄道，7 年間の軌跡」『朝鮮新報』オンライン版［https://korea-np.co.jp/-
　　2008/04/0804j1008-00002.htm］（最終アクセス2017年 4 月24日）
21）同上
22）「北朝鮮・羅津港向け鉄道改修工事が活発化：金正日氏の訪問に向けて？」『JSN』ホーム
　　ページ［http://www.jsn.co.jp/news/2011/140.html］（最終アクセス2017年 4 月24日）
23）これは，中国の積極的な対北朝鮮進出，特に羅先経済貿易地帯への投資が急増し，これ以
　　上の遅延がロシアの利益に反する結果を生むと考えたためであろう。ロシアが将来的に羅津
　　港を利用するというオプションを放棄したくはないと考えていたことは明らかである。

ア側に近い約32キロの工事が完成し，試験運行が行われた。2013年9月には，開通式および羅津港第3埠頭の完工式が行われた。その後，ロシア産の石炭を鉄道で羅津港第3埠頭まで輸送し，そこで粉砕や異物の除去などの加工を行った後，船舶で中国の需要家に送り出すプロジェクトが2017年7月末現在も継続している。

電力については，2012年8月の合同指導委員会の第3回会議で中国から羅先への送電線建設が合意され，実際に測量が行われて鉄塔の工事も始まったが，翌13年2月の北朝鮮による第3回核実験の影響で建設がストップしている。

羅津港の拡張・整備については，中国や香港の企業が第4～6埠頭の建設に合意したとの報道が何度も出されているが，まだ正式の投資実行には至っていない。2013年の張成沢国防委員会副委員長の粛正には，羅先経済貿易地帯における土地取引の問題も原因の一つとして発表されており，港湾建設を中国側に丸投げするような形での開発が許容されるのかどうか，今後の推移が注目される。

2.3 南北関係の進展と新たな特殊経済地帯の設置

2000年6月13日～15日，韓国の金大中大統領が北朝鮮の金正日国防委員長と第1回南北首脳会談を行い，南北関係は新たな段階に入った。2000年6月15日に「南北共同宣言」に双方の首脳が署名し，発効した後は，南北の当局間での対話や，国家予算を投入した南北協力事業，軍事境界線を越えた観光の推進や工業団地の造成，運営等，これまでの民間事業だけでなく，国家プロジェクトとしての南北経済協力が行われるようになった。また，当局間の対話は，協力事業が進むにつれて政治的なものから，経済的，技術的なものへとバリエーションを広げ，2006年末までに政治分野34回，軍事分野38回，経済分野69回，人道社会分野35回の合計176回の各種南北当局間対話が行われるなど[24]，それ以前とは全く異なる様相を見せるようになった。2008年の李明博政権の成立以後は，南北経済交流に消極的になると共に，政治，軍事面で対立が高まったため，それにつれて経済交流に影響が出た。特に，2010年3月26日の「天安」艦沈没事件にともない，同年5月24日に開城工業地区以外の交易（貿易）や経済交流の中止を主な内容とする

---

24)「남북 당국간 대화 추진성과」［南北当局間推進成果］［2007］『平和を創る女性会』ホームページ［http://www.peacewomen.or.kr/?module=file&act=procFileDownload&file_srl=3546&sid=a0182e1679653bffa40b094b99c00232］（最終アクセス2017年8月29日）

独自制裁を発表した（5.24措置）。同年11月23日には韓国が実効支配する黄海にある延坪島を北朝鮮が砲撃する事件があり，南北間の緊張がさらに高まった。

2013年の朴槿恵政権の成立後，南北の緊張緩和と交易や経済協力復活への期待が高まったが。しかし，朴槿恵政権下の韓国は，北朝鮮の核，ミサイル開発に関連して北朝鮮に対して強硬な姿勢をとると共に，韓国による吸収統一を前提とする「統一大当たり論」を主要な対北政策とした。これに対して北朝鮮は猛反発し，韓国を相手にせず，米国との直接交渉開始を目指して，核，ミサイル開発を加速させた。

(1) 金剛山観光地区

1998年以来韓国からの金剛山観光は行われていたが，輸送手段が海路に限られており，費用と時間がかかるため，観光客数が伸び悩んでいた。2002年9月18日に，東海線鉄道とそれに並行する道路の非武装地帯における南北間の連結工事が開始された。また，同年10月23日には金剛山観光地区を設置する政令が公布され，正式に経済特区となった。2003年2月に臨時道路が仮開通し，観光団が陸路，軍事分界線をこえて金剛山を訪問した。2005年には事業が黒字となり，また年間の訪問者が30万人を超えるなど，ある程度安定した交流が行われるようになったが，2008年に立ち入りを禁止されている地域に侵入した観光客が警備の兵士に銃撃され，死亡する事件が発生し，韓国政府は金剛山観光を停止する措置をとり，観光事業は頓挫している。北朝鮮側は韓国側の措置を不満とし，韓国企業のみに与えていた観光開発の権利を中国企業にも与えた。

また，南北当局は，離散家族の面会所を金剛山に設置しており，金剛山は単なる観光拠点ではなく，南北の緊張緩和と人的接触の中心地としての役割も大きい。

(2) 開城工業地区

開城工業地区（開城工業団地）は，1998年6月，韓国の現代峨山と朝鮮の民族経済協力連合会が計画推進に合意し，南北首脳会談後，推進されてきた，ソウルからわずか70キロメートルしか離れていない工業団地である。2002年11月13日に開城工業地区法を設置する政令が発布され，経済特区となった。

2003年6月，第1段階100万坪（3.285km^2）が起工され，2011年にその造成が完成した。第1段階100万坪のうち，まず28,000坪について，15の企業を入居さ

表 4 - 1　開城工業地区の主要統計

年度	生産額　単位：100 万米ドル	北側労働者数　単位：人	南側労働者数　単位：人	訪問者数 人員	訪問者数 車両
累計	3,233.03	—	—	1,154,437	757,773
2005	2005 〜 2009 の累計として 781.32	6,013	507	2005 〜 2008 年の累計として 354,602	177,245
2006		11,160	791		
2007		22,538	785		
2008		38,931	1,055		
2009		42,561	935	111,830	72,597
2010	323.32	46,284	804	122,997	83,566
2011	401.85	49,866	776	114,435	82,954
2012	469.50	53,448	786	120,119	89,960
2013	223.78	52,329	757	75,990	55,580
2014	469.97	53,947	815	125,940	95,924
2015	563.29	54,988	820	128,524	99,974

（出所）開城工業地区管理委員会ホームページ［https://www.kidmac.com/kor/contents.do?menuNo =100158］
（最終アクセス2017年 8 月29日）

せるパイロットプラン（モデル団地）が実施された。

　その後，第 1 期の工業団地の建設が進んでいった。2016年 1 月末現在で開城工業地区の稼働企業数は124に達していた。

　表 4 - 1 は開城工業地区の主要統計指標である。最盛期の2015年末には，生産額は年間 5 億ドルを超え，同地区で働く北側の労働者は 5 万5000人に達しようとしていた。また，年間の延べ訪問者数も13万人弱に達し，極めて閉鎖された空間における局地的な協力事業ではあったが，南北間の人的交流の側面から，無視できない影響力を持っていた。

　2016年 1 月 6 日の第 4 回目となる核実験と同年 2 月 7 日の弾道ミサイル発射に対応して，同月10日，韓国政府は，開城工業地区から北朝鮮へ流入する通貨が兵器開発に流用されることを防ぐためとして，開城工業地区の操業停止と韓国人の引き揚げの措置を行った。北朝鮮はこれに対し，翌11日に開城工業地区を軍事統制地域に指定して韓国側人員の全員追放と資産凍結，北側労働者の撤収を発表し，板門店での南北間の連絡手段も断つと表明した[25]。

2.4 中朝間での共同開発・共同管理の推進

2009年，北朝鮮に隣接する中国の2つの省の経済開発プログラムが国務院（中央政府）の承認を受け，国家プロジェクトとして採択された。まず，同年7月1日，遼寧省の「遼寧沿海経済ベルト地域発展計画」が原則承認された。このプロジェクトは2009〜2020年を対象期間とする長期経済発展計画である。

遼寧省のプロジェクトには，黄海沿岸の都市で，北朝鮮との国境都市でもある丹東市が重点対象の一つとして組み込まれている。丹東市内に「産業園区」といわれる新都市を作ることを始め，港湾機能の拡張，黒龍江省，吉林省と連結される鉄道の建設などが予定され，丹東市内部分は完成をみた。丹東は単なる行き止まりの国境都市としてではなく，中国大陸と韓国を含む朝鮮半島を結ぶ大動脈の関門としての位置を先取りしているが，国際政治的要因で経済協力を推進するには難しい状況が続いているため，まだ国際的な注目を浴びるには至っていない。

次に，2009年8月30日に国務院が承認した吉林省の「中国図們江地域協力開発計画要綱」である。この計画も対象期間は2009〜2020年の長期プロジェクトである。これは1990年代初めから国連開発計画（UNDP）が主導してきた「大図們江開発」（GTI）を国内経済計画に取り込む形で，国内の国境地域の開放・開発のための試験的な役割を果たすこと等を目的としている。

この計画は，長春市，吉林市及び延辺朝鮮族自治州（「長・吉・図」）を中心地域とし，遼寧省，黒龍江省及び内モンゴル自治区等にも影響を与え，中国と周辺国家との協力を推進する。海のない，内陸の省でありながら，日本海まで15kmの位置にある延辺朝鮮族自治州から，ロシアと北朝鮮の港を利用して，日本海に出るルートを建設するのがこの計画の目玉である。それとともに，内モンゴル自治区の阿爾山市からモンゴル国東部のチョイバルサン市までの鉄道を建設し，モンゴル国東部から日本海までを繋ぐ中モ国際ルートを建設し，この地域を国際的な物流基地へと昇格させることも（もともとGTIの構想にあるのだが）この計画には含まれている。

北朝鮮もこれに呼応して，2009年にGTIからは離脱したものの，同年12月には金正日総書記が羅先市を訪問し，貿易会社を視察した。2010年1月4日には羅先市が「特別市」に指定されるとともに，同月27日には「羅先経済貿易地帯法」

25）『朝鮮中央通信』2016年2月11日発。

が改正され，同地帯の事業類型に「投資」と「観光」が追加され，地帯外の国内企業との取引が認められるようになった。これにより同地帯は北朝鮮国内への投資の窓口としての役割を担うようになる可能性がある。また，企業創設の審議，承認権限が地元に戻るなど，地区の活性化のための措置がとられた。

　これら2つのプロジェクトから見られる傾向は第一に，中朝間の経済協力が両国の相互の構想に基づくものというよりは，中国が自らの地方経済開発戦略をまず作り，その中で北朝鮮との経済交流のあり方を規定し，それに基づいて中国側からの投資が行われるなどして実際の経済交流が行われるというものである。北朝鮮側も中国側のプロジェクトに呼応して，羅先地区の投資環境整備を進めるなど，経済交流を活発化させる意思表示を行っている。

　2011年1月には，中国の吉林省・琿春市で生産された石炭（褐炭）を北朝鮮の羅津港から上海港へと輸送するプロジェクトが開始され，羅津港は吉林省から海へと出るための出口としての位置づけが明確になった。中国の内航航路としての使用が想定されていたが，国際政治的環境の改善によっては，日中貿易や中韓貿易にも利用できるとの思惑があり，羅津港を中国が積極的に利用するプランは，吉林省の発展計画の中でも重要なプロジェクトのひとつとしてとらえられていった。

　2011年6月6日には，遼寧省・丹東市に隣接した黄金坪と威化島が特殊経済地帯である「黄金坪・威化島経済地帯」に指定された[26]。同地帯は，北朝鮮と中国の国境を流れる鴨緑江の中州である黄金坪と威化島という2つの島を特殊経済地帯としたものである。同月8日には，吉林省・琿春市の隣にある羅先経済貿易地帯（こちらは同月9日）とともに，中朝共同開発および共同管理プロジェクトの着工式が行われた[27]。

　同年12月3日には「黄金坪・威化島経済地帯法」が制定され，まず黄金坪に対

26）前者は主要な流路の中国寄りにあり，中国とは幅数メートルの水路で隔てられているだけである。北朝鮮の本土との間に橋はなく，艀で往来している。後者は主要な流路の北朝鮮側にあり，中国との間にも，北朝鮮の本土との間にも橋はなく，増水期には島全体が水没することもある島である。両島とも現在の主要な産業は農業である。黄金坪は特に平坦な地形と肥沃な土地，灌漑の容易さ，増水期にも島全体が水没しないことから，面積は狭いものの，優良な農地とされている。対岸の中国側は以前は農村であったが，現在は丹東市の新市街が建設されており，中国側にも広大な工業用地が造成されている。

して「情報産業，軽工業，農業，商業，観光業を基本として開発」（第3条）が決定されたことが明らかになった。開発方式としては，開城工業地区で現代峨山や韓国土地公社が一括して土地を賃貸し，インフラ整備を行い，それを進出企業に分譲した方式と同じく，「開発企業が全体面積の土地の賃貸を受け，総合的に開発して経営する方式」（第13条）で開発され，開発企業はインフラ建設を行ったうえで「特別許可経営権」（第19条）を受け，「開発した土地及び建物を譲渡，賃貸する権利」（第20条）を有するとされている。この方法は開発業者が一括で土地を賃貸し，地帯の造成，インフラ整備をはじめ，すべての建設に責任を負い，入居企業を集めるという方式で，開発企業への負担が大きく，開発が遅れる一因ともなっていた。

　2011年6月9日に羅津港で行われた羅先経済貿易地帯朝中共同開発および共同管理プロジェクトの着工式では，両国が積極的に協力して電力問題を早急に解決し，羅津港の現代化，羅津港―元汀道路の改修を年内に終えて中継貨物輸送と観光業で転換をもたらすべきであるとの演説が行われ，羅先経済貿易地帯朝中共同開発1次着工プロジェクトとして羅津港―元汀（朝中国境）道路の改修（2012年10月26日俊工）と亜太羅先セメント工場および朝鮮羅先市―中国吉林省高効率農業モデル区の着工式，羅津港経由中国国内貨物中継輸送の出港式，自家用車観光の出発式が行われた。電力問題については，中国・吉林省の琿春市から羅先市に至る高圧送電線を建設し，中国から送電を行うことによって，進出する中国企業や中国との取引を行う北朝鮮企業に安定した電力供給を行うことが予定されており，2012年上半期には具体的な建設に入る見込みであったが，北朝鮮の核問題が日に日に深刻になる中，2017年4月末現在でも建設準備は相当程度進んでいるも

27）両着工式には，北朝鮮側から「羅先経済貿易地帯と黄金坪・威化島経済地帯共同開発および共同管理のための朝中共同指導委員会」朝鮮側委員長である張成沢国防委員会副委員長と合弁投資委員会の李洙墉委員長，平安北道党委員会の李万建責任書記，羅先市党委員会の林景万責任書記，平安北道人民委員会の崔宗健 委員長，羅先市人民委員会の曺正浩委員長ら中央と平安北道，羅先市の関係者，勤労者が参加した。中国側からは，共同指導委員会の中国側委員長である陳徳銘商務相と遼寧省党委員会の王珉書記，吉林省党委員会の孫政才書記，劉洪才駐朝大使，遼寧省人民政府の陳政高省長をはじめ政府と遼寧省，吉林省の関係者，勤労者が参加した。「黄金坪・威化島経済地帯で着工式　朝中友好の新たな象徴」『朝鮮新報』ホームページ［http://jp.korea-np.co.jp/article.php?action = detail&pid = 51673］（最終アクセス2012年1月16日）

のの，完成や電力の供給には至っていない。

2.5　特殊経済地帯の地方への拡大

　2013年3月31日に開催された朝鮮労働党中央委員会2013年3月全体会議では，「経済建設と核武力建設の並進路線」が決定されたほか，金正恩第1書記の報告のなかで，元山地区の開発と経済開発区開発に関する言及があった。これを受けて，同年5月29日，最高人民会議常任委員会は「朝鮮民主主義人民共和国経済開発区法」を採択した[28]。これにより，既存の特殊経済地帯とは別に，国内に21カ所の中央級，地方級の経済開発区を設置することとなった[29]。2015年には2013年に設置された13の経済開発区のマスタープランが完成した[30]ほか，中国国境に国家級1カ所，地方級1カ所の経済開発区が新設された[31]（表4-2，図4-3）。

　北朝鮮でもっとも古い特殊経済地帯である羅先経済貿易地帯[32]でも，この時期，地帯に関する法律が大きく変わるなど対外経済関係の推進は金正恩時代においてより積極的になされるかに見えた。しかし，2016年に2度の核実験が行われ，多くのミサイルや人工衛星の発射実験が行われた結果，北朝鮮の核，ミサイル開発の進展にともなう国連安保理決議による経済制裁などが強化される中で，北朝鮮のカントリーリスクはより高くなり，これまでにない積極的な政策的措置にもかかわらず，外国からの大規模な投資が行われづらい状況が2017年4月末現在も継続している。

28）経済開発区法は7章62条と附則2条で構成され，7章の題目はそれぞれ，経済開発区法の基本，経済開発区の創設，経済開発区の開発，経済開発区の管理，経済開発における経済活動，奨励及び特恵，申告及び紛争解決となっている。

29）その後の筆者の調査によれば，中央級の経済開発区は「新義州国際経済地帯」，「温情先端技術開発区」「康翎国際緑色示範区」「進島輸出加工区」であることが判明した。

30）『朝鮮中央通信』2015年1月14日発。

31）この2つの経済開発区は，隣接する中国の地方政府との密接な連携の下に準備がなされ，開設されたものである。したがって，これまで開設された経済開発区に比べて事業性に優れている特徴を持っている。

第4章　北朝鮮の対外経済関係

表4-2　北朝鮮の特殊経済地帯一覧

番号	地区名	種別	性格	所在地	面積(km²)	開発規模(100万米ドル)	内容
1	羅先経済貿易地帯	特殊経済地帯	総合的な経済開発区	羅先特別市	470	n/a	国際中継輸送，貿易，投資，金融，観光
2	黄金坪・威化島経済地帯	特殊経済地帯	総合的な経済開発区	平安北道新義州市	44.5	n/a	情報産業，軽工業，農業，商業，観光
3	新義州国際経済地帯	経済開発区(中央級)	総合的な経済開発区	平安北道新義州市	40	n/a	国際空港と開港を有する総合的経済開発区。先端産業，貿易，観光，金融，保税加工
4	康翎国際グリーンモデル区	経済開発区(中央級)	総合的な経済開発区	黄海南道康翎郡	3.5	n/a	グリーン産業の研究・開発
5	恩情先端技術開発区	経済開発区(中央級)	総合的な経済開発区	平壌市恩情区域	2	n/a	情報産業の研究開発，実用化，ナノテクノロジー，新素材，バイオ産業，輸出用先端産業製品の生産および先端産業製品の展示及び交流
6	満浦経済開発区	経済開発区(地方級)	経済開発区	慈江道満浦市	3	120	現代農業，観光，レクレーション，貿易
7	清津経済開発区	経済開発区(地方級)	経済開発区	咸鏡北道清津市	5.4	200	金属加工，機械製造，建材，電気製品，軽工業，輸出加工
8	恵山経済開発区	経済開発区(地方級)	経済開発区	両江道恵山市	2	100	輸出加工，現代農業，観光，レクレーション，貿易
9	鴨緑江経済開発区	経済開発区(地方級)	経済開発区	平安北道新義州市	6.6	240	現代農業，観光，レクレーション，貿易
10	現洞工業開発区	経済開発区(地方級)	工業開発区	江原道元山市現洞	2	100	情報産業，観光客向けの土産品を含む軽工業
11	興南工業開発区	経済開発区(地方級)	工業開発区	咸鏡南道咸興市海岸区域	2	100	保税加工，化学製品，建材，機械
12	渭原工業開発区	経済開発区(地方級)	工業開発区	慈江道渭原郡	3	150	現代的な天然資源加工，製材，機械，農産品加工
13	清南工業開発区	経済開発区(地方級)	工業開発区	平安南道清南区竜北里	2	n/a	鉱業用部品および工具の製造，石炭化学製品の製造，販売及び輸出
14	北青農業開発区	経済開発区(地方級)	農業開発区	咸鏡南道北青郡	3	100	果樹園，総合果物加工，畜産加工
15	漁郎農業開発区	経済開発区(地方級)	農業開発区	咸鏡北道漁郎郡	4	70	種子の品種改良を中心とする農業に関する研究開発基地
16	粛川農業開発区	経済開発区(地方級)	農業開発区	平安南道粛川郡	3	n/a	現代農業，観光，レクレーション，貿易
17	臥牛島輸出加工区	経済開発区(地方級)	輸出加工区	南浦特別市臥牛島区域嶺南里	1.5	100	現代的な輸出志向の加工及び組立
18	松林輸出加工区	経済開発区(地方級)	輸出加工区	黄海北道松林市	2	80	輸出加工，倉庫業，貨物輸送業
19	進島輸出加工区	経済開発区(中央級)	輸出加工区	南浦市特別市臥牛島区域進島洞，火島里	1.37	n/a	軽工業及び化学製品の委託加工
20	新坪観光開発区	経済開発区(地方級)	観光開発区	黄海北道新坪郡平和里	8.1	140	観光
21	穏城島観光開発区	経済開発区(地方級)	観光開発区	咸鏡北道穏城郡穏城邑	1.7	90	ゴルフ場，水泳プール，競馬場，朝鮮民族食堂等を中心とする外国観光客に対するレクレーションおよび観光

69

22	青水観光開発区	経済開発区（地方級）	観光開発区	平安北道朔州郡の清城労働者区，方山里	1.4	n/a	観光
23	元山―金剛山国際観光地帯（元山地区，通川地区，釈王寺地区，馬息嶺スキー場地区，ウルリム滝地区）	経済開発区（中央級）	観光開発区	江原道元山市，通川郡，釈王寺，馬息嶺スキー場，ウルリム滝	n/a	n/a	観光
24	金剛山国際観光特別区	特殊経済地帯	総合的な経済開発区	江原道金剛山地区	n/a	n/a	観光
25	茂峰国際観光特区	経済開発区（中央級）	観光開発区	両江道三池淵郡	n/a	n/a	観光
26	開城工業地区	特殊経済地帯	統合的な経済開発区	黄海北道開城市	3.3	n/a	繊維，衣類等軽工業

（出所）MIMURA［2015］29-30頁および『朝鮮新報』記事より筆者作成

図4-3　北朝鮮の特殊経済地帯の位置

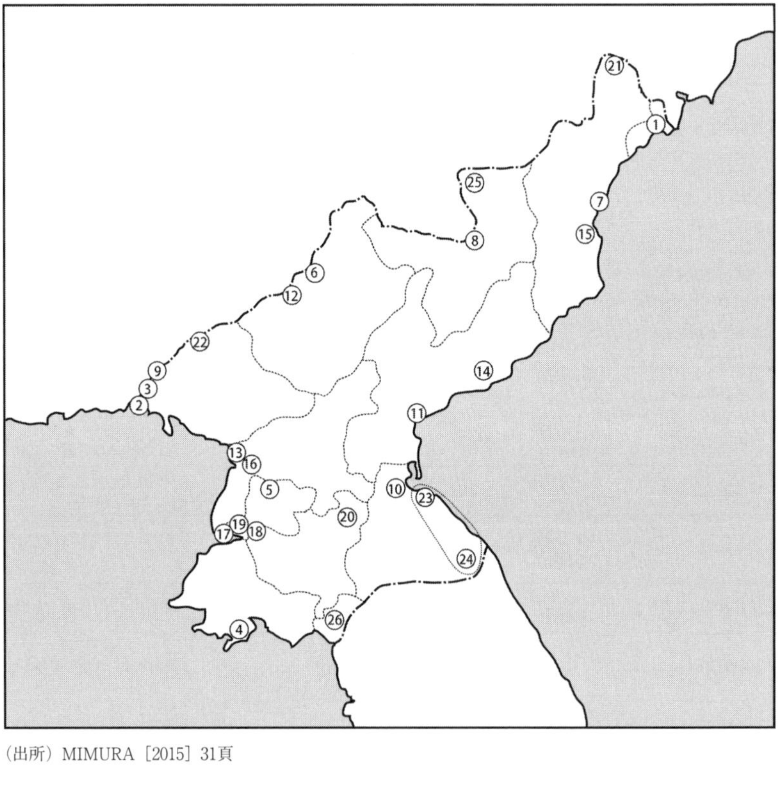

（出所）MIMURA［2015］31頁

第4章　北朝鮮の対外経済関係

3　日朝経済関係

　日朝経済関係は，表4-3にあるように，貿易が1956年から，投資は，商業的なものに限っていえば1997年頃から始まった。本項では貿易と海外直接投資に分けてこれを取り扱う。

3.1　貿易

　日朝貿易は，1956年に北朝鮮から無煙炭が中国の大連経由で日本に運ばれた間接貿易の輸入が最初の取引であった[33]。その後，直接貿易，直接決済，繰り延べ払い，輸銀融資，貿易保険の適用と取引が拡大していった。日本政府は1973年10月の第一次石油危機による輸入物価の上昇と主要な輸出品の一次産品価格の下

32）2010〜11年にかけて金正日総書記が中国を3回（通過も含めれば4回）も訪問し，中国の要人と意見交換するなかで，遼寧省に隣接する黄金坪・威化島経済地帯と吉林省に隣接する羅先経済貿易地帯を中国と北朝鮮両国の中央政府が共同で管理・開発することになった。2010年11月には，中央政府級の「中朝羅先経済貿易地帯と黄金坪・威化島経済地帯開発協力合同指導委員会」が平壌で開催された。翌11年6月9日には，羅先市で羅先経済貿易地帯の朝中共同開発および共同管理プロジェクトの着工式が開かれた。中朝の共同管理機構として，吉林省政府と羅先市人民委員会が共同で「羅先経済貿易地帯管理委員会」を開設した。同年12月に改正された羅先経済貿易地帯法の規定を見ると，1991年の羅津・先鋒自由経済貿易地帯指定の際に，貿易及び中継輸送及び輸出，加工，金融，サービスの拠点とすることが規定されたが，2011年改正では，これに加え投資と観光が目的に追加された。また「管理委員会」の設置と独自性の保障，「規定」「細則」「準則」といった規定の種別など，開城工業地区の経験が活かされていると思われる部分も多く，「国際慣例の参考」など，より透明性が高く，開かれた運営を行うための工夫がなされていることを見いだすことができる。企業の創設申請は，「産業区」内においては管理委員会が，それ以外の地区内では羅先市人民委員会が行うことになっており，中朝共同開発・共同管理を行う準備が行われている。翌12年9月の合同指導委員会の第3回会議では，両経済区の開発について実務面での作業を進めていく段階に入ったとし，両経済区の管理運営を担う「管理委員会」を設立することが決定された。同時に，管理委員会の運営，経済技術協力，農業分野協力，羅先経済貿易地帯への電力供給，工業園区の建設などに関する協議書が締結され，地帯内のインフラ整備を進め，企業の投資を促進することが確認された。しかし，2013年の北朝鮮の第3回核実験に対する中国の対北朝鮮経済協力に関する消極的な態度と中朝指導委員会の北朝鮮側代表であった張成沢国防委員会副委員長の粛清を受けて，中朝共同管理・共同開発方式は制度としては残っているものの，2015年に中国・琿春市の圏河税関と北朝鮮・羅先市の元汀税関の間に「新図們江大橋」の建設が開始されるまで大きな進展を見なかった。同橋は2016年の秋に完成した。

33）澤池［2010］116頁。

71

表4-3　日朝経済関係の歩み

時期	内容	国際情勢
1955年1月	鳩山首相が北朝鮮との経済的関係を改善する用意を言明	
1955年2月25日	北朝鮮の南日外相が日本との関係改善の用意がある声明を発表	
1955年10月15日	日本の3商社と北朝鮮との間で民間レベルの取引協定書を調印	
1955年10月24日	日本政府が各省次官会議で日朝貿易・交流禁止を決定	
1956年3月6日	日朝貿易会設立	
1956年9月27日	日朝貿易・大連経由の第一船が日本港に入港	
1957年9月27日	日朝間に民間レベルの「日朝貿易協定」締結	
1958年4月15日		日韓国交正常化交渉第4次会談開始（～60年4月15日）
1958年5月10日	日中貿易中断に伴い，大連経由取引中断	
1958年9月26日	「日朝貿易協定」失効	
1959年6月25日	日朝貿易・香港経由取引開始	
1960年10月11日	輸入物資について船舶が香港を経由せず直接日本に入港，通関を要求	
1960年10月25日		日韓国交正常化交渉第5次会談開始（～61年5月15日）
1961年4月	日本政府，日朝直接貿易取引許可。強制バーター地域に指定し，直接決済は引き続き禁止	
1961年5月16日		韓国で「5・16軍事クーデター」
1961年10月20日		日韓国交正常化交渉第6次会談開始（～64年12月2日）
1962年11月	日朝間に直接貿易が認められ，強制バーター制度も撤廃	
1962年11月	日朝間の定期貨物船就航	
1962年11月11日		韓国の朴正熙国家再建最高会議議長訪日
1963年2月27日	「日朝両国商社間の商品取引に関する一般条件」締結（写真4-1）	
1963年9月	三井銀行と北朝鮮の貿易銀行との間でコルレス締結	
1964年2月	北朝鮮への鋼材輸出に1年後払い許可	
1964年6月	住友銀行，朝鮮貿易銀行との間にコルレス契約締結	

第4章　北朝鮮の対外経済関係

1964年12月	北朝鮮への酸素分離機輸出に2年延べ払い許可	
1964年12月		日韓国交正常化交渉第7次会談開始（〜65年6月22日）
1965年5月25日	平壌日本商品展示会開催（〜31日）	
1965年6月22日		日韓国交正常化
1965年7月	北朝鮮への塩化ビニル重合装置輸出に3年延べ払い許可	
1965年8月22日	日朝貿易会，朝鮮国際貿易促進委員会との間に新たな「日朝両国商社間の商品取引に関する一般条件」締結	
1970年5月15日	初の「朝鮮民主主義人民共和国商品展覧会」が東京で開催（〜11月30日）	
1971年10月25日		中国，国連加盟
1972年1月23日	日朝貿易会，朝鮮国際貿易促進委員会との間に「日本国と朝鮮民主主義人民共和国間の貿易促進に関する合意書」（〜1976年末）締結。日本からの輸出品の一部に最大8年の延べ払いを認める条項が入る。	
1972年3月1日	北朝鮮の貿易代表部の機能を果たす「朝・日輸出入商社」が発足	
1972年7月4日		7・4共同宣言
1972年8月22日	決済通貨を英ポンドから西ドイツマルクを基本とする変更に合意	
1972年9月29日		日中国交正常化
1972年10月21日	北朝鮮の国際貿易促進委員会代表団，日本訪問（〜11月14日）	
1973年7月13日	セメントプラントの輸出につき8年の延べ払い許可	
1973年8月9日		金大中事件
1973年10月16日		第1次世界石油危機
1973年12月26日	タオルプラントに対して初の輸出入銀行による融資	
1974年1月10日	朝鮮貿易商社代表団，初の商談目的の来日	
1974年7月	この頃から，日本企業に対する代金支払遅延が開始	
1974年12月	輸出入銀行が輸出融資の提供を停止	
1975年3月	「決済遅延問題」表面化	
1975年4月17日		金日成を団長とする党・政府代表団訪中
1975年4月28日		朝中共同宣言発表
1975年4月30日		南ベトナム政府，降伏
1975年8月	貿易保険の適用が事実上停止	

1976年2月13日	北朝鮮，対日債務の2年間支払い延期を要請	
1976年7月2日		ベトナム社会主義共和国成立
1976年12月27日	第一次債務繰延合意	
1977年3月16日	日朝貿易決済協議会設立（東京）	
1977年9月6日	1972年1月締結の「貿易促進に関する合意書」の効力延長を合意。「日朝漁業暫定協定」（77年10月1日～78年6月30日締結）	
1978年6月30日	「日朝漁業暫定協定」2年間延長合意（～80年6月30日）	
1978年12月18日		中国共産党第11期第3回中央委員会総会（「改革・開放」政策提起）
1978年12月31日		「朝ソ羅津港利用協定」調印（平壌）
1979年1月1日		米中国交正常化
1979年7月11日	朝鮮貿易代表団来日	
1979年7月18日	朝鮮貿易銀行代表団来日	
1979年8月28日	日朝貿易決済協議会と朝鮮貿易銀行の間で決済再繰り延べに関する基本合意書の締結（東京）	
1979年10月25日	第二次債務繰延正式調印（平壌）	
1980年4月29日	「日朝漁業暫定協定」2年間延長合意（～82年6月30日）	
1980年7月29日	東アジア貿易研究会創立	
1980年9月17日	日朝貿易会と朝鮮国際貿易促進委員会との間で，新「日朝両国商社間の商品取引に関する一般条件」および「日本船舶会社の朝鮮貿易港への廃船と船舶取り扱いに関する取り決め」調印（平壌）	
1980年10月10日		朝鮮労働党第6回大会開催
1982年9月	日朝貿易決済協議会の招請で，朝鮮貿易銀行総裁来日	
1983年4月26日	第三次債務繰延調印（平壌）	
1983年9月	日朝貿易会代表団訪朝。朝鮮国際貿易促進委員会と「一般条件」の補正合意。	
1983年10月9日		ビルマ・アウンサン廟爆弾テロ事件
1983年10月	債務支払いの停止	
1983年11月	日本政府，北朝鮮に対する制裁措置実施。北朝鮮も日本に対する制裁措置を実施。	

第4章　北朝鮮の対外経済関係

1984年9月8日	北朝鮮で合営法（合弁法）制定	
1985年1月1日	日本政府，北朝鮮に対する制裁措置解除	
1985年9月10日	川勝傳南海電鉄会長訪朝。金日成と会談（9月15日）	
1986年2月28日	金日成主席，在日朝鮮人代表団と会見，祖国への投資を呼びかける	
1986年7月28日		ソ連・ゴルバチョフ書記長「ウラジオストク演説」
1986年6月	朝鮮総連に合弁研究会が設置される	
1986年8月8日	「朝鮮国際合営総会社」設立（平壌）	
1986年10月1日	貿易保険金の支払い	
1986年10月	朝鮮国際合弁総会社（本国の合弁事業準備委員会と総連合弁事業研究会の合弁）結成	
1987年4月	総連合弁研究会が合弁事業推進委員会に改組	
1987年7月12日	「日朝漁業暫定協定」2年間延長	
1987年8月	西欧の銀行団，北朝鮮にデフォルト宣言	
1987年11月29日		大韓航空機事件発生
1988年	モランボン合弁会社（傘下の東大院被服工場）操業開始	
1988年1月26日	日本政府，北朝鮮に対する制裁措置発表	
1988年	北朝鮮，日本に対する制裁措置発表	
1988年7月7日		韓国・盧泰愚大統領「民族自尊と統一繁栄のための特別宣言」発表
1988年7月7日	日本政府，盧宣言を受けて対北朝鮮政府見解（国交交渉の呼びかけ）発表	
1988年9月16日	日本政府，対北朝鮮制裁措置解除	
1988年9月17日		ソウル・オリンピック開催
1989年	平壌ピアノ合弁会社操業開始	
1989年7月1日		第13回世界青年学生祝典（平壌）
1989年12月16日	「日朝漁業暫定協定」2年間延長	
1991年	国際化学合弁会社操業開始	
1991年2月9日	日朝貿易決済協議会代表団訪朝。朝鮮貿易銀行と会談録（双方の主張併記）調印（2月14日）	
1991年1月30日		日朝国交正常化交渉第1回本会議開催（北京）
1991年4月1日	日本政府，旅券面の渡航先に「朝鮮民主主義人民共和	

75

	国を除く」の規定削除実施	
1991年 5 月17日	日朝間に初の直行航空便（名古屋～平壌）就航	
1991年12月 9 日	「日朝漁業暫定協定」 2 年延長	
1991年12月14日	日中東北開発協会が「朝鮮北部港湾視察団」（清津，羅津，先鋒）派遣	
1991年12月21日		独立国家共同体成立（ソ連邦解体）
1991年12月24日		金正日，朝鮮人民軍最高司令官に就任
1991年12月28日	羅津・先鋒自由経済貿易地帯設置	
1992年 1 月12日		中朝貿易協定調印（平壌）。バーター方式からハードカレンシー方式へ移行合意
1992年 5 月14日		鳥取県境港市と北朝鮮・元山市，「友好都市提携」調印（元山）
1992年 8 月24日		中韓国交正常化
1992年10月 5 日	「外国人投資法」「外国人企業法」「合作法」採択	
1993年 1 月31日	自由経済貿易地帯法制定	
1993年 2 月22日	日朝貿易会，東アジア貿易研究会「両団体の合流に関する合意書」調印	
1993年 3 月12日		北朝鮮，核拡散防止条約からの脱退を宣言
1993年 7 月 1 日	新「東アジア貿易研究会」業務開始	
1996年 9 月13日	羅津・先鋒自由経済貿易地帯で羅津・先鋒地帯国際投資ビジネスフォーラム開催（～ 9 月15日）	
1998年 2 月	「一般取引条件」の合意書調印（平壌）	
1998年 8 月31日		北朝鮮，「テポドン 1 号」の発射実験
2001年 4 月 1 日	キャッチオール規制開始	
2002年 9 月17日		第 1 回日朝首脳会談
2004年 5 月22日		第 2 回日朝首脳会談
2004年 9 月 7 日	「一般取引条件」「配船条件」改訂合意書に署名（北京）（写真 4 - 2 ）	
2005年 2 月10日		北朝鮮，公式に核兵器保有を公式に宣言
2005年11月25日		朝鮮半島エネルギー開発機構（KEDO）解散

		第4章 北朝鮮の対外経済関係
2005年7月5日		北朝鮮,「テポドン2号」など7発の弾頭ミサイル技術を使った発射実験
2006年7月6日	日本独自の経済制裁を発動,万景峰92号の入港を禁止	
2006年10月9日		北朝鮮,第1回目の核実験
2006年10月14日	日本独自の経済制裁を発動,北朝鮮からの輸入と北朝鮮籍船舶の入港を禁止	
2006年11月15日	国連安保理決議による制裁で,大量破壊兵器関連および奢侈品の輸出禁止	
2009年5月25日		北朝鮮,第2回目の核実験
2009年6月16日	日本独自の経済制裁を発動,北朝鮮への輸出を禁止	

(出所) 日朝貿易会 [1971] [1993],東アジア貿易研究会 [2011] および呉圭祥 [2004] より抜粋

落により,北朝鮮の借款償還能力が落ち,累積債務問題が発生した。1974年12月に日本輸出入銀行は輸出融資の提供を停止し[34],翌75年8月に貿易保険の適用が事実上停止された[35]。その後,債務の償還は難航し,1976年12月に第一次,79年10月に第二次,83年4月の第三次まで3度にわたって債務の繰り延べ(リスケジューリング)が行われたが,同年10月9日の北朝鮮によるビルマ・アウンサン廟爆弾テロ事件への対応として日本が取った制裁措置に反発して返済金の支払い停止を行い,それ以降支払が行われない状況が現在まで続いている[36]。

　このような中で,日本の大企業とその系列企業は1970年代半ばから北朝鮮との取引を手控えており,それに代わる形で,一部の中小企業と在日朝鮮人系の企業が日朝貿易の主たる担い手となった。

　2001年4月のキャッチオール規制の導入による対北朝鮮貿易の手控え[37]や,2002年9月17日の第1回日朝首脳会談で金正日国防委員長が拉致を認めたことによる日本の世論悪化により2003年以降,日朝貿易は縮小していった。日本独自の対北朝鮮経済制裁により,2006年には北朝鮮からの輸入が,09年には北朝鮮への輸出が許可制(事実上の禁止)となり,日朝間の直接貿易は2017年3月現在行わ

---

34) 李燦雨 [2002] 19頁。
35) 澤池 [2010] 118頁。
36) 澤池 [2010] 119頁。
37) 澤池 [2010] 134～135頁。

図4-4　日朝貿易額の推移

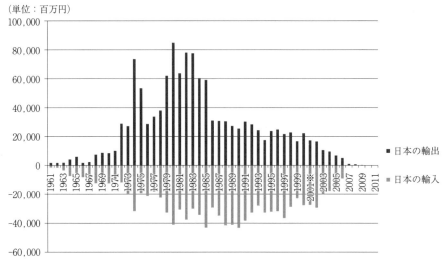

（出所）財務省貿易統計
※2001年の輸出額には50万トン分のコメ支援1122億4727万円が含まれているが，この図では貿易トレンドを見るために除外した。

れていない（図4-4）。

(1) 日朝貿易の開始と間接貿易の時期

　1952年4月のサンフランシスコ講和条約の締結により，日本は独立を回復した。当時，朝鮮半島では朝鮮戦争（1950年6月25日～53年7月27日）のさなかであり，休戦協定の締結後も，吉田政権下では共産主義国である北朝鮮との経済関係の再開は考えにくかった。

　1954年12月に就任した鳩山一郎首相は，対米自主路線をとり，1955年の新年会見で，ソ連や中国など未修交国との関係改善への意欲を見せるとともに，北朝鮮との経済的関係を改善するため会談する用意があることを言明した[38]。これに対して北朝鮮の南日外相は，同年2月25日に「日本政府と貿易・文化関係ならびにその他朝・日関係の樹立，発展のための問題を具体的に討議する用意を持っている」と言明した[39]。

---

38) 李燦雨 [2002] 6～7頁。

第4章 北朝鮮の対外経済関係

　これを契機にして，1955年10月に中国の北京において，中国との取引を主に行っていた日本の東工物産，東邦商会，和光交易など3商社と北朝鮮の朝鮮貿易会社北京事務所との間で具体的な取引商談が行われ，日朝間初めての民間レベルの取引協定書が調印された。具体的な取引品目としては，北朝鮮の輸出品目が無煙炭，蛍石，豆など23品目，日本の輸出品目が電気資材，紙，魚網，医療機器などの機械工具，繊維類などであった[40]。同年10月18〜20日まで日本社会党議員の古屋貞雄を団長とする第一次訪朝団が，同月26〜29日には日本社会党議員の帆足計を団長とする第二次訪朝団が平壌を訪問した[41]。第一次訪問団は同月20日に北朝鮮の最高人民会議常任委員会副委員長金応基との間で「朝日両国はまだ国交関係が正常化されていない状況の中でも貿易の道を速やかに開き，このために必要な貿易代表部を設置するよう努力する」内容を含む共同コミュニケを発表した[42]。この共同コミュニケを日本政府は韓国政府の抗議を理由に認めず，1955年10月24日，各省次官会議において，北朝鮮との貿易とその他の交流を禁止するという決定を行った[43]。

　政府の対北朝鮮貿易禁止の方針にもかかわらず，日朝交流を求める社会的運動は拡大し，貿易業界においても，1956年3月6日に「日朝貿易会」が結成された[44]。日本政府の日朝貿易禁止の方針は変わらなかったが，個別企業が北朝鮮と交渉し，中国・大連経由での間接貿易の契約を締結した。これは中国貿易の体裁をとった日朝貿易で，政府はこれを禁止しなかった。この後，1958年5月の「長崎国旗事件」によって日中貿易が60年12月まで停止したことを受けて，日朝間の貿易取引は59年6月に香港経由で再開されるまで停止した。日朝貿易会の政

---

39) 『労働新聞』1955年2月26日付。

40) 李燦雨［2002］6〜7頁。

41) 呉圭祥「〈民族教育の「生命水」が届くまで（上）〉　教育援助費と奨学金送付60周年に際して」『朝鮮新報』日本語版，2017年4月19日付。［http://chosonsinbo.com/jp/2017/04/il-1158/］（最終アクセス2017年4月22日）。佐藤勝巳「随筆　古屋貞雄先生」現代コリアホームページ［https://gendaikorea.jimdo.com/%E4%BD%90%E8%97%A4%E5%8B%9D%E5%B7%B3/080825%E9%9A%8F%E7%AD%86/］（最終アクセス2017年4月22日）

42) 前日の10月19日には，平壌を訪れた和光交易社長・国分勝範氏，日ソ貿易会専務理事・田辺稔氏と朝鮮貿易促進委員会常務委員・金最善氏との間で，取引商品，価格，決済，輸送，検査，紛争解決と仲裁など取引の一般条件に関する意見交換をうたった「日朝貿易促進に関する議事録」が取り交わされていた。李燦雨［2002］7頁。

79

府などへの働きかけなどにより[45]，日本政府は1959年12月15日より，「法解釈の運用」によって，北朝鮮への輸出のうち政府の事前承認を要しない物資について北朝鮮以外の地域と決済すれば，直接北朝鮮に輸送してもさしつかえないという措置を取った[46]。

(2) 日朝直接貿易の開始と直接決済の承認

日朝直接貿易は，政府の許可によるものではなく，民間企業の実力行使によって事後的に認められた。1960年10月，清津港から銑鉄3,000トンなどを積み出航したアンナー・プレサス号を香港を経由せずに直接芝浦港に入港させ通関を要求した。この貨物は通関を拒否され，保税倉庫で6カ月にわたり保存されたが，結局は通関が許された[47]。その後も貿易会社の直接輸入強行は続き，61年4月よ

---

43) その内容の要約は次の通り。(1) 目下古屋貞雄代議士他数名から北朝鮮への旅券下付申請が提出されており，又貿易業界から北朝鮮との貿易再開についての要望が提出されている。(2) 韓国としては此のような日本側の風潮に激昂し，我国に対し抗議を繰返すと共に李承晩ライン附近に於て多数の日本漁船を拿捕し，漁船員を抑留している。(3) 此の様な事態に処して，日韓関係の調整は殆ど不可能と思われる。(4) 現在の処韓国については国連決議によって合法政府として認められているのみならず，多数国家によって承認されているが，他方北朝鮮を承認している国家は社会主義国国群十一に限られており，今後北朝鮮に国際的に接近する必要はない。(5) 現在，我国と韓国との貿易は輸出六千百万米弗・輸入五百八十万米弗であるが，北朝鮮との貿易には見るべきものはない。(6) 以上の事情にてらして北朝鮮との貿易及びその他の接触を認めないこととする。「第061回国会　外務委員会　第31号」議事録（昭和44年7月4日（金曜日））[http://kokkai.ndl.go.jp/SENTAKU/syugiin/061/0110/06107040110031c.html]（最終アクセス2017年4月22日）

44) 「日朝貿易会」は日本国内の対北朝鮮貿易業界の代表団体として，1993年解散し「東アジア貿易研究会」に統合されるまで日朝貿易の実務の中心的な存在であった。李燦雨［2002］9頁。

45) 業界の働きかけは地方自治体にも及んでいた。新潟県議会は1959年3月19日に「日朝間直接貿易の実施促進に関する意見書」を全員賛成で可決し，同じ内容を請願書として衆参両院議長に対し提出している。議事録は新潟県議会ホームページから閲覧可能。[http://www.kaigiroku.net/kensaku/cgi-bin/WWWframeNittei.exe?USR=nignigk&PWD=&A=frameNittei&XM=000100000000000&L=1&S=3&Y=%8f%ba%98%6134%94%4e&B=-1&T=0&T0=70&O=1&P1=&P2=&P3=&P=1&K=82&N=373&W1=%92%bc%90%da%96%66%88%d5&W2=&W3=&W4=&W5=&W6=&W7=&W8=&DU=0&WDT=1]（最終アクセス2017年4月22日）

46) 李燦雨［2002］10～11頁。

47) 森一則「勇断で開いた取引の道」『日朝貿易』No. 55（1971/6），19頁。

第4章　北朝鮮の対外経済関係

写真4-1　最初の「日朝両国商社間の商品取引に関する一般条件」

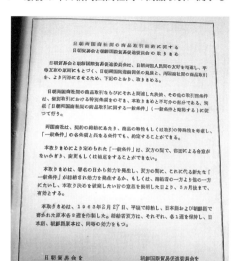

（出所）筆者撮影

り直接輸入が許可されるようになり，62年11月に直接決済禁止は解除された。また，同月からは日本からの定期貨物船が運航するようになった。63年9月に三井銀行が朝鮮貿易銀行との間にコルレス契約を締結し，64年6月には住友銀行も朝鮮貿易銀行とコルレス契約を締結した。このように，日朝貿易の進展は北朝鮮を現実に存在する国家として認識しつつも，国交正常化交渉を行っている韓国に配慮して直接的関係を持とうとしない日本政府と，それに対抗してビジネスを展開しようとする貿易会社との間のせめぎ合いの中で実態が先行し，それを追認する形で制度化されるパターンが続いた。

　1963年2月には，日朝貿易会と北朝鮮の貿易省傘下の朝鮮国際貿易促進委員会との間で，「日朝両国商社間の商品取引に関する一般条件」が締結された。この取り決めが，その後も改訂され，現在まで存在している（写真4-1，4-2）。

81

写真 4 - 2 「日朝両国商社間の商品取引に関する一般条件」の最新版（2004年署名）

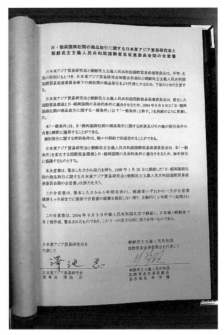

（出所）筆者撮影

(3) 繰り延べ払い，輸銀融資，貿易保険の適用とプラント輸出の急増

　直接貿易，直接決済が認められるようになった後の課題は，北朝鮮に対する信用供与の問題であった。これは繰り延べ払いでの輸出を認める問題と輸出入銀行による輸出金融の提供（輸銀融資），貿易保険の適用である。1964年2月には1年後払いの支払条件が承認され，同年12月には2年繰り延べ払い，65年7月には3年繰り延べ払い（ただし，実行は2年）と繰り延べ年数が延びてゆき，最終的には6〜8年の繰り延べ払いが認められるようになった。その後，73年12月に初の輸銀融資が認められるようになり，貿易保険も認められるようになった。

　北朝鮮は，日本からのプラント輸入を増やし，1971年には日本の輸出が100億円であったものが，72年には288億円，73年には271億円，74年は735億円と急速に増加した。北朝鮮は国内産業の振興のためにかなり無理をして借款を導入した[48]。北朝鮮が輸入したプラントで生産される物資は，外貨を稼ぐ輸出品では

なく，国内消費のものが主であった[49]。73年10月の第一次世界石油危機により，国際価格は高騰し，逆に世界的な不況のため，一次産品価格は下落した。北朝鮮が外貨償還のための原資としていた亜鉛や銅，タングステン等の価格も下がり，北朝鮮の外貨事情はきわめて悪くなった。

このような状況を反映して，1974年末頃より，北朝鮮の対外決済の遅延が国際的に表面化しはじめ，74年12月に輸出入銀行は輸出金融の取り扱いを中止し[50]，75年8月には日本政府が貿易保険の付保を打ち切り，76年には事実上支払不能状態に陥った。76年末の段階で北朝鮮の対日債務額は約800億円に達しており，日本の商社，メーカー，銀行からなる日本の債権者たちは交渉団を組織し，同年12月15～27日に平壌で交渉が行われた[51]。その結果，北朝鮮側の債権者の代表として朝鮮貿易銀行との間で，第1次繰り延べ（リスケジューリング）で合意し，一部支払を2～3年猶予することとした[52]。しかし，翌77年6月には早くも金利支払いが困難になり，支払が滞ったため，北朝鮮より貿易代表団を東京に呼び，1カ月にわたる交渉を行った。その結果，1979年10月25日に第2次繰り延べ合意に関する合意書の締結が行われ[53]，同年11月に平壌で調印された[54]。北朝鮮は1983年に再度支払期限の延期を要請してくるまでの間に，元本100億円，金利300億円の合計400億円を返済した。83年4月に第3次繰り延べ合意が行われた。しかし，同年10月に北朝鮮の工作員が起こしたビルマ・ラングーン爆弾テロ事件に対して日本政府が制裁措置を行ったことを口実に，債務の償還を一方的に停止した[55]。

---

48) 北朝鮮は日本のみならずフランス，西ドイツ，オランダ，イギリス，フィンランド，オーストリアなどからもプラントを輸入した。

49) 澤池［2010］118頁。

50) 李燦雨［2002］19頁。

51) 『日朝貿易』1977.1.1，14～15頁。

52) 同時に，債権者をメンバーとする団体である「日朝貿易決済協議会」を立ち上げ，事務局を日朝貿易会内に置いた。澤池［2010］118～119頁。

53) 『日朝貿易』1980.1.15，12頁。

54) 澤池［2010］119頁。なお，その内容は，支払いの債務元本約800億円を1980年から89年までに10年間分割返済（金利 LIBOR＋1.25％）することであった。（李燦雨［2002］20頁。）

55) 澤池［2010］119頁。なお，日本政府はその後，制裁措置を解除したが，北朝鮮は制裁措置の解除後も債務償還を回復させることはなかった。

(4) 日本企業の退潮と在日朝鮮人企業の台頭

　北朝鮮の日本に対する債務償還が停止するなか，日本企業は貿易保険金の支払い請求を行った。これに対して，日本政府は1986年6月，輸出貿易保険を付保していた企業に対して，金利分を除いた対北朝鮮債権額の約75%にあたる約330億円の保険金を支払った[56]。日本の大手商社系列の商社はほとんど保険金を受け取ったが，債権を持つ企業は引き続き債務者から債権回収する努力を行い，回収した場合は，その回収金を日本政府に返還する義務を課された。そのため，対北朝鮮債権を「貸し倒れ損失金」として処理することができず，依然として「未処理債権」として計上せざるを得ない状況が続き，それが日本企業の北朝鮮との新規の商談を進めるうえでの障害となった[57]。2008年8月現在で，北朝鮮の対日債務は2000億円を超えており[58]，日朝間の経済取引を促進するうえで大きな足かせとなって現在に至る。また，西欧の銀行団も1987年8月に北朝鮮の債権に対しての繰り延べ交渉が破綻したことを受け，デフォルト宣言を行った[59]。

　日本企業，特に大手商社系の貿易会社は累積債務問題のために北朝鮮との取引を手控えるようになっていった。その後，中小の専門商社や在日朝鮮人が経営する企業が日朝貿易の主体となっていった。

(5) 国際政治的環境の変化と貿易の中断

　2002年9月17日には小泉純一郎首相が北朝鮮を訪問し，金正日国防委員長と会談した。金正日国防委員長は日本人拉致問題が事実であったことを認め，謝罪した。これによって日朝国交正常化への道が開けるかと思えたが，日本では拉致を行った北朝鮮に対する嫌悪感が増大し，日本の消費者にいわゆる「北朝鮮離れ」が起こり，北朝鮮産の商品に対する需要が減少した。これにより，2001年に北朝鮮の対外貿易の約3割を占めていた対日貿易は減少を開始した。また，なかなか解決しない拉致問題や北朝鮮の核，ミサイル開発に対抗した「圧力」の手段として，日本独自の経済制裁を行えるような立法の検討が進んでいった[60]。

56）澤池［2010］121頁。
57）澤池［2010］121頁。
58）澤池［2010］122頁。
59）李燦雨［2002］28頁。

第4章　北朝鮮の対外経済関係

　2006年7月5日の北朝鮮のミサイル発射実験の際には，「万景峰—92号」の入港が禁止され，同年10月9日の第1回核実験を受けて，独自の経済制裁として，同月14日にすべての北朝鮮船舶の入港禁止と北朝鮮からの輸入を禁止した。同年11月15日には，国連安保理決議第1718号（2006）を受けて，大量破壊兵器関連物資と奢侈品の輸出が禁止された。2009年5月25日の第2回核実験を受けて，同年6月16日には北朝鮮への輸出が禁止となった。その後，北朝鮮の核，ミサイル開発は拡大する一方で，国連安保理決議による制裁が何度も強化される状況が続いている。

3.2　投資

(1)　在日朝鮮人による投資の開始

　1994年9月に合営法が制定されたとはいえ，北朝鮮の投資環境が急に変化したわけではなかった。この後，日本企業による北朝鮮への直接投資は，委託加工工場への設備投資など，一部を除き行われてこなかった。したがって，日本からの投資はそのほとんどが在日朝鮮人による合弁，合作投資であるといえよう。

　在日朝鮮人の投資は，1986年2月28日に在日朝鮮商工人に対する金日成の指示を契機に始まった。在日朝鮮人にとって，「国際舞台に進出することなど考えられなかった」のが「合弁を機に重工業，軽工業，機械工業など国の基幹産業にまで従事できるようになった」[61]との認識を，特に一世の商工人に与えたようである。

　朝鮮総聯は，1986年6月に合営事業研究会を発足させ，1987年4月にはそれをさらに発展させて，総聯合営事業推進委員会を組織した。北朝鮮では，国内の各商社と在日朝鮮商工人との合弁事業を統一的に推進するため，1986年11月，朝鮮国際合営総会社を設立した。そして1989年4月には，合弁企業の対内外決済業務と一般銀行業務を行う朝鮮合営銀行が，朝鮮国際合営総会社と総聯合営事業推進委員会の協力で設立された。

---

60)　2004年2月に日本独自の判断で貿易規制や資本取引規制を可能にする外為法の改正が施行され，同年6月には「特定船舶の入港の禁止に関する特別措置法」が公布，施行された。

61)　『朝鮮新報』ホームページ［http://www.korea-np.co.jp/sinboj/sinboj1997/sinboj1997/sinboj97-4/sinboj970411/sinboj970411067.htm］（最終アクセス2017年4月30日）

表 4－4　在日朝鮮人企業による対北朝鮮投資の例

番号	操業年	合弁企業名	企業内容	所在地
1	1986	蒼光合弁清涼飲料店	清涼飲料	平壌市
2	1986	大同江合弁食堂	料理，酒類	平安南道成川郡
3	1986	李永三平壌甘栗研究所	栗	平壌市
4	1986	2月6日合弁会社	わら加工	江原道元山市
5	1987	東海館有限責任会社	料理，酒類	南浦市
6	1987	平壌ゴルフ場合弁会社	ゴルフ場経営	平壌市
7	1987	蒼光合弁会社	食堂，商店	平壌市
8	1987	モランボン合弁会社	既製服	平壌市
9	1987	楽園・星和被服合弁会社	婦人洋服	平壌市
10	1987	月明山合弁会社	長石鉱業	平壌市
11	1987	西山合弁会社	蜂蜜	平壌市
12	1987	元山愛国編織物有限会社	編織物	江原道元山市
13	1987	興徳合弁会社	タイヤ	咸鏡南道成興市
14	1987	南山合弁会社	電機・電子製品	平壌市
15	1987	ルンラ合弁会社	洋服店，商店	平壌市
16	1987	楽園金融合弁会社	金融	平壌市
17	1987	ノアナ美容研究会	人参クリーム	新義州市
18	1988	平壌シルク合弁会社	絹織物	平壌市
19	1988	七宝山水産物合弁会社	水産物	咸鏡北道清津市
20	1988	ソンボン合弁会社	小型変圧器	平壌市
21	1988	万丈合弁会社	薬草類	平壌市
22	1988	平壌養魚合弁会社	うなぎ養魚	平壌市
23	1988	清川江合弁会社	絹糸	慈江道熙川市
24	1988	チョンユ合弁会社	テレビ・タイプライター付属品	平壌市
25	1988	観光大同合弁会社	観光運輸業	平壌市
26	1988	柳京合弁会社	食堂	平壌市
27	1988	平運合弁食堂	食堂	平壌市
28	1988	高麗合弁会社	貿易業務	平壌市
29	1988	臥牛島合弁会社	冷凍貨物船運営	南浦市
30	1989	徳山建設機械合弁会社	ブルドーザー，クレーンなどの修理	平壌市
31	1989	平壌包装材合弁会社	段ボール	平壌市

第4章　北朝鮮の対外経済関係

32	1989	平壌ピアノ合弁会社	ピアノ	平壌市
33	1989	明電合弁会社	医療器具	平壌市
34	1989	クァンポ合弁会社	羽毛	咸鏡南道定坪郡
35	1989	新興合弁会社	自転車，電気製品	平壌市
36	1989	朝鮮合弁銀行	銀行業務	平壌市
37	1989	チンダルレ合弁会社	婦人洋服	平壌市
38	1989	万豊合弁会社	畳	平壌市
39	1989	朝鮮銀銅合弁会社	記念メダル	平壌市
40	1989	トラジ合弁会社	商店	平壌市
41	1989	大同江自動車修理合弁会社	エンジン再生	平壌市
42	1990	平壌合弁ゴルフ練習場	ゴルフ練習	平壌市
43	1990	密林ユニ合弁会社	日用品	咸興市
44	1991	国際化学合弁会社	稀土金属	咸興市
45	1991	テソン6月4日合弁会社	日用品	咸鏡南道
46	1991	朝鮮金星合弁会社	金属建材	
47	1992	平壌被服合弁会社	衣類	
48	1992	クァンウン合作会社	乗用車，運送設備	
49	1992	ミョンヘ高級既製服工場	衣類	
50	1992	前進合弁会社	被服，シャツ	
51		チソン金山合弁会社	鉱業	
52		平壌セラミックス合弁会社	圧電磁器薄膜	
53		黒竜合弁会社	花崗岩の加工	
54		マチョン電溶合弁会社	マグネサイト加工	
55		キムガン原動機合弁会社	小型エンジン	
56	1990	デドクサン合弁会社	水産物	
57	1992	朝鮮三方連合会社	水産物	
58	1988	ウンダンセンサン合弁会社	水産物	
59		チソン黒鉛合弁会社	黒鉛	
60		羅津木材加工合弁会社	木材加工	
61		東興山合弁会社	塩化ビニール合成樹脂	
62		万景台山合弁会社	傘	
63		万景台製靴合弁会社	靴	
64		鳳仙花合弁会社	衣類	
65	1991	振興合弁会社	手芸品	沙里院市

66	1988	テプン合弁芸者	化学	
67	1991	テソン鉄材加工貿易会社	日用品	
68	1992	開城被服合作会社	被服	

（出所）1～41は朴三石［1990］52頁から引用。42～68は宮塚利雄［1994］64頁から引用。
（注）操業年が空欄のものは不明。

在日朝鮮人による投資は，1980年代後半に集中しており，それ以後は新たな投資が少ない（表4-4）。これは，対北朝鮮投資が，収益性よりも祖国に対する貢献として重要であるという意識で開始されたことによる。

2001年8月2日に開かれた総聯合営事業推進委員会では，「15年間の合弁・合作，加工貿易事業を総括し」，総聯合営事業推進委員会を「在日朝鮮合営経済交流協会」にし，「民団，組織に属さない同胞，日本国籍を持つ同胞，同胞商工人と協力して朝鮮との経済交流を図ろうとする日本企業」[62]も対象にすることを決議した。これは，在日朝鮮人による対朝鮮投資が大成功を収め，投資対象を拡大したというよりも，在日朝鮮人の新規投資もほとんど行われなくなったため，対象を拡大して投資家を見つけるという意味での門戸開放であるといえる。

4　朝ソ・朝口経済関係

北朝鮮とソ連の関係は，1945年8月12日にソ連軍が日本の植民地であった朝鮮に入ってきたところから始まる。1948年9月9日の朝鮮民主主義人民共和国成立までの間に38度線以北の朝鮮半島を占領したのはソ連軍であった。ソ連による占領地域に対する支援は，まず日本人の所有していた工場などの財産の引き渡しから始まった。

中川［2011］58頁はソ連と北朝鮮両方の資料を使いながら，1945年11月27日にソ連軍は，一方的に没収するだけでなく，工業復旧のために技術者や物資を供出する方針を決定し，同年12月18日に「北朝鮮」地域で発表されたことを明らかにしている[63]。中川［2011］63頁によれば，朝鮮民主主義人民共和国政府が成立した後，北朝鮮政府は1949年2月1日に2カ年計画を発表し，同年3月17日に金

62）『朝鮮新報』ホームページ［http://korea-np.co.jp/sinboj2001/8/0806/82.htm］（最終アクセス2017年4月22日）

日成はソ連からの新たな援助を取り付けた[64]。

朝鮮戦争（1950年6月25日〜53年7月27日）の時期においては，中川［2011］67-68頁によれば，ソ連，中国，ポーランド，チェコスロバキア，ルーマニア，ハンガリー，東ドイツ，ブルガリア，アルバニア，モンゴル，北ベトナムから主に人民生活関連の分野で支援が行われたとしている[65]。

朝鮮戦争終了後には，社会主義国から多くの援助が寄せられた（表4-5）。中川［2011］70-71頁は，北朝鮮の資料を使用して，1953年8月の協定によって，ソ連から10億ルーブル[66]，1956年からはソ連から4.7億ルーブル[67]の追加の無償援助を受けたことを明らかにしている（表4-5）。そして，戦後復興期（1953〜60）にこうした友好国から受けた援助の総額は，1961年のデノミ後の新貨幣で5億ルーブル，米ドルで5億5000万ドル相当になるとしている。

中川［2011］82頁によれば，このような友好国の援助は，1960年代初めには終了していた。1960年代初めに新たに借款が行われたのは，1960年10月30日の協定による中国からのものだけであったとする。これは戦後復興が一端終了したことの他に，中ソ論争によって北朝鮮の立ち位置が微妙になっていったことも一因である。中川［2011］80頁によれば，1961年7月，金日成はモスクワと北京を訪問

---

63)「ソ連軍が復旧に協力的になったため，46年8月10日に金日成は重要産業国有化法令を発表した。ソ連軍が1946年10月30日に1034個の旧・日本人所有の企業を朝鮮人側に引き渡したこと，翌47年1月1日までに822個の企業が操業し，このうちソ連技術者によって完全あるいは部分復旧したのが228個，残り594個でもソ連技術者の助けがあった」ことを明らかにしている。

64)「ソ連が朝鮮側に，3年間にわたって計2億2200万ルーブルの借款を供与し，朝鮮側はこれを年利2％で返済するというものであった」「この援助により，後悔製鉄所，降仙製鋼所，城津製鋼所，興南肥料工場，文坪亜鉛工場，清津製鉄所，南浦板硝子工場，平壌機械製作所，平壌紡績工場，水豊水力発電所といった主要な大企業で多くの成果が見られた」。

65) このうち，ソ連からのものは「1952年夏に5万トンの食糧提供，その後，数万トンの化学肥料，400余台のトラクター，数万台の各種農業機械と自動車，大量の生活必需品を提供」とされている。

66) その他，中国から8兆元（旧・人民元），東ドイツから4.62億ルーブル，ルーマニアから6500万ルーブル，ブルガリアから2000万ルーブル，チェコスロバキアから1.13億ルーブル，ポーランドとハンガリー，アルバニアなどから合計8.6億ルーブル，さらにモンゴルからも多くの無償援助があった。

67) その他，ハンガリーから1500万ルーブル，ルーマニアから2500万ルーブル，ブルガリアから3000万ルーブルの援助があった。

表4-5 戦後復興期から1970年代までのソ連から北朝鮮への援助

日付	対象	援助の種別
1955年4月9日	中央放送局竣工	ソ連の技術援助
1955年5月15日	金策製鉄所第1号溶鉱炉操業	同上
1955年7月10日	水豊発電所第6号発電機操業	同上
1955年8月11日	興南肥料工場硫安肥料生産施設操業	同上
1956年5月16日	曹村変電所10万KVA周変圧器第1号機操業	ソ連の技術援助と指導
1956年5月25日	陽徳~天星電気鉄道開通	ソ連電気技術者の援助
1956年8月5日	水豊発電所第3号発電機操業	発電資材，変圧器，最新式空気遮断機，各種配電管，アングル，ケーブル線，油紙類などのソ連の援助。
1956年10月11日	龍城肉類加工工場操業	ソ連の援助
1956年10月14日	馬洞セメント工場復旧，操業	ソ連，中国，ドイツ民主共和国，チェコスロバキアから電動機，旋盤，空気圧縮機など
1957年1月28日	水豊発電所第7号発電機復旧，操業	ソ連の物質的，技術的援助
1957年6月28日	新浦魚類缶詰工場操業	ソ連の援助
1957年8月10日	南浦製錬所亜鉛精錬施設操業	同上
1957年10月22日	平壌木材家具工場（後に平壌木材工場に統合）操業	同上
1957年11月5日	平壌紡織工場染色工場操業	同上
1957年11月6日	沙里院トラクター修理工場（後に沙里院トラクター付属品工場）操業	同上
1958年1月22日	高原―天星電気鉄道開通	同上
1958年4月20日	興南窒安工場操業	同上
1958年6月27日	南浦製錬所電気亜鉛生産設備拡張工事完工	同上
1958年6月29日	水豊―平壌間の22万V第2送電線工事および20万kAの平壌第3変電所完工	ソ連から設備供与
1958年8月30日	水豊発電所堰堤改修工事竣工	ソ連の援助，中国の労働者，技術者の協力
1958年9月3日	南浦製錬所金銀銅電解職場操業	ソ連の援助
1959年2月8日	2・8馬洞セメント工場操業	同上
1959年5月24日	吉州合板工場操業	同上
1959年6月6日	南浦製錬所過燐酸石灰肥料工場，硫酸職場，硫酸銅職場操業	同上
1959年8月7日	朝ソ国境に親善橋開通	同上

1959年12月10日	禿魯江発電所（後に将子江発電所）操業	同上
1959年12月27日	城津製鋼所粗鋼圧延職場竣工	同上
1970年5月23日	北倉火力発電所第1段階工事完工	ソ連の援助の可能性あり
7カ年計画期	8月8日工場（北中機械工場）機関職場新設	ドイツ民主共和国およびソ連の援助の可能性あり

（出所）中川雅彦［2011］72～77，84～87頁（表2-10および2-11）から抜粋。

し，中ソと相互援助条約を締結した。その後，キューバ危機とそれにともなうソ連への不信感によって引き起こされた国防建設の重視（1962年12月の朝鮮労働党中央委員会第4期第5回全員会議において，帝国主義侵略から革命の獲得物をしっかりと守護し，社会主義建設を成果的に実行するために，経済建設と国防建設を並進させることに対する路線を提示した[68]）が影響していると考えられる。

中川［2011］82-83頁によれば，1964年10月にフルシチョフが失脚した後，ブレジネフ政権は北朝鮮の軍事戦略的な位置を重視し，北朝鮮に対する経済協力を復活させた。1966年6月20日にソ連と北朝鮮は，1966年から72年にソ連が北朝鮮に総額1億6000万ルーブルの借款を10年間年利2％の返済を条件に提供し，66～70年に支払うことになっていた返済金を延期して71年から支払うようにし，その延期分の利子を免除した。この協定によって北朝鮮は冷間および熱間圧延設備を含む金策製鉄所の拡張，北倉火力発電所，原油加工工場，アンモニア工場の建設等に対してソ連からの経済協力を得ることになった。このほか，1967年10月21日の協定と68年9月18日の協定で，採炭，電気機械，鉄道車輌政策に関する建設にソ連が協力することになった（表4-6）。

その後，1970年代はソ連との経済関係はそれほど芳しくなかった。図4-5および図4-6を見ると，北朝鮮とソ連との貿易額が増加するのは，金日成がソ連を訪問した1985年以降となっている。ソ連崩壊前の5年間に北朝鮮との貿易額が史上最高に達したのは，皮肉なことであった。結局，ソ連崩壊とそれにともなう社会主義市場の喪失，国際決済通貨での貿易代金決済の必要性が重なり，1990年と91年の間に，北朝鮮とソ連との貿易額は7割以上減少した。

68）『労働新聞』1962年12月16日付。

表4-6 朝ソ間の経済協力に関する協定

協定	建設内容	金額及び返済条件	結果
1959年3月17日協定	平壌火力発電所建設	—	1966年6月20日協定により履行義務消滅
	アンモニア工場建設	—	同上
	塩化ビニル工場建設	—	同上
	金策製鉄所拡張	—	同上
	平壌絹織工場拡張	—	同上
	黄海製鉄所拡張	—	同上
1960年12月24日協定	金策製鉄所拡張	—	1966年6月20日協定により履行義務消滅
	北倉火力発電所建設	—	同上
	平壌火力発電所建設	—	同上
	原油加工工場建設	—	同上
	映画撮影所建設	—	同上
	亜麻織物工場建設	—	同上
1961年7月6日協定	冶金工業と鉱業のための追加的技術援助	—	1966年6月20日協定により履行義務消滅
	化学工業のための商品追加納入	—	同上
1966年6月20日協定	金策製鉄所拡張	—	1976年2月9日協定で完成のための新たな借款 1989年9月8日に拡張第2段階工事竣工
	北倉火力発電所建設	—	1970年5月23日に第1段階工事完工 1974年12月に第2段階工事完工 1985年8月13日に全面操業
	原油加工工場建設	—	1973年8月に雄基原油加工工場(後,勝利化学工場)操業
	アンモニア工場建設	—	1976年2月9日協定で阿吾地化学工場(後,7月7日工場)アンモニア職場建設完成のための新たな借款
1967年10月21日協定	採炭場建設	—	永興炭鉱(後,金野青年炭鉱)採炭場操業(時期不明)
	電気機関関連施設建設	—	1970年9月15日協定により履行義務消滅
	鉄道車輌工場建設	—	同上
1968年9月	1967年10月21日協定に基づ		1970年9月15日協定により

92

第4章 北朝鮮の対外経済関係

18日協定	く議定書	―	履行義務消滅
1970年9月15日協定	自動車用バッテリー工場建設	金額不明（製品の80%以上をソ連が購入、年利2％、操業の翌年から5年間の返済）	1982年4月に大同江蓄電池工場操業
	エナメル線工場建設	金額不明（製品の80%以上をソ連が購入、年利2％、操業の翌年から5年間の返済）	1979年に平壌電線工場（3月26日工場）にエナメル線工場操業
	マイクロモーター工場建設	金額不明（製品の60%以上をソ連が購入、年利2％、操業の翌年から5年間の返済）	1986年4月11日にセナル電気工場操業
	カーバイド工場建設	金額不明（製品の50%以上をソ連が購入、年利2％、操業の翌年から5年間の返済）	1976年2月9日協定で履行義務消滅
	鉄道車輌工場建設	金額不明（製品の60%以上をソ連が購入、年利2％、操業の翌年から7年間の返済）	同上
	鉛スラック加工工場建設	金額不明（操業後5年間製品をソ連が購入、年利2％、操業の翌年から5年間の返済）	同上

（出所）中川雅彦［2011］88～90頁の表2-12。

図4-5　北朝鮮の国別輸出額

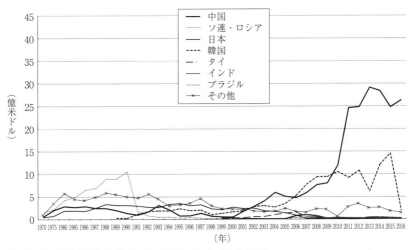

（出所）環日本海経済研究所『北東アジア経済データブック』各年度版

図4-6　北朝鮮の国別輸入額

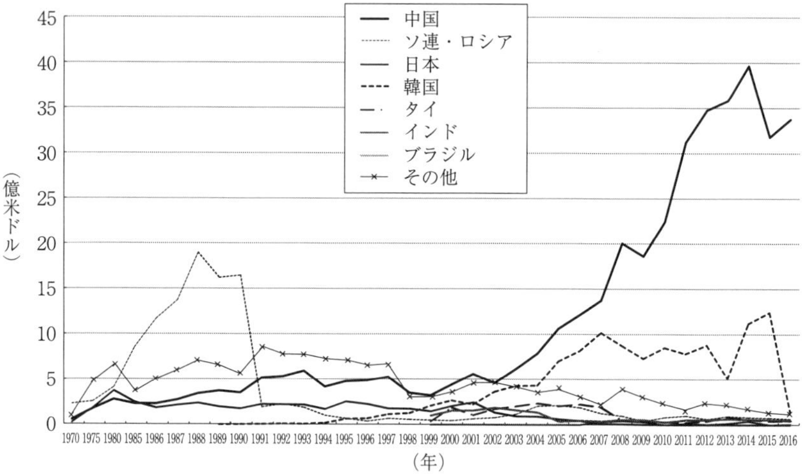

凡例：
- 中国
- ソ連・ロシア
- 日本
- 韓国
- タイ
- インド
- ブラジル
- その他

縦軸：（億米ドル）　0, 5, 10, 15, 20, 25, 30, 35, 40, 45

横軸（年）：1970 1975 1980 1985 1986 1987 1988 1989 1990 1991 1992 1993 1994 1995 1996 1997 1998 1999 2000 2001 2002 2003 2004 2005 2006 2007 2008 2009 2010 2011 2012 2013 2014 2015 2016

（出所）環日本海経済研究所『北東アジア経済データブック』各年度版

5　朝中経済関係

5.1　朝中関係の開始と朝鮮戦争，戦後復興

　北朝鮮は中国より一足先に成立し，中国を4番目に国家承認，国交樹立した国となった（三宅［2007］174頁）[69]。1950年6月25日に勃発した朝鮮戦争中，国連軍が朝中国境の鴨緑江に達するに至り，1950年10月19日に中国は中国人民志願軍を参戦させ，同月25日より国連軍と韓国軍との交戦を始めた。1953年7月の休戦時には120万に達する兵力が朝鮮半島に展開していた[70]。

　国境を接する両国間で，どのような経済関係があったのだろうか。1945年の日本の敗戦までは日本と満州国との取引として活発に行われていたようだが，ソ連軍による朝鮮半島北部の占領，中国における国共内戦と中華人民共和国の成立にともない，それまでの経済関係には大きな変化があった。小島［2000］237-238

---

[69]　承認通告は建国4日後の1949年10月4日，国家承認は同月6日であった。これは，ソ連，ブルガリア，ルーマニアに続く4番目の承認国となった。

[70]　和田［2012］73頁。

第4章　北朝鮮の対外経済関係

頁によれば，中朝間には次のようなやりとりがあった。

1950年3月　東北税関管理局が図們江税関署に管理権を与える。

1954年　中国国務院が延辺自治州のみに辺境貿易を許可。

1956年　中央政府が延辺自治州の辺境貿易管理権を取り上げ，中央に集中。

1958年12月　吉林，遼寧両省と北朝鮮との間で〈中朝両国辺境地方バーター貿易議定書〉に締結。

1967年　吉林省との辺境貿易中断（1980年まで）

1969年　遼寧省との辺境貿易中断（1981年まで）

1980年年初　北朝鮮側から遼寧省に辺境貿易の再開を提案。

1982年2月　〈遼寧省と平安北道間の辺境バーター貿易会議紀要〉の交換。

1988年4月　北朝鮮，新義州を中国側に開放。

1989年　中朝ロシア三国境界の哈山島地区を特殊経済地帯にすることに合意。

1990年　遼寧省丹東市，北朝鮮人の3日間を限度とした観光を許可。丹東国際旅行社案は1人800人民元，中国側が300元，朝鮮側が500元とし，その500元分の商品を旅行者に渡す（朝鮮からの旅行者に中国商品の購入を半ば強制しているに等しい）。

1991年4月には，毎週3～4グループ（1グループ40名）が観光。朝鮮旅行者は，TV，ミシン，冷蔵庫など家電製品の購入が多いという。

1991年　丹東市と琿春市を開放都市に指定。

　朝鮮戦争後，中川［2011］70頁によれば中国は8兆元（旧・人民元）の援助を行った。朝ソ経済関係で触れたように，1961年7月に金日成はモスクワと北京を訪問し，ソ中両国と相互援助条約を締結した。中ソ論争に対しては，朝鮮戦争で米軍と戦った北朝鮮の立場は，ソ連よりも中国に近いものであった。1960年代前半にソ連からの援助がなくなり，中国からのそれが相対的に多かったのは，そのような国際情勢とも関連している（表4-7）。

5.2　東西冷戦終了後の朝中経済関係

　その後，1992年1月12日に締結された朝中貿易協定で，これまでのバーター方式から国際決済通貨での決済に変更されるまでは，基本的に社会主義国間の取引として，取引が行われた。

表 4 - 7　戦後復興期から1970年代までの中国から北朝鮮への援助

日付	対象	
1956年（未詳）	平壌ゴム工場建設	中国の援助
1956年10月14日	馬洞セメント工場復旧，操業	ソ連，中国，ドイツ民主共和国，チェコスロバキアから電動機，旋盤，空気圧縮機など
1958年 8 月30日	水豊発電所堰堤改修工事竣工	ソ連の援助，中国の労働者，技術者の協力
1963年 8 月30日	恵山製紙工場操業	中国の援助
1964年（未詳）	新義州紡織工場（ 8 月紡織工場）染色加工職場竣工	同上
1964年 2 月 1 日	会寧精糖工場で砂糖生産開始	同上
1965年 4 月15日	無線通信機器工場操業	同上
1967年（未詳）	1.2kWの満浦火力発電所竣工	同上
1967年 4 月28日	雲峰発電所堰堤竣工	中国との共同事業
1967年10月15日	咸興毛紡織工場（10月 7 日紡織工場）操業	中国が紡織設備を提供
1968年（未詳）	江界編織工場新設	中国の援助
1968年（未詳）	1.2kWの熙川火力発電所（熙川青年電気工場発電所）竣工	同上
1969年11月30日	電子管工場（熙川青年電気工場）操業	中国の援助
1970年 1 月31日	ラジオ部品工場操業	同上
1970年 7 月15日	無線通信器材工場操業	同上

（出所）中川雅彦［2011］72～77，84～87頁（表 2 -10および 2 -11）から抜粋

　1992年は朝中関係に衝撃が走った年であった。貿易協定の改定もさることながら，8 月24日には中国と韓国が国交を正常化した。北朝鮮にとってみれば，これは盟友の「裏切り」に等しい行為であり，冷戦終了後の世界で生き残りをかけて努力せざるを得ない中国の立場を北朝鮮は最終的には理解したが，2000年に金正日が訪中するまでの間，朝中関係は冷え込み，90年代中盤の最も経済が厳しかった時期にも，中国からの支援は行われず，大きなわだかまりが残った。

5.3　北朝鮮経済の回復と朝中経済関係

　このような状況に変化が見られたのが，1998年に金正日政権が本格的に始動し，経済の回復のためにさまざまな措置を採りはじめた時であった。南北首脳会議を

控えた2000年5月29日～31日に金正日は中国を訪問した。翌01年1月15日～20日にも金正日は中国を訪問している。2回の訪中では江沢民との首脳会談が行われた。第5章で詳しく述べるが、この流れは2002年7月の対外的にも注目された経済改革措置、9月の第1回日朝首脳会談など、北朝鮮が対外関係を改善し、経済の開放度を増していくのではないかという期待の高まりを外部世界にも与えた。

図4-5および図4-6のとおり、朝中貿易は2003年頃から増加の勢いを高めていった。これは、2002年9月の第1回日朝首脳会談以降の情勢から、日朝貿易が減少していく時期と重なっているが、朝中貿易額増加の勢いは日朝貿易の貿易額減少よりも大きいものとなっている。したがって、この動きは、中国経済の成長と北朝鮮経済の回復による貿易取引の増加に主要な理由があると考えた方がよさそうである。そして、この北朝鮮経済の回復は、第5章で述べるとおり、国営部門の成長だけではなく、非国営部門のそれにも牽引されるものであった。

表4-8は、2002～09年までの北朝鮮の対中輸入上位品目（HSコード2桁基準）であるが、第1位を占めているのは石油である。これは2015年に貿易統計から消えるまで年間約50万トンの輸出が記録されていたもので、鴨緑江の河底を通過するパイプラインによって中国の丹東から北朝鮮の義州へと輸出されているものである（2017年4月現在、量は不明であるが、同量程度の原油が中国から北朝鮮へと継続して輸出されているものと推測される）。

第2位の品目を見ると、2006年までは穀物か肉類であったのが、07年以降は機械類となっている。また、衣類の委託加工の原料となる繊維類が伸びていることも分かる。2003年以降、北朝鮮の対中輸入は国民を食べさせるための食料輸入から脱皮し、資本財や輸出品生産のための原材料の輸入が増えた。消費財では衣類やプラスチック製品が上位を占めているが、これらは北朝鮮国内で生産するよりも輸入する方が価格競争力があると判断されているためであると考えられる。

表4-9は北朝鮮から中国への輸出の上位品目であるが、2004年までは魚介類が上位にきていたが、05年からは無煙炭（または鉱石類）に取って代わられている。その次に、委託加工で生産されたと考えられる衣類がきている。北朝鮮の対中輸出品目の多くが鉱業関連であることが分かる。輸出入を照らし合わせてみると、機械類の輸入が増加するのと軌を一にして鉱業関連の輸出が増えている。これは、北朝鮮に対して中国企業が鉱山での採掘に必要な機械類を現物で投資して、投資の回収のために鉱石類（あるいは無煙炭）を輸入するという構造が定着して

表 4 - 8　北朝鮮の対中輸入上位品目推移（2002～09年）

	2002 年	2003 年	2004 年	2005 年	2006 年	2007 年	2008 年
1	鉱物性燃料及び鉱物油並びにこれらの蒸留物,歴青物質並びに鉱物性ろう	鉱物性燃料及び鉱物油並びにこれらの蒸留物,歴青物質並びに鉱物性ろう	鉱物性燃料及び鉱物油並びにこれらの蒸留物,歴青物質並びに鉱物性ろう	鉱物性燃料及び鉱物油並びにこれらの蒸留物,歴青物質並びに鉱物性ろう	鉱物性燃料及び鉱物油並びにこれらの蒸留物,歴青物質並びに鉱物性ろう	鉱物性燃料及び鉱物油並びにこれらの蒸留物,歴青物質並びに鉱物性ろう	鉱物性燃料及び鉱物油並びにこれらの蒸留物,歴青物質並びに鉱物性ろう
2	穀物	肉及び食用のくず肉	肉及び食用のくず肉	肉及び食用のくず肉	肉及び食用のくず肉	原子炉, ボイラー及び機械類並びにこれらの部分品	原子炉, ボイラー及び機械類並びにこれらの部分品
3	電気機器及びその部分品並びに録音機, 音声再生機並びにテレビジョンの映像及び音声の記録用又は再生用の機器並びにこれらの部分品及び附属品	穀物	電気機器及びその部分品並びに録音機, 音声再生機並びにテレビジョンの映像及び音声の記録用又は再生用の機器並びにこれらの部分品及び附属品	原子炉, ボイラー及び機械類並びにこれらの部分品	電気機器及びその部分品並びに録音機, 音声再生機並びにテレビジョンの映像及び音声の記録用又は再生用の機器並びにこれらの部分品及び附属品	電気機器及びその部分品並びに録音機, 音声再生機並びにテレビジョンの映像及び音声の記録用又は再生用の機器並びにこれらの部分品及び附属品	電気機器及びその部分品並びに録音機, 音声再生機並びにテレビジョンの映像及び音声の記録用又は再生用の機器並びにこれらの部分品及び附属品
4	原子炉, ボイラー及び機械類並びにこれらの部分品	電気機器及びその部分品並びに録音機, 音声再生機並びにテレビジョンの映像及び音声の記録用又は再生用の機器並びにこれらの部分品及び附属品	原子炉, ボイラー及び機械類並びにこれらの部分品	電気機器及びその部分品並びに録音機, 音声再生機並びにテレビジョンの映像及び音声の記録用又は再生用の機器並びにこれらの部分品及び附属品	原子炉, ボイラー及び機械類並びにこれらの部分品	プラスチック及びその製品	衣類及び衣類附属品（メリヤス編み又はクロセ編みのものに限る。）
5	プラスチック及びその製品	原子炉, ボイラー及び機械類並びにこれらの部分品	鉄鋼	プラスチック及びその製品	プラスチック及びその製品	鉄道用及び軌道用以外の車両並びにその部分品及び附属品	プラスチック及びその製品
6	鉄鋼	プラスチック及びその製品	プラスチック及びその製品	穀物	人造繊維の長繊維及びその織物	人造繊維の長繊維並びに人造繊維の織物及びストリップその他これに類する人造繊維製品	鉄道用及び軌道用以外の車両並びにその部分品及び附属品
7	肥料		鉄道用及び軌道用以外の車両並びにその部分品及び附属品	鉄鋼	鉄道用及び軌道用以外の車両並びにその部分品及び附属品	肉及び食用のくず肉	人造繊維の長繊維並びに人造繊維の織物及びストリップその他これに類する人造繊維製品
8	採油用の種及び果実, 各種の種及び果実, 工業用又は医薬用の植物並びにわら及び飼料用植物	魚並びに甲殻類, 軟体動物及びその他の水棲（せい）無脊椎（せきつい）動物	人造繊維の長繊維及びその織物	人造繊維の長繊維及びその織物	鉄鋼	鉄鋼	鉄鋼
9	肉及び食用のくず肉	人造繊維の長繊維並びに人造繊維の織物及びストリップその他これに類する人造繊維製品	穀物	鉄道用及び軌道用以外の車両並びにその部分品及び附属品	穀粉, 加工穀物, 麦芽, でん粉, イヌリン及び小麦グルテン	穀物	衣類及び衣類附属品（メリヤス編み又はクロセ編みのものを除く。）
10	穀粉, 加工穀物, 麦芽, でん粉, イヌリン及び小麦グルテン	肥料	穀粉, 加工穀物, 麦芽, でん粉, イヌリン及び小麦グルテン	鉄鋼製品	動物性又は植物性の油脂及びその分解生産物, 調製食用脂並びに動物性又は植物性のろう	肉, 魚又は甲殻類, 軟体動物若しくはその他の水棲無脊椎動物の調製品	動物性又は植物性の油脂及びその分解生産物, 調製食用脂並びに動物性又は植物性のろう

（出所）～2006年　中国海関総署および World Trade Atlas 資料を KOTRA 資料より再引用, 2007年～　World Trade Atlas

表4－9　北朝鮮の対中輸出上位品目推移（2002～09年）

	2002年	2003年	2004年	2005年	2006年	2007年	2008年
1	魚並びに甲殻類，軟体動物及びその他の水棲（せい）無脊椎（せきつい）動物	魚並びに甲殻類，軟体動物及びその他の水棲（せい）無脊椎（せきつい）動物	魚並びに甲殻類，軟体動物及びその他の水棲（せい）無脊椎（せきつい）動物	鉱物性燃料及び鉱物油並びにこれらの蒸留物，瀝青物質並びに鉱物性ろう	鉱石，スラグ及び灰	鉱物性燃料及び鉱物油並びにこれらの蒸留物，瀝青物質並びに鉱物性ろう	鉱石，スラグ及び灰
2	衣類及び衣類附属品（メリヤス編み又はクロセ編みのものを除く。）	衣類及び衣類附属品（メリヤス編み又はクロセ編みのものを除く。）	鉄鋼	鉱石，スラグ及び灰	鉱物性燃料及び鉱物油並びにこれらの蒸留物，瀝青物質並びに鉱物性ろう	鉱石，スラグ及び灰	鉱物性燃料及び鉱物油並びにこれらの蒸留物，瀝青物質並びに鉱物性ろう
3	鉄鋼	鉄鋼	鉱石，スラグ及び灰	魚並びに甲殻類，軟体動物及びその他の水棲（せい）無脊椎（せきつい）動物	衣類及び衣類附属品（メリヤス編み又はクロセ編みのものを除く。）	衣類及び衣類附属品（メリヤス編み又はクロセ編みのものを除く。）	鉄鋼
4	鉱物性燃料及び鉱物油並びにこれらの蒸留物，瀝青物質並びに鉱物性ろう	鉱物性燃料及び鉱物油並びにこれらの蒸留物，瀝青物質並びに鉱物性ろう	鉱物性燃料及び鉱物油並びにこれらの蒸留物，瀝青物質並びに鉱物性ろう	鉄鋼	魚並びに甲殻類，軟体動物及びその他の水棲（せい）無脊椎（せきつい）動物	鉄鋼	衣類及び衣類附属品（メリヤス編み又はクロセ編みのものを除く。）
5	採油用の種及び果実，各種の種及び果実，工業用又は医薬用の植物並びにわら及び飼料用植物	鉱石，スラグ及び灰	衣類及び衣類附属品（メリヤス編み又はクロセ編みのものを除く。）	衣類及び衣類附属品（メリヤス編み又はクロセ編みのものを除く。）	鉄鋼	魚並びに甲殻類，軟体動物及びその他の水棲無脊椎動物	魚並びに甲殻類，軟体動物及びその他の水棲無脊椎動物
6	木材及びその製品並びに木炭	木材及びその製品並びに木炭	亜鉛及びその製品	木材及びその製品並びに木炭	木材及びその製品並びに木炭	木材及びその製品並びに木炭	塩，硫黄，土石類，プラスター，石灰及びセメント
7	鉱石，スラグ及び灰	亜鉛及びその製品	木材及びその製品並びに木炭	亜鉛及びその製品	その他の貿易	アルミニウム及びその製品	その他特別
8	電気機器及びその部分品並びに録音機，音声再生機並びにテレビジョンの映像及び音声の記録用又は再生用の機器並びにこれらの部分品及び附属品	採油用の種及び果実，各種の種及び果実，工業用又は医薬用の植物並びにわら及び飼料用植物	採油用の種及び果実，各種の種及び果実，工業用又は医薬用の植物並びにわら及び飼料用植物	採油用の種及び果実，各種の種及び果実，工業用又は医薬用の植物並びにわら及び飼料用植物	食用の果実及びナット，かんきつ類の果皮並びにメロンの皮	亜鉛及びその製品	アルミニウム及びその製品
9	食用の野菜，根及び塊茎	食用の果実及びナット，かんきつ類の果皮並びにメロンの皮	食用の果実及びナット，かんきつ類の果皮並びにメロンの皮	衣類及び衣類附属品（メリヤス編み又はクロセ編みのものに限る。）	亜鉛及びその製品	その他特別	衣類及び衣類附属品（メリヤス編み又はクロセ編みのものに限る。）
10	衣類及び衣類附属品（メリヤス編み又はクロセ編みのものに限る。）	絹及び絹織物	電気機器及びその部分品並びに録音機，音声再生機並びにテレビジョンの映像及び音声の記録用又は再生用の機器並びにこれらの部分品及び附属品	食用の果実及びナット，かんきつ類の果皮並びにメロンの皮	アルミニウム及びその製品	電気機器及びその部分品並びに録音機，音声再生機並びにテレビジョンの映像及び音声の記録用又は再生用の機器並びにこれらの部分品及び附属品	電気機器及びその部分品並びに録音機，音声再生機並びにテレビジョンの映像及び音声の記録用又は再生用の機器並びにこれらの部分品及び附属品

（出所）〜2006年　中国海関総署および World Trade Atlas 資料を KOTRA 資料より再引用，2007年〜　World Trade Atlas

いったことを推測させる。中国政府の公式統計に掲載されている中国から北朝鮮への海外直接投資はそれほど多くはないが，実際の投資案件はそれよりもずっと多いようである。これは筆者の朝中国境地域でのヒアリングでもよく耳にしたことであり，朝中経済関係の多くの部分は統計類をただ「見る」だけでは実態がよく見えてこず，さまざまな情報を総合して，統計類を「読み解く」必要がある。

　このように，21世紀に入ってからの中朝経済関係は，中国経済の成長と北朝鮮経済の回復，北朝鮮の国内経済政策の改善などが相まって，これまでにない貿易量を記録することになった。また，公式統計ではその数字は小さいが，現物の持ち込みによる中国から北朝鮮への海外直接投資も活発化していった。2016年現在，北朝鮮の対外貿易における中国の割合は，韓国と北朝鮮との間の南北交易を含んだとしても，輸出87.6％，輸入88.4％，合計88.1％と圧倒的な数値になっており（2002年には日中韓で約3分の1ずつだったことから考えると隔世の感がある），北朝鮮にとっては中国一辺倒の対外経済関係からの脱却が重要な政策課題となっている。この点から，北朝鮮の今後の対外経済関係は，中国を当分の間中心としつつも，「脱中国化」を推進していく可能性が大きいと考えられる。具体的な対象としては，朝鮮半島の南北経済関係の強化のほか，日本やロシア，東南アジア，ヨーロッパ，北米といった国々との経済関係を強化し，貿易や投資関係を多角化する方向性での検討が行われるのではないかと考えられる。2017年4月現在，北朝鮮の核，ミサイル開発に対する国際的な批判から，北朝鮮と経済関係を結ぼうとする国や地域は以前よりも減少している。しかし，中国への依存度の高まりは異常とも言えるほど高く，経済外的要因に変化があれば，北朝鮮は中国一辺倒から脱して新たな環境を作り出す方向で努力する可能性が高い。

6　朝鮮半島の南北経済関係

　北朝鮮経済にとって，韓国との間の経済交流，特に貿易（南北間は国と国ではない特殊な関係なので，「南北交易」と呼称している。また，輸出，輸入はそれぞれ「搬出」，「搬入」と言い換える。本章でも以下，南北交易，搬出，搬入とする）はどのような意味を持ち，どのような位置にあるのだろうか。

　これまでの研究成果をみると，宮本［2008］は，南北交易は南北朝鮮の政治情勢のみならず，特に一般交易においては韓国の経済動向にも影響されることを明

らかにしている。上澤［2010］は南北交易の特徴を，北の黒字構造，北の南北交易への依存が高いこと[71]，政治情勢の影響を受けやすいこととしている。これらの論点は，次章で論ずる南北経済交流の性格と関連して押さえておかなければならない重要な論点である。また，韓国の研究者である崔壽永［2010］は，南北交易と中朝貿易が北に与える影響の比較分析を行っている。この研究は本節と視点が類似しており，示唆するところが多い。本章は，これらの分析に加え，これまで特に国内において総額ベースで語られることの多かった南北交易の統計数値を細分化して加工し，それをもとに検討を行おうとするものである。

　本節では，具体的な統計数値の分析に入る前に，まず南北経済交流の性格について，その経緯と時期区分，それが北朝鮮に与える影響について論じた後，南北交易統計を取り扱う上でのいくつかの問題を指摘し，その問題を解決した上で，北朝鮮にとっての南北交易の意味とその位置について論じる[72]。

6.1　南北経済交流の性格

（1）南北経済交流開始の経緯

　朝鮮半島においては，日本の敗戦とともに連合国の占領下におかれ，東西冷戦の勃発など，さまざまな経緯から1948年に南と北で韓国と北朝鮮が相次いで成立し，これまで南北が正統性と実効支配を争う構造が現在まで続いている。1950～53年の東西陣営の代理戦争となった朝鮮戦争や東西冷戦下の厳しい対立の中で，南北は対話すら公式には行えない対立関係にあったが，米国とソ連との間でのデタントや米中関係の改善から，1971年8月から南北の赤十字社の接触が開始された。1972年7月4日には「南北共同声明」が発表されたが，その後も南北

71）全世界と活発な貿易を繰り広げる南にとっての南北交易の重みは数量的には無視できるほどのものであるのに対して，貿易総額が小さく，貿易相手も限られている北にとっては非常に重いので，北が南に依存する構造になっているとしている。

72）なお，本節でいう南北経済交流は狭義の南北交易（一般の貿易や加工貿易，開城工業地区などのモノのやりとり）だけでなく，南北間の投資や南による北への各種支援，金剛山や開城などで行われる観光（モノのやりとりがある場合には南北交易の統計に入る），そして文化，芸術，技術，学術協力（民間支援に入る場合がある）などさまざまな交流事業を含んだ概念である（南北交流協力ともいう）。本書では南北経済交流全体を幅広く論じることは紙幅の関係上無理なので，第2節以降の分析においては，南北交易の統計をみる上での各種問題を中心に，狭義の南北交易を論じることにする。

101

の関係は政治的にも軍事的にも厳しい状態が続いた。

　韓国はその後，着実な経済成長を達成し，1986年にアジア競技大会，88年にソウル・オリンピック大会を開催するようになった。オリンピック直前の88年7月7日に盧泰愚大統領は「民族自尊と繁栄のための大統領特別宣言」（7・7宣言）を発表し，北に対して経済，文化，学術などの各種領域での交流拡大と敵対関係の清算を呼びかけた。90年9月にはソウルで南北の首相が会談を行う南北首相会談が実現した。南北首相会談はその後も同年10月に平壌，同年12月にソウル，91年10月に平壌，同年12月にソウルで行われた。この第5回南北首相会談で南北基本合意書が締結されることとなった。首相会談が行われた時期は，ソ連・東欧で社会主義政権が相次いで崩壊した時期である[73]。

　南北間の経済交流・協力は，1989年から始まっているが，その最初の時点から，韓国の政治的，経済的優位性（イコール体制競争における南側の勝利）を前提として，南北関係を南が先導することを目的として行われたものといえる。体制競争における敗北を認めていない北朝鮮の立場からすれば，このような前提は受け入れがたいものであり，南北間の対立は続き，南北基本合意書が活用できない状況が続いた。

　1998年に韓国の大統領に就任した金大中は，南北関係の改善を更に押し進める政策（太陽政策）をとり，2000年6月13〜15日，平壌で北朝鮮の国防委員会委員長，金正日と南北首脳会談を行い，南北共同宣言を締結した[74]。この南北共同宣言では，民間だけでなく，南北の当局が南北経済交流を制度的に後押しすることが決められており，これ以降南北経済交流の相当部分に南北の当局が関与するようになった[75]。

---

73) 第1回会談の直後の90年10月3日に東西ドイツは統一し，第5回会談直前の91年12月25日，ソ連は崩壊した。

74) この過程を担当した林東源［2008］196頁によれば，太陽政策は決して宥和政策ではなく，体制競争に勝利した韓国が経済の力を利用して，北朝鮮の変化を誘導するための「攻勢的」政策であるとしている。

75) 南北当局間の対話は，2000年より多くて月に1度程度の頻度で行われるようになった南北閣僚級会談をはじめ，南北当局間の協力が必要な事業が進捗するのにあわせて増加した。レベルの高低，規模の大小はあっても，入念な準備が必要なため，2006〜07年頃にはほぼ週1回ペースで何らかの会談が行われるところまでになった。

第4章　北朝鮮の対外経済関係

(2) 南北経済交流の時期的区分

　南北交流協力がどのように進展してきたかについて，さまざまな時期区分の可能性がある。本節は，時期区分を行うことを目的としていないので，ここでは便宜的に，南北経済交流についての崔壽永［2010］の時期区分を援用することにする。

　先行研究においては，南北経済交流を，(1) 1989年〜97年「模索期」，(2) 1998〜2007年「推進・拡大期」，(3) 2008年〜「停滞期」のように3つの時期に分類している。この分類は大変シンプルであり，(1) の時期は前項の経緯で述べた南北経済交流の開始から金泳三政権の終わりまで，(2) の時期は金大中政権期と盧武鉉政権期，(3) の時期は李明博政権期（ただし出版年の2010年までの分析）となっている。その後の経緯をみると，2012年までは (3) の時期に属することは後述する南北交易のデータからも無理なく導き出せるであろう。

(3) 北朝鮮にとっての南北経済交流

　(1) ですでに述べたとおり，南北経済交流の開始は，南北関係において南の経済力，国際的な地位が上昇したことに対する自信と，東西冷戦の終結という歴史的な転換点がその主要な動因となっている。これらの動因を北の立場から見るとどうなるであろうか。それは南北間の体制競争における北側の経済的，国際関係上の弱さと建国以来，北を支えてきた社会主義圏の崩壊，社会主義国際市場の喪失という国家の生存にかかわる悲劇とも言える状況に起因することになる。それゆえ，南北経済交流が南北基本合意書前文でうたわれた「双方の関係が国と国との関係でない，統一を指向する過程で暫定的に形成される特殊関係」に基づき，平和的共存と経済的繁栄を目指すことを目的としているとはいえ，北は南北経済交流について，経済的なメリットを享受しつつも，政治的なリスクを常に警戒せざるを得ない状況にある[76]。したがって，南北経済交流の趨勢は経済合理性のみによって規定されるわけではない。というよりは，その時々の南北間の政治，軍事関係や国際関係の影響をきわめて強く受ける傾向にある。

---

76) この点に関連して，前述した時期区分における韓国政府の対北政策の方向性（北の体制にとって脅威になり得るかどうかという点に着目して考えたとして）と，南北経済交流の拡大のスピードには正比例の関係があることがわかるであろう。

6.2 南北交易統計の構造と性質

(1) 南北交易統計の出所とその問題点

南北交易の統計は，韓国では統一省が各種刊行物（特に月刊資料『남북교류협력동향』［南北交流協力動向］が2005年12月から2016年7月まで連続して刊行されていたため，ある程度継続性のある統計を提供してくれる）を通じて公表しているが，北朝鮮では公表資料としては発表されていない。したがって，本節での分析はすべて韓国・統一省の資料によっている。

南北交易統計は通常の貿易統計と異なり，単なる貿易（「交易」）だけでなく，委託加工貿易，経済協力事業（金剛山観光や開城観光，開城工業団地），対北支援（援助）の統計も含む。したがって，南北交易統計の年別（あるいは月別）総額には，一般の外国間の貿易統計に入るものと，入らないものがある。したがって，日本や中国など，韓国以外の国との北朝鮮の貿易と南北交易を比較するには，すくなくとも支援の金額は除外する必要がある。

また，南北交易統計は，南北経済交流が成長する過程で単純な交易から委託加工貿易，経済協力，対北支援とその範囲を拡げてきたため，過去の統計数値が現在のカテゴリーに単純に収まらないという問題を抱えている[77]。これらの問題を整理して，過去にさかのぼって整合性のある詳細な統計資料を提供してくれればよいのであるが，現在のところそのような資料は提供されていない[78]。また，韓国は1990年代中盤から年によっては大規模な対北支援を行っているのだが，それらの支援を行った事実とその金額は明記しているものの，南北交易統計に入っていない例も散見される。したがって，南北交易統計はその数値を適切に加工しなければ，時系列的に意味のある数値として利用しづらいという側面をもっている。

(2) 統計上のカテゴリーの区分

南北交易統計は，大きく分けて商業性取引と非商業性取引に分けられる。商業

---

[77] たとえば，委託加工貿易の搬出入値が品目別の統計値が別立てになったのは1992年からであるが，品目別の搬出入統計が一般貿易と委託加工貿易に分けて発表されるようになったのは98年分からである。

[78] 年刊の『統一白書』等，ある程度整合性のある記述のものもあるが，詳細さに欠けるために統計資料の補正に使うことはできないのが残念である。

性取引には，一般交易（売買），委託加工，経済協力（観光，開城工業団地，その他の協力事業）が入り，非商業性取引には現在では南から北への無償支援が入る。

したがって，一般の貿易統計と同等の数値を作り出すためには，現在のカテゴリーでいえば，商業性取引のみを対象（以前のカテゴリーでいえば，一般交易，委託加工，協力事業のうち支援以外の数字）とする必要がある。

2008年以降は一般交易，委託加工が減少し，経済協力，その中でも開城工業団地の数値が統計数値のほとんどとなっている。開城工業団地関連の交易額には，建設が盛んであった年には建設のための機材（自動車，重機，建設用機械）などの出入りが[79]多くカウントされるという特徴がある。したがって，開城工業団地の事業に関しては，一般交易や委託加工とは別に統計を取る必要があり，実際にそのような統計値の発表がなされている。

(3) 一般交易と委託加工の交易額と品目別特徴

表4-10は南北交易の年別規模である。一般交易であるが，初期にはこれが南北交易額の大半を占めた。品目的特徴（表4-11）を見ると，韓国への搬入は1990年代中盤までは鉄鋼・金属製品，特に亜鉛塊，金塊，鋼ビレットなどの一応精錬された金属類が多かった。これが99年以降は農林水産物がその多くを占めるようになる。1990年代半ばからの経済危機で北朝鮮経済，特に重化学工業が衰退したことが第一の理由として挙げられる。90年代に上位を占めていた繊維類がその後順位を下げるのは，委託加工の形態が一般化し，そちらのカテゴリーに入るものが多くなったことが理由と考えられる。電子及び電気，機械類は事実上の委託加工ないしは半製品や部品の供給が主な内容と考えられる。

委託加工の品目的特徴（表4-12）を見ると，別個に統計が取られることになってから連続して繊維類が第1位，電子及び電気がほぼすべての年で第2位となっている。また，第3位以下も生活用品，農林水産物が主要な品目となっている。

---

79) 機材のほぼすべては韓国からいったん開城に搬出された後，レンタル設備の場合であれば，使用が終了されれば搬入されるし，機材の修理，保守等で一旦韓国に搬入され，後に開城に再搬出する場合にも，そのたびに搬出入の統計に算入される。また，国有企業である韓国土地公社による貸し工場建設など，商業的活動とはいえ，政府の関与する分野が大きいという特徴もある。

（単位：千ドル）

表4-10 南北交易の年別規模

年	搬入 合計	搬入 商業的取引 小計	うち一般貿易	うち委託加工	うち経済協力	うち開城工団	搬入 非商業的取引 計	うち支援	うちその他	搬出 合計	搬出 商業的取引 小計	うち一般貿易	うち委託加工	うち経済協力	うち開城工団	搬出 非商業的取引 計	うち支援	うちその他	搬出入 合計	搬出入 商業的取引 小計	うち一般貿易	うち委託加工	うち経済協力	うち開城工団	搬出入 非商業的取引 計	うち支援	うちその他
1989	18,655	18,655	18,655	0	0	0	0	0	0	69	69	69	0	0	0	0	0	0	18,724	18,724	18,724	0	0	0	0	0	0
1990	12,278	12,278	12,278	0	0	0	0	0	0	1,188	1,188	1,188	0	0	0	0	0	0	13,466	13,466	13,466	0	0	0	0	0	0
1991	105,719	105,719	105,719	0	0	0	0	0	0	5,547	5,547	5,547	0	0	0	0	0	0	111,266	111,266	111,266	0	0	0	0	0	0
1992	162,863	162,863	162,225	638	0	0	0	0	0	10,563	10,563	10,363	200	0	0	0	0	0	173,426	173,426	172,588	838	0	0	0	0	0
1993	178,167	178,167	175,181	2,985	0	0	0	0	0	8,425	8,425	4,402	4,023	0	0	0	0	0	186,592	186,592	179,583	7,008	0	0	0	0	0
1994	176,298	176,298	161,977	14,321	0	0	0	0	0	18,249	18,249	6,906	11,343	0	0	0	0	0	194,547	194,547	168,883	25,664	0	0	0	0	0
1995	222,855	222,855	201,681	21,174	0	0	0	0	0	64,436	64,436	39,717	24,718	0	0	0	0	0	287,291	287,291	241,398	45,892	0	0	0	0	0
1996	182,400	182,400	146,161	36,238	0	0	0	0	0	69,639	69,639	31,474	38,164	0	0	0	0	0	252,039	252,039	177,635	74,402	0	0	0	0	0
1997	193,069	193,069	150,175	42,894	0	0	0	0	0	115,270	106,881	23,844	36,175	46,862	0	8,389	8,389	0	308,339	299,950	174,019	79,069	46,862	0	8,389	8,389	0
1998	92,264	92,264	50,787	41,371	105	0	0	0	0	129,679	94,099	21,914	29,607	42,508	0	35,580	35,447	133	221,943	186,363	72,701	70,988	42,673	0	35,580	35,447	133
1999	121,604	121,604	67,746	53,736	122	0	0	0	0	211,832	128,894	21,670	45,883	61,341	0	82,938	82,938	0	333,437	250,498	89,416	99,619	61,463	0	82,938	82,938	0
2000	152,373	152,373	78,561	71,966	1,856	0	0	0	0	272,775	156,585	57,224	42,018	57,343	0	116,190	116,190	0	425,148	308,958	110,529	113,984	59,239	0	116,190	116,190	0
2001	176,170	176,170	100,897	72,579	2,694	0	0	0	0	226,787	112,746	10,692	52,345	49,909	0	114,041	114,041	0	402,957	288,916	111,589	124,924	52,603	0	114,041	114,041	0
2002	271,575	271,575	167,400	102,789	1,387	0	0	0	0	370,155	154,919	4,382	68,388	82,149	0	215,235	215,235	0	641,730	426,494	171,782	171,177	83,536	0	215,235	215,235	0
2003	289,252	289,252	177,443	111,639	170	0	0	0	0	434,965	164,315	46,227	73,370	44,718	0	270,650	270,650	0	724,217	453,567	223,670	185,009	44,888	0	270,650	270,650	0
2004	258,039	257,994	150,117	107,746	131	0	45	0	45	439,001	180,327	21,673	63,213	73,220	41,634	258,474	258,470	4	697,040	438,321	171,790	175,959	90,772	41,634	258,519	258,470	49
2005	340,281	340,140	188,916	131,226	19,998	0	141	0	141	715,472	619,848	29,777	78,503	157,914	157,914	366,000	364,977	1,023	1,055,754	960,988	209,729	177,912	176,737	157,914	366,061	364,977	1,023
2006	519,539	517,952	441,284	75,943	76,613	298,103	1,587	0	1,587	830,000	629,387	34,130	93,571	304,130	298,796	222,863	222,863	1,776	1,349,800	1,139,800	398,082	252,958	300,760	298,796	421,022	419,256	1,776
2007	765,346	764,063	441,234	118,300	118,300	329,912	1,283	0	1,283	1,032,550	894,606	20,165	125,383	449,498	329,498	367,000	326,977	40,023	1,797,896	1,358,669	461,409	567,348	567,798	329,912	368,283	366,283	41,290
2008	932,250	930,983	366,446	307,192	257,345	437,007	1,267	0	1,267	888,117	768,828	32,985	150,965	584,878	518,342	108,000	67,060	40,940	1,820,366	1,699,811	399,431	458,157	842,070	808,445	109,267	67,060	42,207
2009	934,245	934,245	245,244	254,044	435,007	435,007	0	0	0	744,830	744,830	10,946	155,600	578,283	578,283	0	0	0	1,679,082	1,679,082	256,140	409,714	976,269	940,532	0	0	0
2010	1,043,928	1,043,928	111,423	232,505	709,710	709,710	0	0	0	868,321	868,321	6,243	155,600	744,263	737,588	0	0	0	1,912,249	1,912,249	117,666	409,714	1,442,666	1,442,866	0	0	0
2011	913,663	912,876	227	3,704	908,945	908,945	787	0	787	800,192	799,454	0	0	789,454	788,689	10,640	10,640	98	1,713,855	1,713,655	227	3,704	1,702,330	1,697,633	11,525	11,396	129
2012	1,073,952	1,073,952	227	3,704	1,073,109	1,073,109	0	0	0	897,153	897,153	0	0	892,978	802,120	0	0	0	1,971,105	1,971,105	227	843	1,966,087	1,965,229	9,064	9,064	0
2013	615,343	615,343	599	0	614,664	614,664	0	0	0	520,603	517,656	0	0	517,656	517,524	2,947	2,947	0	1,135,846	1,132,999	599	0	1,132,310	1,132,174	9,064	9,064	0
2014	1,206,032	1,206,027	178	0	1,265,849	1,265,849	178	0	178	1,136,437	1,132,481	0	0	1,132,481	1,132,008	3,956	3,675	281	2,342,639	2,342,639	178	599	2,338,329	2,337,889	2,947	2,947	0
2015	1,452,347	1,452,247	183	0	1,451,966	1,451,966	183	0	183	1,262,116	1,252,054	0	0	1,252,054	1,251,599	10,062	9,380	682	2,714,118	2,703,565	183	178	2,704,118	2,703,565	10,175	9,380	795

（注）2016年以降の南北交易の詳細はまだ公式には発表されていないので、記載していない。

（出所）韓国・統一省「월간 남북교류동향」各号より筆者が整理して作成。

第 4 章　北朝鮮の対外経済関係

表 4-11　一般交易の品目的特徴

年	1 位 搬入	1 位 搬出	2 位 搬入	2 位 搬出	3 位 搬入	3 位 搬出	4 位 搬入	4 位 搬出	5 位 搬入	5 位 搬出
1989	鉄鋼・金属製品	繊維類	繊維類		鉱産物		その他の品目		農林産物	
1990	農林産物	機械類	鉄鋼・金属製品	化学製品	鉱産物	その他の品目	その他の品目		水産物	
1991	鉄鋼・金属製品	化学製品	鉱産物	農水産物	農林産物	電気・電子製品	水産物	繊維類	その他の品目	
1992	鉄鋼・金属製品	化学製品	鉱産物	鉄鋼・金属製品	農林産物	繊維類	水産物	その他の品目	繊維類	農水産物
1993	鉄鋼・金属製品	繊維類	農水産物	化学製品	繊維類	その他の品目	その他の品目	農水産物	鉱産物	機械電子
1994	鉄鋼・金属製品	繊維類	繊維類	その他の品目	農林産物	化学製品	その他の品目	鉄鋼・金属製品	水産物	農水産物
1995	鉄鋼・金属製品	繊維類	繊維類	化学製品	農林産物	その他の品目	その他の品目	鉄鋼・金属製品	鉱産物	農水産物
1996	鉄鋼・金属製品	繊維類	繊維類	化学製品	農林産物	その他の品目	その他の品目	機械電子	水産物	農水産物
1997	鉄鋼・金属製品	繊維類	繊維類	化学製品	水産物	軽水炉物資	化学製品	その他の品目	農林産物	農水産物
1998	繊維類	機械類及び運搬用機械	農林水産物	繊維類	鉄鋼・金属製品	非鉄金属鉱物製品	その他の品目	一次産品	電気及び電子	化学工業製品
1999	農林水産物	一次産品	鉄鋼・金属製品	機械類及び運搬用機械	鉱産物	電子及び電気	その他の品目	繊維類	繊維類	化学工業製品
2000	農林水産物	電子及び電気	鉄鋼・金属製品	一次産品	その他の品目	非鉄金属鉱物製品	鉱産物	機械類及び運搬用機械	繊維類	化学工業製品
2001	農林水産物	農林水産物	鉄鋼・金属製品	機械類	鉱産物	化学工業生産品	その他の品目	電子及び電気	生活用品	繊維類
2002	農林水産物	農林水産物	その他の品目	機械類	鉄鋼・金属製品	電子及び電気	鉱産物	繊維類	化学工業製品	生活用品
2003	農林水産物	その他の品目	鉄鋼・金属製品	電子及び電気	鉱産物	機械類	化学工業製品	農林水産物	生活用品	鉱産物
2004	農林水産物	電子及び電気	鉄鋼・金属製品	機械類	鉱産物	鉱産物	繊維類	農林水産物	生活用品	繊維類
2005	農林水産物	電子及び電気	鉄鋼・金属製品	機械類	鉱産物	農林水産物	繊維類	繊維類	生活用品	プラスチック、ゴム及び皮革製品
2006	農林水産物	機械類	鉄鋼・金属製品	電子及び電気	鉱産物	繊維類	生活用品	農林水産物	その他の品目	鉱産物
2007	農林水産物		鉱産物		鉄鋼・金属製品		機械類		電気及び電子	
2008	農林水産物		鉱産物		鉄鋼・金属製品		化学工業製品		電気及び電子	
2009	農林水産物		鉄鋼・金属製品		鉱産物		電気及び電子		化学工業製品	
2010	農林水産物		雑製品		電気及び電子					

（注）空欄は数値がないもの。2007 年以降は搬出入合計で表示されるようになった。2010 年 5 月 24 日の独自制裁で，
　　　一般交易はほぼゼロになったので，実質的に意味のあるのは 2009 年までの数値である。

（出所）韓国・統一省『南北交流協力動向』各号より筆者が整理して作成。

107

表 4 -12　委託加工の品目的特徴

年	1 位	2 位	3 位	4 位	5 位
1998	繊維類	電子及び電気	生活用品	プラスチック，ゴム及び皮革製品	雑製品
1999	繊維類	電子及び電気	その他の品目	化学工業生産品	機械類及び運搬用機械
2000	繊維類	電子及び電気	農林水産物	その他の品目	化学工業生産品
2001	繊維類	電子及び電気	生活用品	農林水産物	鉄鋼・金属製品
2002	繊維類	電子及び電気	農林水産物	生活用品	機械類
2003	繊維類	電子及び電気	生活用品	農林水産物	機械類
2004	繊維類	電子及び電気	生活用品	農林水産物	機械類
2005	繊維類	電子及び電気	生活用品	機械類	鉄鋼・金属製品
2006	繊維類	電子及び電気	生活用品	農林水産物	鉄鋼・金属製品
2007	繊維類	農林水産物	電子及び電気	生活用品	鉄鋼・金属製品
2008	繊維類	農林水産物	電気及び電子	生活用品	鉄鋼・金属製品
2009	繊維類	電子及び電気	農林水産物	生活用品	鉄鋼・金属製品
2010	繊維類	電気及び電子	農林水産物	生活用品	鉄鋼・金属製品

（注）2010年5月24日の制裁措置で委託加工交易が停止された。
（出所）韓国・統一省『南北交流協力動向』各号より筆者が整理して作成。

ここでは実数を表示しなかったが，実際には繊維類が少なくとも6割以上（多い年には8割程度）を占めている。南北間での委託加工の主要品目は衣類の賃加工が主で，それに農産物の加工や電子部品の加工など，労働集約的な作業が必要とされる分野に集中している。これらの分野においては，南北の補完性が存在し，商業的な取引として成立している。したがって，李明博政権に入ってからの対北経済制裁措置など，政府の規制が入らない限りは，人件費などの製造原価の低い地域での生産にシフトしていく傾向が南北経済関係にもみられ，委託加工（あるいは北の企業が製造したものを一般貿易で購入する）が増加していく傾向にある

といえよう[80]。

(4) 非商業性取引排除の問題

　表4-9で，非商業性取引と表示されているものがあるが，これはほとんどが南の北に対する支援であり，金額的には搬出に大きく現れる。1990年代の後半から開城工業団地の建設が始まり，開城工業団地関連のカテゴリーが数値的に大きくなるまでの約5年間，南北交易額の3～4割を占めており，北朝鮮の貿易に占める韓国の割合を計算する際にはこれを排除する必要がある。具体的には，次項においてこの数値を排除した数値で計算を試みる。

6.3　北朝鮮にとっての南北交易
(1) 北朝鮮の貿易相手国の構成と対外貿易に占める南北交易の比率

　北朝鮮の貿易相手国は，ソ連・東欧の社会主義政権が健在で，社会主義国際市場が存在していた1980年代後半から90年まではソ連が圧倒的な比率を占めていた。しかし，その後，深刻な経済危機から回復基調に入り始めた1990年代の後半には，中国が1位，日本が2位，韓国が3位となっていた。2002年の第1回日朝首脳会談以降，拉致問題のために日朝貿易額が減少するにつれ，中国と韓国のシェアが高まっていくのが表4-13から読み取ることができる。

　21世紀に入り，特に2003年以降，北朝鮮の対外貿易に占める中国の割合が急増していった。これにともない，中国と韓国が圧倒的な割合を持つ（北朝鮮が中韓の2国に貿易を依存している）状態は明確であるものの，北朝鮮の対外貿易に占める中国の割合は70％を超え，圧倒的なものとなっている。これに対して，韓国の割合は20％台前半となっており，中国との格差は開くばかりである。これは北朝鮮の主要輸出産品である無煙炭やその他の鉱産物の多くが中国市場へと売られ，これらの対象への中国からの投資の受け入れが増加している経済交流のトレンドと，開城工業団地や金剛山観光以外の対象には，韓国がなかなか手が出せていない南北経済交流の現状，それに2008年以降の南北関係の悪化による経済制裁措置の発動や往来制限による経済交流の退潮といった現象を理由としてあげることが

80）宮本［2008］の指摘するとおり，委託加工による製品の市場（需要者）である韓国経済の
　動向も委託加工貿易の増減を規定する重要な要素である。

表4-13　北朝鮮の貿易相手国のシェア

	1989	1990	1991	1992	1993	1994	1995	1996	1997	1998	1999	2000	2001	2002
中　国	11.6%	10.2%	20.8%	23.2%	29.9%	25.2%	21.5%	23.5%	24.5%	24.8%	20.4%	20.4%	27.6%	27.5%
ソ連・ロシア	52.3%	57.2%	12.4%	9.8%	7.6%	5.6%	3.3%	2.7%	3.1%	3.9%	2.8%	1.9%	2.6%	3.0%
日　本	10.2%	10.0%	17.3%	16.0%	15.7%	19.9%	23.2%	21.5%	18.3%	23.7%	19.3%	19.3%	17.8%	13.8%
韓　国	0.4%	0.3%	3.8%	5.8%	6.2%	7.8%	11.2%	10.5%	11.2%	11.2%	13.8%	12.9%	10.8%	15.9%
タ　イ	N/A	N/A	N/A	N/A	N/A	N/A	N/A	N/A	N/A	N/A	2.1%	8.7%	4.9%	8.1%
インド	N/A	N/A	N/A	N/A	N/A	N/A	N/A	N/A	N/A	N/A	7.9%	7.4%	5.9%	7.1%
ブラジル	N/A	N/A	N/A	N/A	N/A	N/A	N/A	N/A	N/A	N/A	N/A	N/A	N/A	N/A
その他	25.4%	22.3%	45.7%	45.2%	40.6%	41.4%	40.9%	41.9%	42.9%	36.4%	33.7%	29.4%	30.5%	24.7%
合計	100.0%	100.0%	100.0%	100.0%	100.0%	100.0%	100.0%	100.0%	100.0%	100.0%	100.0%	100.0%	100.0%	100.0%

	2003	2004	2005	2006	2007	2008	2009	2010	2011	2012	2013	2014	2015
中　国	36.0%	42.0%	38.9%	41.1%	45.9%	50.5%	53.0%	58.9%	70.2%	68.5%	77.2%	69.0%	63.7%
ソ連・ロシア	4.2%	6.5%	5.5%	5.1%	3.7%	2.0%	1.2%	1.9%	1.4%	0.9%	1.2%	0.9%	0.9%
日　本	9.3%	7.7%	4.8%	2.9%	0.2%	0.1%	0.1%	0.0%	0.0%	0.0%	0.0%	0.0%	0.0%
韓　国	15.9%	13.3%	23.7%	27.6%	31.6%	30.8%	32.5%	32.1%	21.2%	22.4%	13.4%	23.5%	30.2%
タ　イ	8.9%	10.0%	8.1%	9.0%	5.3%	1.4%	0.9%	0.9%	0.5%	0.7%	1.1%	0.8%	0.6%
インド	5.6%	4.1%	0.9%	2.8%	2.9%	1.5%	1.0%	0.4%	0.4%	0.3%	1.2%	0.9%	0.9%
ブラジル	N/A	N/A	N/A	N/A	1.6%	1.5%	1.0%	0.4%	0.4%	0.3%	0.3%	0.5%	0.1%
その他	20.1%	16.4%	18.1%	11.4%	8.7%	11.5%	10.1%	4.9%	5.7%	6.7%	5.6%	4.4%	3.6%
合計	100.0%	100.0%	100.0%	100.0%	100.0%	100.0%	100.0%	100.0%	100.0%	100.0%	100.0%	100.0%	100.0%

（出典）韓国統一省『남북교류협력동향』各号，大韓貿易投資促進公社『북한의 대외무역동향』各号

できる。

(2)　北朝鮮経済における南北交易が持つ意味

　では，北朝鮮経済における南北交易が持つ意味は現状では何なのだろうか。ま
ず，前述した一般交易と委託加工については，南北間で補完性が存在し，南北双
方で民間企業主体の採算ベースでの取引がなされている。これらの取引について
は，南北間の取引であるというよりは，それぞれの国の比較優位による分業であ
ると考えることができよう。外貨が不足している北朝鮮にとって，委託加工によ
る外貨収入が入ることは経済上大きな意味がある[81]。

81）韓国でも議論がなされているように，この外貨が何に使われるのかわからない，核兵器や
　大量破壊兵器の開発に使われる可能性があるのはそのとおりであろう。しかし，これまで輸
　出指向型産業を持たないできた北朝鮮が，委託加工による外貨獲得を通じてその経済を国際
　市場とリンクさせたものに変化させていく可能性を閉ざしてしまうことは，北朝鮮の国際市
　場への編入という，国際的な意義の高い変化を阻害することにつながり，北朝鮮の変化可能
　性の芽を摘むことにもなりかねない。本節ではこの問題については解答を出すことはできな
　いが，国際社会が北朝鮮の対外開放のメリットと核開発のデメリットを比較衡量していく必
　要があるのではないだろうか。

第4章 北朝鮮の対外経済関係

　現在は行われていないが，協力事業に属する金剛山および開城における観光事業は，モノのやりとりもさることながら，観光サービスの提供によるサービス収入[82]や携帯品として搬入され，南北交易統計には計上されない物品販売収入による北朝鮮の外貨獲得効果が大きい。これも，北朝鮮にとっては外貨収入がもたらされるという意味で経済上の意義は大きい。しかし，南での独占的な事業者との間で事業が行われ，南北間の軍事境界線を超えての観光という，政治的，軍事的要因が作用する南北当局間の協力が必要なプロジェクトであるという側面も持ち合わせている。2008年の金剛山における観光客射殺事件により，観光事業が中断しているのも民間企業の判断ではなく，南の当局の判断であり，南北関係に依存する側面が大きい事業である。

　開城工業団地の事業は，南での独占的な事業者との間で事業が行われるばかりか，工業団地の造成，上下水道や廃棄物処理を含むインフラ整備や貸し工場の運営，南からの電力の供給などに韓国土地公社（実際には南の調達庁）や韓国電力を通じて公的，準公的資金が大量に投入されている準国営事業とも呼べるものである。この事業は，南北関係に紆余曲折はあっても，2013年春までは順調に運営されてきた。金額的には少ないが安定した賃金収入があり，企業の業績を外形的に判断する税制が作られれば，北朝鮮が相当多額の税収を得ることもできなくはない地域である。軍事境界線に隣接し，もともとは要衝であった土地であるが，南北双方が簡単に捨て去ることができない，南北関係の鎹（かすがい）とも呼べる地域である。その意味で，現在は南北双方にとって負担が大きいだろうが，将来的に南北間での経済共同体を指向する上での練習台としての意義は大きい。

　2013年2月12日，北朝鮮は3度目の核実験を行い，これに対し国連安全保障理事会は決議第2094（2013）で追加制裁を決議した。米国と韓国は同年3月から4月にかけて，両国軍の共同軍事演習「キー・リゾルブ」「フォール・イーグル」を行った。北朝鮮はこれに対し，2013年3月5日に朝鮮戦争の休戦協定の白紙化を宣言する朝鮮人民軍最高司令部スポークスマン声明を出した[83]。同時に，開城工業団地については同年3月30日，同事業を統括する中央特区開発指導総局スポークスマン声明を通じ，「開城工業地区事業の運命」は南当局の態度次第だと

82）南北交易統計には直接計上されない。

83）『朝鮮中央通信』2013年9月5日発。

111

する立場を表明した。朝鮮人民軍は同年4月3日，南側人員の同地区への通行を遮断した。朝鮮労働党の金養建書記が同月8日，「委任により」同地区で働いていた北側従業員を全員撤収させ，事業を暫定中断し，その存廃を検討する旨の談話を発表した。同年4月下旬には撤収が開始された[84]。その後，7回の対話を経て，同年8月14日に南北両政府が開城工業地区の操業を再開する方針に合意し[85]，同年9月16日から操業が再開した[86]。

　その後は順調に稼働していた開城工業団地であるが，2016年2月10日，北朝鮮による弾道ミサイル発射実験を受け，韓国政府は，開城工業地区から北朝鮮へ流入する通貨が，兵器開発に流用されることを防ぐとして，開城工業地区の操業停止と韓国人の引き揚げの措置を行った[87]。これに対して北朝鮮は翌11日に（1）同日10時から開城工業地区と隣接した軍事境界線の全面封鎖，北南管理区域の西海線陸路の遮断，開城工業地区の閉鎖，軍事統制区域に指定，（2）南側人員を11日午後5時までに全員追放，（3）南側の企業と関係機関の設備，物資，製品などすべての資産の全面凍結，（4）北南間の軍通信と板門店連絡通路の閉鎖，（5）北側勤労者の全員撤収を発表した[88]。

6.4　おわりに

　本節では，一貫性のあるデータの提供が行われてこなかったことから，あまり本格的な統計数値の分析が行われてこなかった南北交易統計の構造を解析し，どの部分が交易（貿易）にあたり，どの部分が支援にあたるのかを明確にした上で，北朝鮮の対外貿易の中での南北交易の位置を明らかにすることを試みた。開城工

84）「〈そこが知りたいQ＆A〉開城工業地区事業はどうなるの？」『朝鮮新報』2013年4月11日付。［http://chosonsinbo.com/jp/2013/04/0411mh-01/］（最終アクセス2017年8月24日）

85）「開城工業地区，第7回北南実務会談，正常化に向け合意」『朝鮮新報』2013年8月20日付。［http://chosonsinbo.com/jp/2013/08/0820mh-03/］（最終アクセス2017年8月24日）

86）「開城工業地区が再稼動／166日ぶり，喜びの声」『朝鮮新報』2013年9月21日付。［http://chosonsinbo.com/jp/2013/09/0921mh-01/］（最終アクセス2017年8月24日）

87）「韓国，開城工業団地の操業停止へ　北朝鮮のミサイル発射受け」『ロイター通信』2016年2月10日発。［http://jp.reuters.com/article/kaesong-suspend-idJPKCN0VJ0TQ］（最終アクセス2017年8月24日）

88）「開城工業地区の閉鎖をせん明／祖国平和統一委員会が声明」『朝鮮新報』2016年2月12日付。［http://chosonsinbo.com/jp/2016/02/20160212suk/］（最終アクセス2017年8月24日）

第4章　北朝鮮の対外経済関係

業団地の統計については，準国営事業ともいえる部分があるものの，南北交易統計からはその影響を明確に切り分けることは難しい。この問題の解析は，今後，開城工業団地における投資総額における公的投資の割合を求めるなどして，できるだけ早い時期に明らかにしていきたい。

　北朝鮮の貿易において，韓国が占める割合は近年下がりつつある。しかし，この事実だけをもって北朝鮮経済における南北交易の重要性が同じように下がりつつあるとまではいえない。金剛山観光や開城工業団地など，韓国が相当の投資を行って北朝鮮の観光資源や人力資源を利用する経済交流は，貿易を中心とした民間企業の取引が中心の中朝経済関係とは異なり，将来の民族経済共同体の創設を目指した投資としての性格が強く，これらのプロジェクトの成否は単なる外貨収入の多寡とは切り離して考える必要があろう。一般交易と委託加工については，一般的な貿易取引と変わるところはなく，南北当局間の緊張による貿易制限がなければ，今後も当分の間持続的に拡大していくのではないかと思われる。

　北朝鮮経済において，南北交易は一般交易と委託加工において，国際市場との取引としての側面を強く持ち，経済協力事業においては，南北間での経済共同体の創設へと向けた投資（プロジェクト全体では，必ずしも採算ベースにのせることを必須の要素としない）の側面が強く，南北経済交流が開始された経緯から考えても，韓国の思うペースに北朝鮮がついてくることには無理がある。したがって，南北間での信頼醸成が進まない状況では，一般交易と委託加工が主体となって経済交流が先に進んでいく形を取り，ある程度信頼醸成が進んだ場合に，開城工業団地のような相当の投資をともなう経済協力事業が前進する形をとる。ただし，2010年以降の韓国による経済制裁措置や2013年の開城工業団地の操業中断問題を見ると，南北間にはまだ信頼醸成ができておらず，南北経済関係が政治状況に大きく翻弄される時代はまだ終わっていない，と言わざるをえない。しかしこれはある意味，南北経済交流の性質に内在する問題であり，表面的に南北関係が好転したとしても底流には不安定な要素がかなり長い間存在し続けるであろう。

7　おわりに

　本章では，北朝鮮の対外経済関係のうち，主要な4つの対象（日本と旧ソ連・ロシア，中国，朝鮮半島の南北経済関係）について主に紹介を行った。

日本との経済関係については，21世紀に入ってから日本の独自制裁や国連安保理決議に基づく国際的な制裁などにより，日朝貿易がゼロになったが，前述した通り，日朝貿易は朝鮮戦争終結後間もない時期に民間主導で始まり，これまでその関係が維持されてきた。このことは，多くの日本人に知ってほしい事実である。北朝鮮にとって，日本はアジアで唯一の先進資本主義国であり，資金や技術の導入において，きわめて重要な意義をもつ国である。1970年代には日本からも大量のプラント類が繰り延べ払いで輸出され，最終的に債務償還が滞ったものの，北朝鮮の工場には1990年代の終わりまで，日本製の設備が輸出され続けた。日本の自動車も北朝鮮では丈夫で長持ちするとして人気があり，2017年4月現在でも北朝鮮国内や朝中貿易において現役で利用されている。このような日本製の設備や自動車などは，北朝鮮の人々が身近に日本を感じることができるいわば日本の代名詞であり，90年代までの北朝鮮においては，日本と国交がないなか，北朝鮮の人々は政治的な対立関係とは切り離して，日本製品を高級品として珍重してきた。日本は日本製品を通じて，北朝鮮に影響力を行使してきたといっても過言ではない。今後の日朝関係を考えるとき，日朝経済関係は日本にいるわれわれが感じるよりもはるかに北朝鮮にとって大きな意味を持つであろうことをわれわれは自覚しておく必要があるだろう。

　北朝鮮と旧ソ連・ロシアとの経済関係は，日本の植民地であった朝鮮の北緯38度線以北を占領した時から，朝鮮戦争後の復興を通じて，1960年代末まで北朝鮮の方向性を大きく方向付けるものであったと言えるだろう。ただしこれは，朝ソ，朝ロ関係が北朝鮮の方向性を大きく左右したことの従属変数であり，経済が朝ソ，朝ロ関係を左右したというわけではないかもしれない。北朝鮮のさまざまな文物にソ連の痕跡があり（それよりも少ないが日本の痕跡もはっきりと残っている），北朝鮮の国作りにソ連が与えた影響はきわめて大きい。北朝鮮が米国と単独で対峙せざるを得なくなったものも，元はといえばソ連が崩壊したからであった。現在の朝ロ経済関係は，中国の圧倒的影響力の下，それほど顕著であるとは言えないが，北朝鮮にとっては，日本や米国との関係が正常化していない現状で，中国をヘッジする上で，数字で見るよりも大きな存在感があると言えよう。逆に言えば，日米との関係が正常化した後には，朝ロ経済関係はより現実的でビジネスライクな関係になっていくのかもしれない。

　北朝鮮と中国の経済関係は，社会主義兄弟国であるという観念的な関係よりも，

第4章　北朝鮮の対外経済関係

朝鮮戦争時の中国人民志願軍の参戦しかり，国境を接する平安北道や慈江道，両江道，咸鏡北道，羅先特別市と中国の遼寧省や吉林省の関係が中央政府間の関係とは別の位相を持つことがあることしかり，古代より地続きの隣国であり，現在では1420キロの国境線を接する隣国としての現実的な関係の方が強いと言えよう。21世紀に入り，朝中経済関係は新たな段階に入り，貿易や投資の関係が日増しに緊密になりつつある。この傾向がどこまで続くかは分からないが，地域大国からグローバルパワーへと脱皮しつつある中国を隣国に持つ北朝鮮にとって，その力を利用しない手はない。政治的関係には波動があるであろうが，経済関係は案外順調に推移するかもしれない。同時に，北朝鮮経済が対外経済関係において中国経済に相当依存していることは事実であり，北朝鮮もその否定的側面を十分に理解している。北朝鮮が今後，対外開放を進めていくとすれば，南北経済関係や日朝経済関係，朝ロ経済関係の振興を通じて，中国依存のリスクヘッジを行う可能性は十分にある。

　南北経済関係は，分断国家の当事者間での取引であり，双方の政治的な事情が経済に優先することを見せつけてきた歴史であった。しかし，そのような極度の対立の中でも，双方の指導者のイニシアチブの下で，以前には考えられなかったような経済交流が可能になったのも事実である。南北間の経済格差は大きく，すでに体制競争に勝負はついたと思われがちであるが，少なくとも南北の政治関係においては北側のイニシアチブには経済力以上の力がありうる。今後，北東アジアをめぐる国際政治的環境に変化が見られれば，南北経済関係にも大きな変化が見られていくであろう。

■第5章■ 東西冷戦の終了と新たな国際秩序の中での北朝鮮経済

1　はじめに

　本章では，1980年代末〜90年代の初めにかけて，東西冷戦が旧ソ連・東欧の社会主義政権が崩壊することで終了し，新たな国際秩序が作られていく中で，北朝鮮の経済がどのような影響を受け，また変化を遂げたのかについて明らかにしていく。

　外交や安全保障の面から見ると，旧ソ連・東欧の社会主義政権の崩壊とそれにともなう社会主義世界市場の喪失は，東西陣営の最前線で東側陣営を代表する形で西側陣営を代表する韓国や日本，米国と対立してきた北朝鮮にとって，それらの国々と独力で対峙することを強いられる，極めて困難な状況を作り出した。北朝鮮は1992年4月9日の憲法改正でその外交原則を，プロレタリア国際主義から「自主，平和，親善」に変更したが，これは北朝鮮なりに西側諸国との関係改善を目指した結果であった。

　韓国は米国との同盟関係を維持したまま1989年から90年にかけてソ連や東欧諸国と，92年には中国との国交を正常化し，東西冷戦終了後の新たな国際秩序にうまく適応することに成功した。しかし，北朝鮮は日米との国交正常化に現在に至っても成功しておらず，逆に92年には隣国であり，社会主義の兄弟国としてそれまで付き合ってきた中国にも中韓国交正常化という形で裏切られ，極めて孤独な環境の中で新たな国際秩序に対応していくことを求められた。

　その答えとして，北朝鮮が自国の安全を保障するためにとったのは，冷戦期に旧ソ連から与えられてきた「核の傘」を自国で確保することであった。北朝鮮の核，ミサイルの開発が東西冷戦の終了後に急に本格化したのは，このような経緯があったためである。東西冷戦終了後の北朝鮮経済は，北朝鮮がおかれたこのよ

117

うな困難な状況を理解せずに論ずることはできない。

2 旧ソ連・東欧の社会主義政権崩壊，中韓国交正常化と社会主義世界市場喪失

2.1 ペレストロイカと東欧革命の進行，ソ連崩壊

　1985年3月，ソ連共産党の書記長に就任したゴルバチョフは，翌86年4月の党中央委員会総会で「ペレストロイカ」路線を打ち出し，政治の民主化と「グラスノスチ」（公開性）の推進によりソビエト体制の改革に着手した。外交面では，米国との協力と軍縮の進展につとめ，1988年にはアフガニスタンからの撤兵を表明して，翌年に撤兵を完了した。さらに中国や韓国など隣接諸国との関係改善をめざすなど，冷戦外交からの脱却をはかった。88年3月の「ソ連・ユーゴ共同宣言」（新ベオグラード宣言）では，各国それぞれの社会主義の道を認め，それまでソ連が維持してきた制限主権論（ブレジネフ・ドクトリン）を否定した。

　これを契機に，ポーランド，ハンガリーなどで民主化の動きが加速し，「東欧革命」と呼ばれる一連の変化が起こっていった。1989年5月には，ハンガリーがオーストリアとの国境を開放し，同年8月初め頃にはハンガリー・オーストリア国境地帯には，越境を求める東ドイツ市民で溢れるようになった。同年8月19日に，ハンガリーの民主派勢力の計らいで1000名ほどの東ドイツ市民がオーストリアへと越境した（汎ヨーロッパ・ピクニック）。その後，多数の東ドイツ市民が西ドイツへの脱出を試みて，大挙してハンガリー，チェコスロバキアに押しかけた[1]。ベルリンの壁の持つ意味は相対的に低下し，同年11月9日には，東ドイツ政府が突如市民の旅行の自由化を発表し，ベルリンの壁崩壊がもたらされた。

　ベルリンの壁崩壊によって，東ドイツは自壊し，1990年10月3日には，旧東ドイツの4州が西ドイツに加入する形での吸収統一が行われ，東西ドイツは「再統一」した。翌91年8月19日には，ソ連で守旧派の党官僚によるクーデター（「ソ連8月クーデター」）が失敗し，ソ連邦とソ連共産党の崩壊を決定的なものにした。ゴルバチョフは直ちにソ連共産党の解体を指示した。同年12月8日にはベラルーシのベロヴェーシでソ連邦の消滅と独立国家共同体（CIS）の創立が宣言

1）三浦元博・山崎博康［1992］81～82頁。

（ベロヴェーシ合意）され，さらに同年12月25日にはゴルバチョフはソ連邦大統領辞任を決意し，辞任と同時にクレムリンに掲げられていた赤旗も降ろされ，ソ連崩壊を象徴する出来事となった。

2.2　旧ソ連・東欧の社会主義政権崩壊と朝鮮半島

　1980年代の終わり，「東欧革命」で先行していた東欧諸国が次々と韓国と国交を正常化していった。1989年2月にはハンガリーが韓国と国交を正常化し，同年11月には韓国とポーランドが，1990年2月にはチェコスロバキアが，3月にはモンゴルが，そして10月にはソ連が韓国と国交正常化している。これに対して，北朝鮮はこれを「兄弟国の裏切り」として非難したが，その流れを止めることはできなかった。また，ソ連・東欧の崩壊にともなう冷戦終結への流れは，北東アジアにも大きな影響を与え，1992年8月には中国と韓国が国交正常化を行っている。

　北朝鮮は，1984年の金日成のソ連・東欧諸国の歴訪を通じて，これらの国々からの支援を増加させるべく，様々な協定を締結した。社会主義国との貿易増強を通じて，経済復興を図ろうとしたのである。図5-1のように，北朝鮮の対外貿易総額は1985年には30億ドル強であったが，1988年には52.5億ドルを記録している。この急激な貿易の伸びは，図5-2のように，旧ソ連との貿易拡大によって実現されたものであった。

　ペレストロイカが実施され，ソ連社会主義が解体していく過程の前半は，北朝鮮から見ればソ連からの支援が増加する時期であった。北朝鮮から見れば，ソ連の取っている路線は修正主義に他ならない内容であったが，経済的にはある程度満足のいく状況であったといえる。

　しかし，ペレストロイカの進行により，ソ連を中心とする欧州の社会主義圏に急激な変化が生じた。混乱の影響から，北朝鮮の対外貿易総額は1988年をピークにして減少していった。ソ連崩壊の1991年には朝ソ貿易が前年比で5分の1以下となった。北朝鮮は，最大の後ろ盾となる社会主義世界市場を失うことになり，一転して大ピンチに陥った。

　ソ連，東欧の社会主義政権が崩壊することによって，東西の境界に位置する分断国家として米国と対立し，韓国と体制競争を行ってきた北朝鮮にとっては軍事的な後ろ盾も失うこととなった。さらに，冷戦の終結という世界的な流れは，北東アジアにも波及し，翌1992年9月には中国が韓国との国交正常化を行った。こ

図 5-1　北朝鮮の対外貿易総額（1985〜94年）

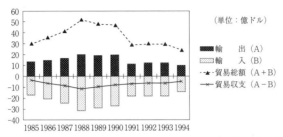

（出所）韓国・大韓貿易振興公社（以下，KOTRAと略す），韓国・統一省

図 5-2　北朝鮮の国別貿易総額（1985〜94年）

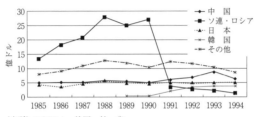

（出所）KOTRA，韓国・統一省

れまで北朝鮮を支えてきたプロレタリア国際主義が，政治的にも，軍事的にも，経済的にも音を立てて崩れていったのが，1980年代後半から1990年代初めの時期である。

このような危機への対応のひとつとして1992年4月9日に19年半ぶりに行われた憲法改正がある[2]。この改正では，外交の基本原則を「自主，平和，親善」とし，旧憲法にあった「マルクス・レーニン主義とプロレタリア国際主義，社会主

---

2) この憲法改正では，外交の原則に関して，1972年憲法で「朝鮮民主主義人民共和国は，対外関係において完全な平等権及び自主権を行使する。」「国家は，マルクス・レーニン主義及びプロレタリア国際主義原則で社会主義国と団結し，帝国主義に反対する世界すべての国の人民等と団結して，彼らの民族解放闘争及び革命闘争を積極的に支持声援する。」（第16条）と規定していたものを「自主，平和，親善は，朝鮮民主主義人民共和国の対外政策の基本理念であり，対外活動の原則である。」「国家は，自主性を擁護する世界人民と団結してあらゆる形態の侵略と内政干渉に反対し，国の自主権及び民族的，階級的解放を実現するためのすべての国の人民の闘争を積極的に支持，声援する。」（第17条）へと変更した。

義国との団結」が削除され，「国家は，わが国を友好的に遇するすべての国家と，完全な平等及び自主性，相互尊重及び内政不干渉，互恵の原則において，国家的又は政治，経済，文化的関係を結ぶ。」（第17条）が変更されずに残った。この憲法改正は，社会主義国との団結によって自らの安全が保障できなくなった事実を認め，そのうえで，自国を友好的に遇してくれるならば，資本主義国との関係を改善する用意があることを宣言したものと言える[3]。しかし，北朝鮮は現在も日本と米国とは国交を正常化しておらず，東西冷戦期の対立がそのまま残った形となっている。

3　危機の中での再出発の試み──「党の戦略的方針」

1993年12月8日，朝鮮労働党中央委員会第6期第21回総会における，前述した第3次7カ年計画の総括報告において，その後2～3年を「社会主義建設の緩衝期」とし，同期間に「農業第一主義，軽工業第一主義，貿易第一主義」を取るという「党の戦略的方針」（新経済戦略）が提示された。その後の経済的苦境で，この緩衝期は結局，1997年まで延長されることになる。

第2章でも述べたように，北朝鮮は重工業，特に軍事工業を優先した経済建設を行う政策を朝鮮戦争後以来堅持してきた。農業第一主義や軽工業第一主義は，これまで重工業優先の経済政策のために犠牲となっていた，国民生活に必要な食料や生活必需品の生産を担う，農業と軽工業の優先順位を重工業よりも上げるという，経済政策の歴史的転換であった。また，貿易第一主義とは，すでに前年の1992年に政務院が，輸出産業振興が対外貿易事業における「革命的転換」[4]であると発表することで事実上変更されていた原則を，朝鮮労働党の政策として追認することを意味した。「輸出品生産拡大」という概念の導入は，国民経済において基本になるものや大量に必要になるものは自力で生産し，国内に存在しないものや不足するものを輸入するという「有無相通」の原則を修正し，貿易を外貨獲

3）現実に，北朝鮮は日本との国交正常化交渉を積極的に行うようになり，2000～01年にかけて，フランス，エストニアを除くEU諸国やカナダ，ニュージーランドとの国交を正常化した。

4）『民主朝鮮』1992年2月26日付。

得の手段ととらえようとするものであった。

　北朝鮮の経済政策において，国民生活の向上を明確に打ち出した政策が立案されたのは，旧ソ連や東欧において社会主義体制が次々と崩壊していったことと無関係ではない。旧ソ連，東欧の崩壊後すぐに，北朝鮮は社会主義を堅持し，中国のような改革・開放政策をとらないことを表明したが[5]，同時に国民生活が向上しなければ，国民は社会主義に対して希望を持ち得ず，労働意欲も伸びないという認識のもと，政治教育を先行させながらも，物質的刺激をタブー視しない考え方が生まれてきた。これは，21世紀に入り，新年共同社説[6]で2005年から農業生産を増やし，国民の「食」の問題解決を重視する政策が出され，2007年からは軽工業の振興を通じた総合的な国民生活の向上と経済成長が重要課題として提起されるようになったことと通底する考え方である。

3.1　農業部門での変化

　農業分野での変化は，主に分組制改革，農民市場の容認，自然災害と農業の疲弊にともなう農業政策の変化をあげることができる。

(1)　分組管理制改革

　1996年7月23日，羅津・先鋒自由経済貿易地帯への投資促進セミナーのために来日した北朝鮮の金正宇対外経済協力推進委員会委員長（当時）は大阪で朝日新聞の記者と会見し，北朝鮮においても1996年から一部地域の協同農場において分組管理制を導入し，生産目標を超過した場合に，国家は生産物を分組に渡し，その生産物の処分権を分組に与えるようにしたことを認めた[7]。生産目標は各分組毎に過去3年間の平均収穫高と，それ以前の過去10年間の平均収穫高を足して2

5）金日成「わが国の社会主義の優越性をさらに高く発揚させよう―朝鮮民主主義人民共和国最高人民会議第9期第1回会議で行った施政演説1990年5月24日」『金日成著作集』第42巻，平壌：朝鮮労働党出版社，1995年。

6）新年共同社説とは，金日成時代の主席による「新年の辞」に代わり，金正日時代に前年の総括とその年の施政方針を示すものとして重視されたものである。金日成の逝去後の1995年から金正恩による「新年の辞」が復活する前年の2012年まで，毎年1月1日付で，朝鮮労働党機関紙『労働新聞』，朝鮮人民軍機関紙『朝鮮人民軍』，金日成社会主義青年同盟機関紙『青年前衛』の3紙に掲載されていた社説を指す。

7）文浩一［1999］39頁

で割った量より若干低く設定された[8]。

　この分組管理制の実施により，集団主義的要素を残しながらも，物質的誘引を行えるよう制度設計がなされた。余剰生産物は次に述べる農民市場を通じて販売されるようになっていた。しかし，21世紀に入ってからの圃田担当責任制などの変化を見ると，この時期の改革措置はまだ全面的なものではなく，生産を大幅に刺激するほどのインパクトをもたらすことはなかったようである。

(2) 農民市場

　農民市場は，農民が自留地経営によって得られた作物や，国家に納入する生産目標を超過した余剰農産物を販売することができる，旧ソ連のコルホーズ市場に類似した一種の自由市場である。また，1999年には，都市勤労者に対しても一世帯あたり30平方メートルの自留地が与えられていることが報告された[9]。1993年に改正された民法では第155条が「公民が生産した副業農産物は，農民市場においてのみ生産者と消費者間に合意された価格で売買することができる」と規定している。このように農民市場では，国家の統制価格ではなく，市場価格で農産物が取り引きされることが許容されていた。

　北朝鮮では農民市場は，農民の収入拡大とそれによる追加的な工業製品購入の可能性を通じて，農民の生産意欲を刺激する経済的なインセンティブの一部として考えられてきた。チェ・キョイン［1998］59-61頁によれば「農民市場価格に対して誤って干渉すれば，かえって闇取引を助長させうるし，したがってそれは住民の生活に不便を及ぼしうる」として，市場における価格形成メカニズムを敵視しないように主張している。その上で農民市場価格の安定が不可欠であるとし，農業生産物の買い上げ価格が農民市場の価格水準に大きな影響を与えることを指摘すると同時に，「軽工業第一主義方針を貫徹して，消費品生産を絶え間なく増やすことによってのみ保障される」としている。このように，北朝鮮においては農民市場が農民の生産意欲を刺激し，一方で食糧供給のチャネルとして期待されるようになってきた。

　8）金秀大［1997］23-24頁
　9）文浩一［1999］39頁

3.2　工業部門での変化

　工業分野においては，新経済戦略を採る以前から，重工業を基本とする路線には変更はないものの，部分的には一定の変化があった。1980年の朝鮮労働党第6回大会では金日成が[10]，1984年の朝鮮労働党中央委員会責任幹部協議会では金正日が[11]それぞれ国民生活を向上させるための施策を提起している。

　1984年12月の朝鮮労働党中央委員会第6期第10回総会では，生産の正常化，独立採算制などが討議され，1985年の新年の辞で金日成は経済管理の改善に言及した。国内経済を活性化させるために，1984年頃から国営企業の独立採算制の強化が重視されるようになった。この時期の独立採算制の強化には企業の経営活動における権限および責任の強化だけでなく，労働の結果に対する物質的刺激が強化されたことがある研究者によって指摘されている。姜日天［1987］62頁は，「労働の結果に対する物質的刺激の面でとくに注目される点は，基本賃金の保障の廃止といった言わば物質的刺激のネガティブな面も利用されるようになったことである」と分析している。ネガティブな物質的刺激は，2002年7月に行われた「経済管理改善措置」における社会主義分配原則の貫徹において政策に取り込まれた。同時期に国民生活の向上のために「軽工業革命」が行われ，廃品を回収して生活必需品を生産する「八・三大衆消費物資」生産運動も行われた。

　北朝鮮では1980年代から消費物資の生産を強化して，国民が国家の発展を肌で感じられるようにするための政策が行われてきたが，その後も生活必需品の不足は続き，状況はあまり好転しなかったようである。新経済戦略が始まってから，北朝鮮は重工業中心の経済戦略から消費財を生産すると同時に地方工業を発展させるようになり，1995年には地方工業が全生産量の約半分を占めるようなった[12]。一方で，軽工業の重視と投資の増加は，国の基幹産業である重工業への投資を削減させる要因となり，重工業の落ち込みを加速させる結果となった。重工業の落ち込みは，国防産業の落ち込みとほぼ同義であり，1998年に新経済戦略が見直される大きな原因となった。

---

10)　『労働新聞』1980年10月11日付。

11)　김정일［金正日］［1984］

12)　『月刊朝鮮資料』1995年5月号，62～64頁。

3.3 対外経済関係での変化

新経済戦略ではまた，貿易第一主義が掲げられた。社会主義世界市場が崩壊した現実をふまえ，「変化した環境に即して対外市場を積極的に開拓する」方針が取り入れられた。すなわち，北朝鮮の貿易第一主義とは主に，失われた社会主義世界市場に代わる市場と商品の開拓に主眼があった。また，1994年の朝米基本合意文が採択されるという国際環境の変化に応じて，「さまざまな国が共和国と積極的に交流を図ろうとする趨勢に転じた」[13]ことにより，積極的に販路を展開できる条件が整ったと判断したものと考えられる。

貿易においては，1980年代より貿易の多角化が模索されてきた。しかし，1970年代の累積債務問題のため，日本や西側諸国との取引は縮小し，発展途上国相互の貿易もそれほど振るわなかったので，ソ連および東欧，中国といった社会主義国との貿易に依存する体制は社会主義世界市場の崩壊まで変わらなかった。

1990年代に入ってからはタイ，インドネシアをはじめとする東南アジア諸国を重視するなど，失われた市場を回復するための一定の努力が行われた。また国家貿易と地方貿易を結合させた新貿易システムが導入された[14]。

外資導入の面でも変化が始まった。北朝鮮では1984年に合営法（合弁法）が公布され，実質上はじめて資本主義国を含む世界各国との経済協力を推進する姿勢を見せたが，1991年12月28日に羅津・先鋒自由経済貿易地帯が設置されるまでは，それほど活発に外資導入を行おうとはしなかった。

極めて深刻な経済状況を克服するため，国際的な協力関係も深化した。1990年代に入ってから，北朝鮮と国連開発計画（UNDP）や国連工業開発機構（UNIDO）などの国際機関の協力関係が深まっていった。成功はしなかったが，元山と南浦を保税加工地域とする計画もUNDPの資金援助を受けてUNIDOと提携しながら試みられ，またアジア開発銀行（ADB）加盟表明，国際通貨基金

13）『月刊朝鮮資料』1995年5月号，65頁。

14）新貿易システムでは，市場，販路を拡大するために，従来国家主導であった貿易に加えて，辺境貿易などさまざまなチャネルで行われるようになってきている。1996年には朝中国境の元汀橋（羅津・先鋒自由経済貿易地帯への入口）の近くにおいて市場が開かれ，中国との辺境貿易が開始された。このような取り組みの経験は，その後21世紀に入り，金正恩政権の下での「社会主義企業管理責任制」で貿易に関するさまざまな権限が各企業に与えられたことによってより活発になってきている。

（IMF），世界銀行加盟への動きが起こった。

4　金日成の逝去と「苦難の行軍」

4.1　対外関係改善の努力と金日成の逝去

　北朝鮮は，経済的苦境を脱するため，日本や米国，韓国との関係改善を目指した。日本とは比較的早く，1990年9月のいわゆる「金丸訪朝団」の訪朝を契機に1990年11月から12月にかけて予備交渉が3回開催され，91年1月から92年の11月にかけて8回の国交正常化交渉が行われた。対米関係では，1994年4月28日には北朝鮮外交部が，停戦協定を平和協定に転換し，朝鮮半島に「新たな平和保障体系」を構築することを主張する声明を出した。同年6月には南北間で首脳会談の準備協議が開かれ，南北首脳会談を7月に開催することが合意された。

　しかし，同年7月8日に，国家主席であった金日成が逝去した。南北首脳会談は一時延期となり，その後の弔問問題等で南北間のさや当てが続く中，北朝鮮は南北首脳会談に対する意欲を失っていった。南北首脳会談は一時延期となり，結局2000年6月まで南北首脳会談は行われなかった。

　対米関係では，1994年10月21日に核問題に関する「朝米基本合意書」が署名され，ひとまず危機を脱した。しかしこの時，北朝鮮が20年後も存在し続けると考えた人々は多くなく，合意は北朝鮮がもつ体制存続への不安を根本的に解消するものではなかった。そのため，北朝鮮は現在に至るまで，核，ミサイル開発を続け，冷戦後の朝鮮半島をめぐる新たな国際秩序の成立が難しくなる一因となった。

　金日成の逝去は北朝鮮に衝撃をもたらしたが，後継者は1974年にすでに金正日に決定しており，国家体制の崩壊は起きなかた。しかし，金正日が後継体制を制度的に固定し，本格的にスタートさせたのは，4年後の1998年であった。

4.2　苦難の行軍の開始と重工業優先路線の復活

　旧ソ連，東欧の崩壊により，経済政策の根本的変革を迫られた北朝鮮は，前節で述べた朝鮮労働党の「党の戦略的方針」（新経済戦略）により対応しようとした。しかし，社会主義世界市場の喪失により，すでに経済的に体力を失いはじめていた北朝鮮では，それ以前では考えられないような脆弱さを見せた。1995〜97年に相次いで起こった天災は，衰弱した北朝鮮経済が問題に対処できない現状を

126

反映した。工業部門でも炭坑や鉱山の水没，それに伴う電力不足や鉄鋼生産の沈滞，鉄道の正常運行の阻害などを引き起こし，新たな政策の実行を妨げた。

　歴史的な経済的苦境に陥った北朝鮮は，1996年の新年共同社説で「白頭密林で創造された苦難の行軍精神で生活し，戦って行こう」というスローガンを提起し，この後2000年10月の終了まで，「苦難の行軍」と題する政治キャンペーンが続けられた[15]。同共同社説は，鋭い政治軍事的緊張と執拗な経済封鎖，前例のない自然災害により，最も困難な環境の中で社会主義を建設していると指摘し，「苦難の行軍」精神で生き，たたかおうと呼びかけた。「苦難の行軍」精神とは，（1）自力で革命を最後まで行う自力更生の精神，（2）逆境の中でも敗北主義と動揺を知らず難関を克服していく楽観主義の精神，（3）安楽を願うことなく刻苦奮闘する不屈の精神であると定義した。

　1998年9月に発表された朝鮮労働党機関紙『労働新聞』と同機関誌『勤労者』の共同論説「自立的民族経済建設路線を最後まで堅持しよう」では重工業優先の発展戦略が提起されている。生産を正常化させるために「石炭工業，電力工業，金属工業，鉄道運輸をはじめとする人民経済の基幹部門に一層大きな力を入れる」必要があることを示している。これは重工業優先路線に再び入ったことを意味し，新経済戦略の終わりを告げるものであった[16]。

　ソ連，東欧の崩壊によるパラダイムの転換を，社会主義の堅持を基本としながら，新たな国際環境に合わせた経済の構築を行おうとした朝鮮労働党の「党の戦略的方針」とそれに基づく「農業第一主義，軽工業第一主義，貿易第一主義」の動きは，1995〜97年の天災とそれによる大規模な食糧難と飢餓の発生，鉱工業生産の低迷などを受けて，所期の成果を上げることができなかったばかりか，重工業の衰退を招いた。北朝鮮は基幹産業の復興のため，重工業優先の政策を再びとることになった。しかし，この「党の戦略的方針」が公式に失敗であったと宣言されることはなかった。

---

15) 『労働新聞』2000年10月3日付に掲載されたトン・テグァンによる政論で総括されるまで継続した。

16) 農業や軽工業を振興するための投資を行ったため，その投資が限られた資源を共有する重工業への投資を抑制する要因となり，重工業が衰弱する結果となったことを意味している。

4.3 国家による供給の停止と非国営経済主体の隆盛

　政治的，経済的混乱により，北朝鮮は能動的に経済管理を行う能力を喪失した。社会主義の看板はあるが，国家による食糧や生活必需品の供給には限界があり，1980年代以前のような「御恩と奉公」的な国家と国民の関係が成立しなくなった。1990年代後半の「苦難の行軍」時期には，配給制度が有名無実化し，国家を信じて待っていた人が多く死んだ[17]。表5-1のとおり，北朝鮮の国家予算収入と支出は，1994年のそれぞれ416億ウォン，414億ウォンから数値が再び発表されるようになった1998年にはそれぞれ198億ウォン，200億ウォンと半額以下に落ち込んでいる[18]。

　現在の北朝鮮国民は，その時でも国家による供給を受けられた一部のエリート層と，自分を信じて（時には他人を出し抜いて）生き抜いてきた強靱な庶民の両極に分化しているといえる[19]。多くの庶民は生活のために，国営部門以外の場所での収入や商品流通に従事するようになった。この一例が，以前から認められていた「農民市場」の闇市場化，すなわち取引品目（農民が自ら生産したもの以外の，工業製品などの取引は禁止されていた）や価格形成に対する国家的統制（基本的には販売者と購入者の合意で価格は決定されたが，価格の上限や下限が設定されていた）の無視である。

　人々は生きるために，個人間取引やそのような場を利用して，必要な食料や生活必需品を手に入れた。現在の北朝鮮のいわゆる「市場化」は，1980年代以降悪化しつつあった経済に対して人々が対応してきた過程で徐々に形成されてゆき，

---

17) 文浩一［2011］245頁は，この時期の死者をおおよそ33.6万人程度と推定している。

18) 非国営部門の経済活動が現在ほど活発でなかった当時においては，国全体の経済規模の推移もこれに類似したものであると考えられる。

19) 筆者がこれまで接してきた研究者たちと，特に2000年代の前半にこの時期の話をする機会が多かった。研究者はどちらかというとエリート層に属するが，核心的なエリートでない限り，供給はあっても滞ることも多く，1990年代の中盤には生活は大変厳しかったようだ。彼らと話した中で一番印象に残っているのは「自分たちはあの時代の『生き残り』だ。自分たちよりも善良で，心がきれいな人があの頃に多く亡くなった」という独白であった。したがって，現在の北朝鮮のいわゆる「市場化」は，人々が好むと好まざるとにかかわらず，生きるために闘った結果であり，権力者といえども，国民の生活に再び全的な責任を負わない限り，それには立ち向かうことができないという「暗黙の了解」が北朝鮮の社会にはあるように感じた。2009年11月の貨幣交換の失敗も，その脈略で考えれば，十分納得のいくことであろう。

第5章　東西冷戦の終了と新たな国際秩序の中での北朝鮮経済

表5-1　北朝鮮の国家財政規模

(単位：万ウォン)

年度	種別	歳入	前年比（％）	歳出	前年比（％）	収支
1987	決算	3,033,720	106.3	3,008,510	105.9	25,210
1988	決算	3,190,580	105.1	3,166,090	105.2	24,490
1989	決算	3,360,810	105.3	3,338,294	105.4	22,516
1990	決算	3,569,041	106.2	3,551,348	106.4	17,693
1991	決算	3,719,484	104.2	3,690,924	103.9	28,560
1992	決算	3,954,042	106.3	3,930,342	106.5	23,700
1993	決算	4,057,120	102.6	4,024,297	102.4	32,823
1994	決算	4,160,020	102.5	4,144,215	103.0	15,805
1995		n/a	n/a	n/a	n/a	n/a
1996		n/a	n/a	n/a	n/a	n/a
1997	決算	1,971,195	n/a	n/a	n/a	n/a
1998	決算	1,979,080	100.4	2,001,521	n/a	-22,441
1999	決算	1,980,103	100.1	2,001,821	100.0	-21,718
2000	決算	2,090,343	105.6	2,095,503	104.7	-5,160
2001	決算	2,163,994	103.5	2,167,865	103.5	-3,871
2002	予算	2,217,379	103.0	2,217,379	102.1	0
	決算	n/a	103.5	n/a	101.9	（歳入の0.7％）
2003	予算	n/a	113.6	n/a	114.4	n/a
	決算	n/a	114.6	n/a	112.3	（歳入の2.7％）
2004	予算	n/a	105.7	n/a	108.6	n/a
	決算	33,754,600	101.6	34,880,700	107.8	-1,126,100
2005	予算	38,857,100	115.1	38,857,100	111.4	0
	決算	n/a	116.0	n/a	116.3	（歳入の3.6％の赤字）
2006	予算	n/a	107.1	n/a	103.5	

(出所) 各年度財政報告，『朝鮮中央年鑑』各年版等を『アジア動向年報2004』アジア経済研究所，2004，『アジア
　　　動向年報2007』アジア経済研究所，2007より再引用

それが1990年代に入っての国家による供給の停止によって一気に拡散したもので
あり，国家が国民の生活に責任を負う供給体制を復活しない限り，止めることが
できない性格のものである[20]。

5　金正日時代の始まりと経済管理改善への努力

　金日成の逝去により，北朝鮮は金正日の時代となるが，党中央委員会と党中央
軍事委員会が連名で金正日の党総書記推戴を宣言したのは3年以上経った1997年
10月8日であった。この後，北朝鮮における経済管理改善への努力（経済改革）
が始まっていくが，制度的に見れば，1998年9月5日の憲法改正がその開始点で
あるといえる[21]。

　この後始まった経済改革への動きを見ると，まずは国営企業のリストラ，経済
計画作成方法の変化からはじまり，その後企業管理方法の変化，価格や給与の見
直し，農民市場の地域市場への拡張などへと進行していった。

5.1　国営企業のリストラと経済計画作成方法における変化

　国営企業のリストラは1999年初めから2001年にかけて進行した。中川［2005］
10頁はこのリストラが，「動いている企業をつぶすことよりも，能力のある企業
を選んで動かしていくことに重点があったと見られる」と分析している。朴在勲
［2005］36頁によれば，リストラの目標は，生産の専門化であった。朝鮮式企業
連合である連合企業所もこの原則に従って不合理な企業は合理化し再構築すると
いうことになった。

20）北朝鮮は2017年4月末現在，生産手段の社会的所有による生産関係をその経済の基本とし，
　　個人経営や私有企業を制度的には認めていない。しかし，個人間の取引はそれが投機行為で
　　ない限りは禁止されていないし，個人経営も大量の「搾取」をともなわないものであれば，
　　非難はされても「生きるため」に仕方のないものとして黙認されているようである。また，
　　国営企業の副業や「自主的財源による生産」にとして行われている事実上の民営企業も存在
　　するようであるが，金正日時代はともかく，金正恩時代に入ってからはそのような存在が大
　　規模に取り締まられたとの報道がない。
21）この憲法改正では，まず1972年憲法で創設され，92年憲法にもあった「国家主席」「中央
　　人民委員会」が削除された。これは，国家主席および中央人民委員会が金日成がその地位に
　　つくことを前提にしていたからである。そして中央人民委員会の職責の多くは，新たに創設
　　された（1948年憲法にはあったが）「内閣」に移され，朝鮮労働党の指導の下，内閣が経済
　　を含む国家の事務を担当するようになった。地方においては，地方行政委員会を廃止し，地
　　方人民委員会に一本化した。また，憲法38条に「国家は，わが国の機関，企業所，団体及び
　　外国の法人又は個人との企業合弁及び合作，特殊経済地帯における様々な企業創設運営を奨
　　励する」との条文が追加された。

130

第5章　東西冷戦の終了と新たな国際秩序の中での北朝鮮経済

　朴在勲［2005］34頁によれば，北朝鮮における経済計画の作成は，大きく3つのプロセスを踏んで行われていたという。（1）企業が生産成長の可能性を計算した数字（予備数字）をまとめ，上級機関および国家計画機関に提出する「予備数字段階」，（2）国家計画機関が提出された各々の予備数字を検討して作成する数字（統制数字）を，当該機関の批准を受けた上で企業に伝達する「統制数字段階」，（3）企業が統制数字に基づき人民経済計画草案を作成して，上級機関および国家計画機関に提出する「計画数字段階」である。このような3つのプロセスを経た後，国家計画機関が各々の人民経済計画草案を検討し，国家の人民経済計画草案を作成して内閣に提出し，批准され確定するのであった。

　しかし，木村［1999］が指摘するように，旧ソ連や東欧の工業国とは異なり，北朝鮮の計画システムは相対的に脆弱で，中央政府には，各生産現場の生産実績や余力を正確に把握する手段や方法に乏しかった。そのため，この3段階のプロセスには，予備数字の内容にかかわらず，中央政府の意向により統制数字が決定される傾向が存在したと考えられる。そして，実情とはかけ離れた統制数字が下達された場合，それを遂行するための計画数字を作成する法的義務を負っていたため，実情とはかけ離れた計画数字を提出するほかなかったケースが多かったと考えられる。そのため，実際の生産力と計画数字に乖離が発生する可能性が，旧ソ連や東欧の工業国に比較して大きかった可能性が高い。

　そこで講じられた対策は，朴在勲［2005］35-36頁によれば，まず計画化工程の簡素化である。具体的には，従来の「予備数字段階」，「統制数字段階」が廃止され，企業からストレートに「計画」が上がるようになった。そこで，国家的な経済目標の達成のための基準として「計画作成方案」が導入された。これは国家計画機関から企業に伝達されるもので従来の「統制数字」と似ているが，その性格は根本的に異なっているという。従来のそれに対して，「計画作成方案」は法的性格を持たず，計画作成のための基準としての性格しか持たない，いわばガイドラインである。もちろん，法的性格を持たないと言っても，個別企業が計画作成法案から大幅に逸脱した計画を出すことが容易ではないと思われるが，少なくとも，国家がその要求を一方的に現場に押しつけるのではなく，企業が計画実行の主体として自らの意見をダイレクトに計画に取り込ませるようになった。それと同時に，企業は自らの意見を全体の計画に反映させることができる分，その実行に責任を持つことになった。

朴在勲［2005］35頁によれば，同時に計画策定権限が下部機関へと移譲された。従来，計画策定が中央に集中していた結果，地方や企業の創意性を抑制していたという反省に基づき，戦略的意義をもつ指標（電力，石炭，自動車など）については，国家が直接計画するものの，その他の指標については，該当する機関や企業，または地方の指標として大幅に分担することとした。

また，朴在勲［2005］35頁は，従来からある量的指標に加えて，質的指標，貨幣的指標の計画化を重視する方向への変更が行われた。朴によれば，これまでの計画は鋼鉄何万トン，電力何キロワットなどという量的指標を重視した反面，質的指標については軽視していた。それにより，計画では効率性という観点が事実上欠落していた。そこで，従来の量的指標とともに，生産資源の効果的利用を示す労働生産性，設備利用率などの質的指標や，計画を金額で表す原価，利潤などの貨幣的指標を計画化にも取り入れることにしたと指摘している。

すなわち，計画化プロセスの簡素化は，これまで中央政府の意向が非常に強く反映され，ともすれば恣意的な数字になりがちであった計画を，現場の実情，すなわち経済の実情に沿って計画を作成するという至極まともな方法へと移行したことを意味する。この計画作成過程の変更は1999年に立法された「人民経済計画法」が2001年に改正されたことで法的にも変更が加えられていることが確認されている。

5.2 「実利社会主義」への進入と経済改革の深化

北朝鮮の経済改革を語る上でのキーワードとして，重要なものが「実利」という言葉である。この言葉は，1990年代末になり新たに出てきた。文浩一［2004］53-54頁によれば，「実利」は，北朝鮮の社会科学系の辞典の代表である『哲学辞典』や『経済辞典』にもない概念であり，スローガンでもある。文浩一はこの「実利」ということばが前面に登場しはじめたのは，おそらく1998年9月17日の『労働新聞』と『勤労者』の共同論説「自立的民族経済路線を最後まで貫徹しよう」であるとしている。そこでは，「経済事業において実利が生まれるようにしなければならない」とし，「現状を十分に考慮して基本環に力量を集中し，アリが骨を食いとるような戦術で経済全般を一つ一つ立て直すことがわが国の経済を一日も早く活性化する道である」と説いている，としている。

金正日時代に北朝鮮が毎年元日に出していた新年共同社説を見ると，2001年頃

から，「実利」という言葉が経済管理の改善と関連して使われはじめるようになる。この時期は，前述した国営企業のリストラが一段落し，「苦難の行軍」が終了したのちの時期である。生産の増加に伴う国家収入の増加は，表5－1のように，国家財政規模が1998年より再び発表されるようになり，その数値が緩やかに増えていることからも，垣間見ることができる。北朝鮮における経済改革は，文浩一［2005］28頁が指摘しているように，人々が生存のためではなく，労働や学習にある程度専念できるような状況になって，さらに深化していったといえる。

2001年10月3日には，金正日が「強盛大国建設の要求にそって社会主義経済管理を改善，強化することについて」という講演を行った［金正日 2004］。この講演の趣旨は，（1）社会主義原則を固守しつつ，実利最大化を実現することが主軸で，（2）計画経済に一層現実性と科学性を持たせる，（3）分権的に裁量権を与え，経済全般の生産性と経済主体のモチベーションを向上させる，（4）経済システムに柔軟な対応性を持たせる，（5）プラスのモチベーションだけでなく，マイナスのモチベーションも導入する，である。

北朝鮮の研究者である李基成（リ・ギソン）［2006］19頁は，これを「新世紀が始まった最初の年に，社会主義強盛大国建設の要求に応じて社会主義経済管理を改善し，完成させるなかで，社会主義原則を確固として守りつつ，最も大きい実利を得られる経済管理方法を見つけ出すことを最も重要な原則に掲げ，その実現に努力している」としている。

5.3　経済改革の拡大

その後，経済改革の対象が，機構の再編や経済計画策定の方法など，国営企業の経営活動の外形に関わる部分での変化から，企業経営の内部へと入っていくようになっていった。例えば，不足した物資を国営企業同士が融通する通路としての「社会主義物資交流市場」の運営と，独立採算制の見直し，特に質的指標の重視と相対的な経営自主権の増大などが代表的な例である。

朴在勲［2005］37頁によれば，経済危機の中で，国家が生産手段の正常な供給を行えない条件の下で，過剰と不足の共存により生産が正常に行われないという事態が頻繁に起こった。そこで，計画的な資材供給システムを各々の企業において生じる余剰原料や資材などをお互いに融通し合い，効率的に利用するための社会主義物資交流市場を設けてそれを活用させることにした。ただし，このシステ

ムを利用する企業は物資の種類や範囲などを決めた上で，中央銀行にある口座を使い決済するという原則を守らなければならないことになっている。

　この社会主義物資交流市場においては，その価格を国家統制価格ではなく，売り手・買い手の双方が合意した「合意価格」（市場価格）で行っている。価格形成のメカニズムが変化していることに加え，このような国営企業同士の横の連携は，北朝鮮の中央集権的な組織原理の中で，縦割りで管理されてきた企業の行動に変化が起こったことを意味している。

　北朝鮮における独立採算制とは，北朝鮮の『財政金融辞典』[22]によれば，「国家の中央集権的指導の下で，経営的相対的独自性を持って経営活動をしながら，収入と支出をあわせ国家に利益を与える，社会主義国営企業の計画的であり合理的な管理運営方法」と定義されている。すなわち，国営企業の経営に相対的独自性を持たせ，収支を独自に行うことで責任性を高める管理方法であった。しかし，朴在勲［2005］37頁によれば，「この制度の基本は企業が自らの収入で生産に関する支出をまかない，またその中から国家に利益金を上納することであるが，これが機能していない企業が少なからずあった。そして，支出を収入でまかなえなかった場合や経営損失を出した場合には，国家からの貸付や資金の補填により企業経営が維持されていた」「労働者にすると企業の採算性が乏しくとも，賃金の支払いは一定額行われるということから，労働インセンティブが働かないという問題もあった」と，経営における責任性が低下している状況にあったことが指摘されている。

　新たな独立採算制の特徴は，朴在勲［2005］37-38頁によれば，企業の採算を計るための新しい指標が設定されたことである。これは「稼ぎ高指標」というものである[23]。

　文浩一［2004］49頁，朴在勲［2005］38頁によれば，この「稼ぎ高」指標を計画指標として導入することにより，企業は現物指標別計画により製品の生産だけではなく，販売にも目を向けるようになる。従来企業は，生産計画を達成さえす

22）사회과학원사회주의경제관리연구소［社会科学院社会主義経済管理研究所］［1995］『재정금융사전』［財政金融辞典］사회과학출판사［社会科学出版］381-386頁

23）ここで，「稼ぎ高」とは，企業の総販売収入より生活費（賃金）を除いた販売実績原価を控除したものであり，新たに創造された所得部分であるとされる。（稼ぎ高＝企業総販売収入－｜販売実績原価－（生活費）｜）

134

第5章　東西冷戦の終了と新たな国際秩序の中での北朝鮮経済

表5-2　経済管理改善措置前後の価格・料金制度の変化

		改定前(朝鮮ウォン)	改定後(朝鮮ウォン)	引上げ幅(倍)
米(KG)	買取価格	0.82	40	48.78
	販売価格	0.08	44 46	550.00 575.00
ともろこし (KG)	買取価格	0.49	20	40.82
	販売価格	0.06	24	400.00
大豆(KG)	買取価格	—	40	—
洗顔石鹸(枚)		3.00	20	6.67
男子運動靴(足)		18.00	180	10.00
石　炭(トン)		34.00	1,500	44.00
電　力(千KW)		35.00	2,100	60.00
ガソリン/95オクタン(トン)		922.86	64,600	70.00
(工業製品価格平均)		—	—	25.00
月刊誌「朝鮮文学」		1.20	35	29.17
地下鉄料金(全区間)		0.10	2	20.00
日託児所間食費(月額)		—	300	—
松涛園海水浴場入場料(大人)		3.00	50	16.67

(出所)　姜日天［2002］20頁

れば評価されていた。しかし，生産品の販売までを視野に入れた指標が導入されることによって，市場のニーズを生産に反映させる効果を企業にもたらすであろうとしている。

　また，「稼ぎ高」をあげるためには，生産においての投下財の節約や，労働生産性の向上などにより利幅を拡大することも有効であるということから，企業のコスト意識や生産性意識の向上が期待できるとしている。

5.4　経済管理改善措置

　2002年7月1日に北朝鮮は，「経済管理改善措置」と称する物価と賃金の大幅な改革措置を行った。この措置の主要な内容は，(1) コメやトウモロコシなどの穀物の配給に伴う逆ざや廃止，(2) 国家による恵沢（無料で提供されるもの）の削減，(3) 価格の上昇に応じた生活費（給与）の調整，であった。表5-2は，経済管理改善措置前後の価格や料金の比較であるが，もともと農家からの買い取

135

表 5-3 「経済管理改善措置」における賃金の改定

	従来の基本賃金	改訂後の基本賃金	引き上げ幅
一般労働者	110	2000	15～20倍
	…	2000～2500	…
鉱山労働者	…	6000	…
炭鉱労働者（2・8直洞炭鉱）	350	3000～6000	8.57～17.4倍
政府機関事務職員	180～200	3500～4000	19～20倍
大学教授	200	4000～5000	20～25倍
大学教授（博士以上）	…	7000～8000	…

（出所）『アジア動向年報2003』p. 68の表より再引用

り価格より安く設定されていたコメやトウモロコシなどの穀物の販売価格の値上げ幅が大きくなっていることが分かる。その他，これまで料金を支払うことが少なかった住宅使用料（家賃）や電気料，水道料なども徴収されるようになった。教育や医療は依然無料のまま据え置かれたものの，1980年代後半までのあまり働かなくても言うことさえ聞けば最低限の生活は保障されたシステムは制度としても終焉を迎え，社会主義分配原則（能力に応じて働き，労働に応じて分配を受ける）が徹底される制度設計がなされた（表5-3）。

　この措置は当初，突如として行われたように報道されたが，実際には前述した通り，1998年頃から現れ始めた一連の経済改革の流れの中に位置づけられる措置であり，それなりの準備を行った上で行われたものである。

5.5　農民市場の地域市場への改編と商品流通における価格メカニズムの部分的導入

　2003年6月には，これまでの農民市場（旧ソ連のコルホーズ市場類似の自留地で生産したか，計画を超過達成して得られた農産物を販売する市場）が市場的性格を有した「総合市場」（その後，「地域市場」に改称，以下地域市場で統一）に改編された。それ以前，農民市場はあくまで商業流通の補助的な部門として捉えられており，工業製品の取引は許されなかった。社会主義世界市場の崩壊後，経済が苦しくなるにつれて，農民市場で取引される品目は増加し，工業製品も取引されるようになったとされるが，このような取引は非合法であり，統制の対象であった。

農民市場の地域市場への改編は，地域市場を商品流通の主要なルートのひとつとして認め，機能を拡大したところに大きな意義がある。地域市場のモデルとして，平壌市楽浪区域に「統一通り市場」が建設され，以後平壌市の各区域（区に相当）や全国の各市，郡にこのような市場が建設されていった。この地域市場への出店は個人が市場使用料を支払って行うだけではなく，国営企業および協同組合も地域市場に直売店を出店することが可能となった。

このような動きとともに，商業部門においても，質的な評価を重視する新しい評価体制が導入された。過去，北朝鮮では経営評価を現物指標と金額指標に基づいて評価してきたが，現実には金額評価基準より現物評価基準がより好まれていた。そのため，企業は生産および流通の物理的な大きさを重視する傾向があった。しかし，前述した「稼ぎ高指標」により，利益を多く上げた企業が高く評価されるようになり，国営企業に対する改革により，国家に納付金を納めた残余分を自己裁量で処分できるようになることで，質の向上や利益の最大化に神経を使うようになってきた。

商品流通において，地域市場など国営流通網以外のネットワークが誕生してきたが，これらのネットワークでは，個人の経営であったり，所有制こそ国有や協同団体所有ではあるが，国家計画に基づかない商品流通が増加していたりする。これはすなわち，商品（消費財）の流通において，価格メカニズムに任せられる部分が徐々に増加してきているとともに，国営企業や協同団体が非国営部門や計画外生産にかかわり，事実上の商品経済がシェアを伸ばしつつあることを意味している。その一例として，朝鮮総聯の機関紙には，平壌のある焼き芋販売店の例が紹介されている［『朝鮮新報』2003年4月28日］[24]。

5.6 経済改革の後退と動員体制の復活

経済改革の結果，非国営部門は，国営部門との関係を深め，さらに規模を拡大するとともに，市場での小売からそれを支える卸売，物流倉庫業，金融業へと拡大していった。国営部門においても，計画外生産が増加し，外部からの資本の導入，本業以外での経営活動の増加と非国営部門との結びつきが増えるなどの変化が起きた。

しかし，経済改革の制度設計は，非国営部門の動きを追認し，既存の制度を最低限変更するだけのものだった。非国営部門の活動のうち，生産手段を私有する

ことを含め，その多くが，法的に認められたものではなかった。社会制度が市場メカニズムには対応しておらず，非国営部門や国営部門の計画外生産など，経済改革に刺激されて発生した経済活動の多くは黙認ベースであった。これらの経済活動の活発化は，商品経済における競争激化を引き起こし，これまで党や軍，秘密警察など，政治的特権を基盤として利益を上げていた貿易会社を中心とする会社の独占を崩壊させ，既得権層の反発を呼んだ。また，拝金主義の横行や不正腐敗の発生，政府や党の権威の低下，国民統制の難しさ（人の移動，口コミ），国営部門からの人材の流出など，多くの副作用がみられた。

2005～06年頃から，このような副作用を収拾するための「引き締め」政策が実施された。例えば国営企業の評価基準である「稼ぎ高指標」が2006年に「純所得」指標に変更された。その理由は，朝鮮の複数の経済学者によれば，企業所が勤労者の労働意欲を引き出すために，過度に生活費（賃金）を引き上げる偏向などが起こったためだとされる[25]。

2008年に筆者が北朝鮮の経済学者にインタビューしたところ，北朝鮮では国営企業所で生産した商品（軽工業製品など）を市場で販売することを一切禁止し，

---

24) 平壌市に存在する人民奉仕総局傘下（冷麺で有名な「玉流館」などが傘下にある）のラクヨン合作会社のリ・スニ氏は，2002年末から新しい方式の焼き芋販売に乗り出した。新しい収入源を模索した彼女は，サツマイモの価格が収穫期の10月には1キログラムあたり10ウォンに過ぎないが，春先には65ウォンまで上がることに注目し，焼き芋を販売することを計画した。サツマイモの鮮度維持法を新たに開発し，保管施設を整え今年初に平壌市統一通りの16カ所に焼き芋販売店を開き，64人の主婦を販売員として採用した。結果は，大成功であった。収穫期の10月に直接原産地まで行って，サツマイモを箱に入れて輸送する方式をとり，通常の10倍の輸送単価をかけて，良質のサツマイモを確保してその管理に神経を使い，収穫期にキロあたり10ウォンであったサツマイモを焼き芋としてキロあたり50ウォンで春先に販売して高い収益を上げたのである。リ・スニ氏は，稼ぎ高のうち国家企業利得金と原価を控除したのち，1人あたり5000ウォンを販売員に分配した。夫の給料が2000ウォン程度なのに5000ウォンの給料は破格な高給であった。

リ・スニ氏は，秋から春まで安定したサツマイモ供給を行った経験を基礎に，次段階の事業を構想している。市内に奉仕部門に各種原資材を提供する総合的な卸売市場の運営である。

社会主義では，農産物や水産物の卸売価格は，国家が基準額を定める。商店で実際に取引されるときには，30％の範囲内の引き上げ幅が許容されているが，リ・スニ氏は原価を正確に計算し，その中間の販売価格を実現する決心だ。少し高くても，年間を通じて安定した価格を維持すれば人気を得ることができ，特に冬に夏野菜を出荷することができるならば利得を独占することができると判断した。

第5章　東西冷戦の終了と新たな国際秩序の中での北朝鮮経済

国営商業網で販売することを原則としたそうである[26]。経済改革を主導した朴奉珠総理は，2007年4月11日，最高人民会議第11期第5回会議において総理を解任された[27]。

　北朝鮮の経済政策の方向性は2006年以降，非国営部門の成長もある程度許容した全般的な経済の正常化を目指す段階から，ある程度の正常化を前提として，国家の統制を強化しつつ，重点部門の重工業，なかんずく国防工業に投資を集中していく戦略をとろうとしているように見える[28]。同時に金属工業，石炭工業，電力工業，鉄道運輸の4つの優先整備対象相互間の連携が季節的な変動はあるものの，以前と比べてある程度取れるようになってきたことも関連していると思われる[29]。

　このような中，2009年4月20日〜9月17日までに「150日戦闘」，同年9月23日

---

25) 純所得＝販売収入−原価（原価の内容は減価償却費＋原材料費＋生活費）となり，稼ぎ高指標の時は，企業の業績評価の中に入っていた生活費が今度は原価の中に入れられるようになった。生活費は国家の定めた基準の2倍程度で上限を設定し，それ以上は現物で支給する等の措置がとられているという。

26) それ以前より，国営商店（のうち，市場価格で商品を販売する「直売店」「収買商店」などと呼ばれる商店網であると思われる）と市場での利便性や価格での競争が激化しているという話は，よく出ていた。個人の商売を抑制し，国家による統制を取り戻そうとする動きのように思われるが，筆者の2008年以後の市場での観察からしても，政策が厳格に貫徹されているとはいえなかった。2017年現在では，国産の工業製品の多くが市場で販売されているし，工場自らが「直売店」を開設して，直接商品を販売する例も多く見られるようになってきた。

27) その後，順川ビナロン連合企業所の支配人となり，2010年8月には朝鮮労働党軽工業部第一副部長，同年9月28日の第3回党代表者会議で党中央委員候補，2012年4月11日には朝鮮労働党軽工業部長，2013年3月31日に朝鮮労働党中央委員会総会で政治局員に就任し，翌4月1日に内閣総理に復帰した。2014年3月には第13期最高人民会議代議員となり，2016年5月に開催された第7回朝鮮労働党大会において，金正恩，金永南，黄炳瑞，崔竜海と共に党中央委員会政治局常務委員に選出された。また，党中央軍事委員会委員となっている。同年6月29日に開催された第13期最高人民会議第4回会議では，国務委員会副委員長に選出された。

28)「国防工業が重要な位置を占める経済構造は，さまざまな経済部門の中で国防工業を重視し，そこに高い優先順位を与え，連関部門を国防工業発展に優先的に奉仕させる経済構造である。言い換えれば，連関部門において国防工業発展に必要な機械設備と原料，資材，動力を優先的に生産し供給するように国防工業と軍需生産部門間の連関を保障するようにする経済構造である。」ソン・ヨンソク「ウリ式経済構造の特性とそれを強化発展させるための方法」『経済研究』2008年4号，12頁

139

～12月31日に「100日戦闘」と称する大衆動員運動が行われた。100日戦闘の期間中の2009年11月30日には，旧貨幣100ウォンを新貨幣１ウォンに交換する貨幣交換[30]が行われた。

6　2009年の貨幣交換

6.1　貨幣交換の内容

　貨幣交換は，文浩一［2011］51-74頁によれば，2009年11月30日～12月６日までの一週間にわたって行われた。朝鮮半島の日本からの解放後５回目，朝鮮民主主義人民共和国成立後４回目の貨幣交換となり，これまでの貨幣交換を特徴付ける交換比率，券種の変更，交換限度額，価格改定のすべてが利用され，初めて現金（100：１）と預金（10：１）で交換比率が異なることとなった。また，『朝鮮新報』2009年12月７日付は，姜イルク記者による朝鮮中央銀行チョ・ソンヒョン責任部員に対するインタビュー記事を引用しつつ，①最高人民会議常任委員会政令「新貨幣を発行することについて」とそれに基づく内閣決定によって実施した，②交換比率は，現金の場合100分の１に，貯金の場合は10分の１とする，③交換期間は，2009年11月30日から12月６日までの１週間である，④期間内に交換しなかった貨幣や不法に海外に持ち出された貨幣は無効とする，⑤生活費（給与）は従来通りの額面で支払う，⑥銀行利子率は，従来通り3.6～4.5％である，⑦12月３日に国営商店と食堂に新価格が示され，４日から新価格での営業となる，⑧外

---

29) 1990年代後半から推進してきた大規模（５万キロワット以上）の水力発電所がここ数年完工し，電力事情に比較的余裕が出てきた。電力供給の円滑化は，炭鉱における石炭生産や鉄道（電化率が高い）輸送を活発化させ，火力発電所の稼働率をさらに上げるという好循環を生んでいると考えられる。

30) 交換限度は当初１人あたり10万ウォンと報じられたが，その後金額が上方修正された模様。また，交換限度額以上も将来的に交換に応じる可能性を残すために預かり証を発行したとのことである。

　この貨幣交換は日本では「デノミ」として紹介されたが，実際には非国営部門の現金を没収し，市場の閉鎖と民間の外貨取引の禁止を通じて，国営商業網による食糧，物資の供給を再開しようとするものであった。この貨幣交換は，非国営部門に蓄積した現金を国家の手中に回収するという目標はある程度達成したものの，市場の閉鎖後の国営商業網による商品供給が円滑に進まず，食料や生活必需品の供給中断が予想以上に副作用が大きかった。その後，市場は再び開かれ，民間の外貨使用も黙認される状態が続いている。

140

貨の使用は禁止し，外国人や在外朝鮮人は換金所で朝鮮ウォンに両替する，⑨貨幣交換以後，朝鮮中央銀行が発行する券種は，紙幣が9種（5000ウォン，2000ウォン，1000ウォン，500ウォン，200ウォン，100ウォン，50ウォン，10ウォン，5ウォン）で，硬貨は4種（50チョン，10チョン，5チョン，1チョン）となる，などといったことが明らかとなったとしている。また，社会科学院でのインタビューを通じて，現金の交換限度額が10万ウォンであったことを明らかにしている[31]。そして，この貨幣交換の目的をインフレーションの終息と貨幣のデザインと種類の改善であったことが確認できる[32]，としている。

　貨幣交換は，社会主義計画経済秩序の回復を目指して市場（いちば）の閉鎖と外貨使用の禁止という措置をともなって行われたが，結果的に国家による食糧や消費財の供給が伴わず，国民生活に大きな混乱を与える結果となった[33]。

　では，北朝鮮が意図した社会主義計画経済秩序とは何か。北朝鮮は，1993年までは五カ年計画，七カ年計画などの長期経済計画を制定していたが，その後このような長期の指令性計画（計画遂行が法的義務として規定されている経済計画）は策定されていない。北朝鮮の「人民経済計画法」によれば，このような長期の経済計画の他に，各国営企業や政府の部署は単年度の経済計画を策定し，実行することになっており，こちらの単年度計画は現在でも実施されている。しかし，経済計画策定の方法も経済改革の影響を受けて変化しており，2001年に改正された同法では上からの生産ノルマの義務づけである「統制数字」が廃止されており，各国営企業は自らの能力に応じて「自主的」に計画を策定することになっていた。しかし，2010年の改正で第17条に統制数字が復活した。各企業が自らの利潤追求に走るあまり国家経済全体に与える影響を考慮しなかったことに対する国家の統制強化の側面が強いが，同時に各国営企業にある程度の生産を要求できるほど経済状況が好転したともいえる。

　このような変化があるものの，長期経済計画はいまだ作成されていない（2016年に発表された「国家経済発展5カ年戦略」の性格については後述する）。例え

31）文浩一［2011］54頁
32）文浩一［2011］55頁
33）この貨幣交換の失敗により，北朝鮮では経済分野における国家の力が弱いことが認識され実際の経済状況の把握に基づく，実利的な経済政策の立案が必要であるという認識につながっていったようである。

ば，1997〜2002年，03〜07年，08〜12年まで各々5年間，「科学技術発展5カ年計画」が制定されている。しかし，これは科学技術分野に限定された計画であり，以前のような総合的な発展計画ではない。

6.2　2009年貨幣交換失敗の要因とその影響

(1) 非国営部門の成長と商品経済の発達

　北朝鮮において，食料の入手経路は私営経済の国有化，協同化が完成した1960年代以降，国家供給網による供給（配給)[34]，農民市場[35]における購入，個人間取引を通じた交換ないし購入であった。1990年代の旧ソ連・東欧の崩壊にともなう経済危機で，国家による供給が困難になるなか，本来農民が生産した農畜産物しか取り扱えないはずの農民市場が工業製品も販売する闇市場と化した。その後，2002年に行われた「経済管理改善措置」の一環で，2003年から農民市場が総合市場（その後，地域市場に改称）として工業製品も販売できるよう改組され，地方政府（市，直轄市の区域，郡等）によって市場が設置され，「市場使用料」を納めて個人または国営企業，協同団体等が商品の販売を行うようになった。

　地域市場においては，価格は国家が制定した範囲内で需要者と供給者との間での合意によって価格を定めることが許されるようになり，需要と供給の関係によって商品価格が決定される商品経済（北朝鮮ではモノの値段は需給関係と輸入物資の調達価格，すなわち国際市場価格によって決まるが，国家的にはまだ資本主義への移行を決心していないので，その経済を市場経済と呼ぶことはまだ無理がある）が限定的ながら公認されるようになった。その後，2009年11月の貨幣交換の際には後述するように一時市場が閉鎖され，外貨取引も一時禁止されるなどしたが，国家による供給力に不足があり，住民生活に多大な影響があることがわかると，再び市場の運営が許容されるようになった。

　金正日，金正恩両政権において，地域市場における取引はあくまで国営商業網を補完する存在としてとらえられている。国家の供給能力の増大にともない，地

---

34) ここには，国営商店における国定価格による販売も含む。

35) ここでいう農民市場とは，旧ソ連のコルホーズ市場と類似したもので，農民が自ら生産した野菜や副食品類を販売する形態の市場である。現在の北朝鮮の市場は，地域市場と呼ばれ，農産物だけでなく，工業製品も含めた複合的な商品取引が行われている。本書では，これらの市場を呼称する際には，地域市場と記載する。

第5章　東西冷戦の終了と新たな国際秩序の中での北朝鮮経済

域市場は消滅することが望ましいというのが2017年4月末現在においても公式の見解である。しかし，2009年の時点ですでに，国営企業ではあっても，余剰生産物を地域市場や自らが設置する直売店，合意価格で販売する国営商店で販売することは普通のことになっていた。その際の価格（合意価格の中身）は，需要と供給の関係で決まる市場価格である[36]。

　中間財や資本財についても，2000年代初めから社会主義物資交流市場という名の相対取引で国営企業間での融通ができるようになってはいたが[37]，実際には余剰生産物や資材を持っている企業と，それを必要とする企業がどこに存在するのかについての情報が少なく，マッチングがうまくいかない例が多かったようである[38]。実際に取引が行われるときには，社会主義物資交流市場の決済は企業の銀行口座間でのやりとりをする無現金取引が原則となっていたが，そうではない取引も実際には多々あったと思われる[39]。

(2) 商品経済の発達と非国営経済主体に対する認識の変化

　このような商品経済が発達するなか，筆者が北朝鮮の人々と接してきて感じた

---

36) 筆者が2008〜16年までの間，北朝鮮を訪問したときに参観した主として軽工業の工場において，生産設備は国家からの投資でまかなわれているとしても，原材料は輸入のことが多かった。これらの軽工業工場で生産され，市内の百貨店や商店，市場で売られている製品は，原料の費用を補償する程度には高い値段で売られていることがほとんどであった。光復通り商業中心などでよく目にする国産の食料品についても，中国に比べると割安なものが多いにしても，使われている小麦粉や砂糖などの量を勘案して，原価割れになるほど安い商品はなく，北朝鮮には国家が提供する教育や医療サービス，低額に抑えられている家賃や電気料金，水道料金，公共交通の運賃などを除き，すでに「タダはない」ということを実感した。

37) 文浩一［2004］52頁

38) 筆者が2000年代の後半に中国との商売をしている北朝鮮の貿易会社員や，北朝鮮との商売をしている中国人の商人に，国家から供給されない資材はどうやって調達するのか訊ねたところ，多くは「市場（いちば）で調達する」と答えた。ところが，筆者が訪れたことのある平壌の統一通り市場や羅先の羅津市場には資本財を販売するカウンターなどなかった。こういった市場はもっぱら消費財の販売に特化しているからである。したがって，資本財を取り扱う市場（あるいは商店）というのは，平安南道平城市にある平城市場や咸鏡北道清津市にある水南市場など，外国人が訪れることのできない市場に店舗を構えているのか，そうでなければ資材ブローカー的な人々によってマッチングが行われているのかのどちらかではないかと考えられる。また，こういった取引には，外貨や朝鮮ウォンの現金が介在することも多かったようである。

143

のは，地域市場を社会主義計画経済の「鬼っ子」であると考えてきたエリートた
ちも，生活のなかで地域市場の必要性について否定することが減り，むしろ市場
価格での取引を基準として，他の商店の価格について高い，安いと感じるように
なってくるほど，住民の経済生活において，市場は一定の役割を担うようになっ
てきたということである[40]。

　写真5-1，写真5-2，写真5-3は2015年に改築された後の中ロ国境地域に
ある特殊経済地帯である羅先経済貿易地帯にある地域市場である羅津市場の内部
の様子である。この市場は，平壌の統一通り市場に比べて面積も大きく，建物も
清潔かつ立派であるので，あまり北朝鮮の市場であるという感じはしないかもし
れない。広場に集まるだけの露天市が多かった農民市場から，2003年の市場の公
設化を経て，現在では市場は住民たちが食品や生活必需品を調達するために必要
不可欠な場所となったことが見て取れる。

　国営商店は，以前は基本的に国定価格（安い配給価格）で，住民たちに割り当
てられた配給物資を当該地域の住民に配給カードで数量をコントロールしながら
販売するのが主であったが，これらの商品の販売価格と国際市場価格で取引され
る原料や資材を含む原価との差額は，国家の（あるいは生産する国営企業の）負
担であった。国家による原料や資材の供給がないため，国定価格での生産や販売
ができず，商店はあっても売る商品がないということも1990年代末から2000年代

---

39) 北朝鮮の市場に行けば，中国から輸入された商品が中国の商店やスーパーと同じくらいか
　　品目によって少し安いか高いか位の値段で売られているのを目にすることが多い。したがっ
　　て，取引が行われる時の市場における需給関係の極端な歪みや，すぐに現金が必要な事情な
　　ど，取引当事者の個別具体的な事由による変動はあっても（このような状況は北朝鮮に限ら
　　ず，日本を含め全世界に存在する），資本財の取引においても価格は，同様の物資を輸入し
　　た場合にいくらになるか，ということが考慮されたはずであろうから，中国を含む北東アジ
　　ア（あるいは東南アジアを含めて東アジア）の国際市場価格の影響を受けていたと考えるの
　　が自然であろう。

40) 2000年代前半には，平壌で「統一通り市場」に行こうとすると，なぜ行くのかを問われて
　　大変だった。外国人の学者が市場に興味を持つこと自体が，「学者らしからぬ」，「非社会主
　　義的なものを選好する」行為と思われたようだ。2010年代に入ってからは，市場に対する公
　　式の「参観」が好まれないのは変わらないが，買い物の必要があって市場に行くことをとが
　　められることはかなり少なくなった。ただし，商人たちが日に日に逞しくなっていく中，偽
　　物や模造品も出回るようになったため，朝鮮人参や漢方薬，酒類は市場で買うよりは専門の
　　商店で買う方が品質が保証されているという理由で，商店で買うことを勧められる時もある。

144

第5章　東西冷戦の終了と新たな国際秩序の中での北朝鮮経済

写真5-1　羅先市の羅津市場の内部（2015年改築後）

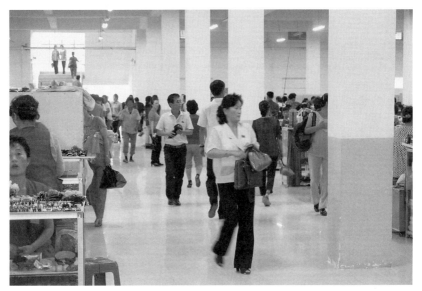

(出所) 筆者撮影

写真5-2　羅先市の羅津市場の内部（タバコ売場：2015年改築後）

(出所) 筆者撮影

写真 5-3 羅先市の羅津市場の内部（惣菜売場：2015年改築後）

（出所）筆者撮影

半ばには珍しくなかった。

　しかし，地域市場の誕生以降，国営商店も合意価格や場合によっては外貨での販売も取り扱うようになってきた。同じ商店で，国定価格を扱うカウンターと合意価格で販売するカウンターが併設されていたり，同じカウンターで双方が売られていたりすることも多く[41]，合意価格で購入する場合には，基本的に販売数量の制限はない[42]。したがって，2017年4月末現在，国営商店で販売されているものはすべて国定価格であると考えるのは誤りであり，販売の実態を個別具体

---

41) 筆者が2000年代の初頭にキューバを訪問したとき，国営食品店を訪れてみると，北朝鮮とほぼ同じような売り場の構成であった。配給のコメ（ベトナム産）や黒豆，塩などの調味料が中央にあり，そこで売られる品物は，配給カードがないと売ってもらえないとのことであった。自由価格で売られるものは少し奥まったところで売られていた。入口近くには国産のタバコが売られていて，それは配給カードがなくても売ってくれるが一人1箱だけと言われた。
42) 北朝鮮政府は，住民が持つ貨幣（内貨＝北朝鮮ウォン）資金が地域市場経由で非国営部門に流れることを防ぎ，公式部門内での貨幣循環を促すため，国営商店における合意価格販売を容認している。

第5章　東西冷戦の終了と新たな国際秩序の中での北朝鮮経済

写真5-4　柳京眼科総合病院付設のメガネ売場（商店）

（出所）筆者撮影

的に調べる必要がある。逆に，2010年代以降に新設されたアパート団地群の中にある国営商店の場合，合意価格での自由販売がほとんどかすべてを占める商店も多い。

　写真5-4にある眼科病院内にあるメガネ売り場の場合，比較的安いフレームはドル建てと朝鮮ウォン建て両方の値札がついていたが，それでも安いもので26米ドルであった（2017年3月末訪問）。

　住民にとって，このように商品が豊富になりつつある国営商店は場合によっては地域市場よりも魅力的に感じられることもある。地域市場は平壌市であれば統一通り市場のほか，各区域（日本でいう政令指定都市における行政区にあたる）にひとつずつあるが，国営商店は市内の表通りに面するアパートの1階の多くを占めるほか，街中あちこちにある。同じ商品が自分の家や職場の近くにある国営商店で市場とそれほど変わらない価格で販売されていれば，利便性から国営商店で買い物をすることも多いという[43]。

　以前は付近の住民の供給を主に担っていた国営商店の性格が大きく変わり，経営主体が国営企業であるだけで，値段も売っているものも地域市場と大差なくな

147

写真 5-5 金カップ体育人総合食品工場（体育省傘下の国営企業）が製造する菓子

（出所）筆者撮影

ってしまったとも言える。また，国営企業が自社工場や社屋に併設している自社商品を直接販売する「直売店」は人気が高い[44]。

軽工業品や食品を製造する企業にしてみても，国家が供給できない資材や材料は市場価格で調達するしかない以上，国定価格での供給のために安く卸さざるを得ない商品（国家計画における現物計画達成の義務を全うするための商品生産）の赤字分を直売店での販売や地域市場，合意価格で販売する国営商店向けの販売（利潤を生み出すための生産）における黒字で賄っているケースも少なくないと

---

43) 北朝鮮政府は，国営商店の価格を地域市場と同じか，それより若干安い水準に設定することにより，住民の持つ貨幣資金を公式部門に循環させる努力をしているようである。
44) 厳密には，国営商店では模造品や偽物，密輸品などは売っていないことになっており，そのような商品をつかまされないように国営商店で買う方がよいと考える人も多い。その点で，食品工場が自社で運営する「直売店」は，値段も国営商店より若干安く，品質にも保証があるため，郊外にある工場であっても市内から自動車に乗ってやってくる人も少なくないという。筆者が2017年3月に平壌市万景台区域にある「金カップ体育人総合食品工場」（その製品は写真5-5）を参観した際，直売店が地元の人たちで混雑しているので，30分ほど待ってくれと言われ，結局時間がないので，直売店に行けなかったという経験をしたことがある。

148

思われる。このような企業に対して，万一地域市場への出荷や合意価格での販売が禁止すれば，国定価格での供給による赤字を埋め合わせることができなくなり，生産の持続可能性が失われてしまうことになる。

7　おわりに

　旧ソ連・東欧の社会主義政権が崩壊し，社会主義世界市場がなくなることで，北朝鮮は政治的には，旧東側陣営の一員として旧ソ連・東欧諸国や中国，ベトナムなどの社会主義国との間で有していた，朝鮮半島における唯一の合法政府という地位を，これらの国々が韓国との国交を正常化したことで失った。軍事的には旧ソ連から提供されてきた「核の傘」を失った。経済的にはそれまで社会主義世界市場から得られたエネルギーや食料，原材料などを調達する術を失った。北朝鮮は独力で国民を食べさせつつ，米国をはじめとする旧西側諸国との対立（フランスとリトアニア以外のEU諸国とは2000〜01年に国交を樹立したが，日米との国交正常化はまだ実現されていない）に備えざるを得なくなった。

　政治的，軍事的側面ではそれが核兵器とその運搬手段の開発として顕在化した。経済的側面では，国家が国民の生活に責任を持つことができなくなり，「苦難の行軍」（1996〜2000年）と表現される極めて困難な状況に陥ることになった。

　このような厳しい状況のなか，1997年に朝鮮労働党総書記に推戴された金正日は，翌98年に憲法を改正し，経済の回復に努めようとした。その手法は，社会主義世界市場を喪失した現状に鑑み，政治的には社会主義を固守しつつも，経済的には新たな状況に対応しようと努力するものであった。「実利」のようなこれまでなかった考え方を許容するようになり，生産力を伸ばすための努力が行われた。2002年には経済の現状を追認する形での経済改革措置が行われた。この改革は当初拡大するように見えたが，05年頃からは引き締めが強化され，09年には「150日戦闘」「100日戦闘」のような動員型の増産運動や同年11月の貨幣交換など，旧ソ連・東欧に社会主義政権が存在した時代に回帰するような動きが見られた。

　1990年代以降，国家が国民の生活の面倒を見られなくなってしまった結果，北朝鮮国民は自分たちで生活を切り盛りせざるを得ず，その緊急避難的行動が20年続く内に，北朝鮮の経済は大きく変化した。2002年7月の「経済管理改善措置」以降顕在化した商品経済の発達は，国営企業の生産にまで大きな影響を及ぼすよ

うになっていった。そして，そのような動きを阻止し，国営経済を主とする経済構造に無理矢理戻そうとしたのが2009年の貨幣交換であると言える。しかしすでに商品経済への依存は，一部の中央政府直属の企業以外の多くの国営企業を含め，北朝鮮社会に拡散していた。北朝鮮が社会主義世界市場を失い，国民に対する供給が途絶えがちになって以来20年近くが経過し，北朝鮮国民の生活は商品経済に依存するようになっており，すでに後戻りのできない状態になっていた。北朝鮮の経済は，政治が思うとおりに動かし得ない「怪物」へと変化した。

　北朝鮮ではその後，この「怪物」を警戒しつつも殺そうとはせず，逆に極めて慎重に取り扱うようになった。国民生活を向上させることが朝鮮労働党および北朝鮮政府の重要な目標となっていくが，これは朝鮮労働党および北朝鮮政府が国民から支持されるためには，経済の向上が必要条件となったことを意味する。すなわち，これまで政治の従属変数でしかなかった経済が，次第に独立変数となりつつあると言ってもよいのかもしれない。そしてこの変化は，今後の北朝鮮を大きく変えうる，根本的な変化であると筆者は予感している。

　第6章では，このような認識に立脚しつつ，北朝鮮経済の変化した現状と現在，朝鮮労働党と北朝鮮政府がどのように経済を運営しようとしているのかについて，さらなる解説を試みることとする。

■第6章■ 朝鮮経済の現状と未来

1 はじめに

本章では，第5章で紹介したように，北朝鮮において東西冷戦後の20年間で政治の従属変数であった経済が，まだ完全にではないものの，独立変数になりつつあるという変化を踏まえつつ，まず現在の北朝鮮経済がどのような位置にあるのかを紹介し，次に現在見られる変化が今後の北朝鮮を含む朝鮮半島の経済の未来にどのような影響を与えていくのかを考えていく。

具体的には，2009年の貨幣交換以降，現在に至るまでの北朝鮮経済がどのように推移してきたのかを明らかにするとともに，その変化の意味について考えつつ，それが北朝鮮をとりまく国際政治的環境との関連でどのような意味があるのかについても簡単に考察したい。

2 「人民生活向上」への取り組み

2.1 2010年の新年共同社説以後の国民生活重視路線

2010年1月1日の『労働新聞』，『朝鮮人民軍』，『青年前衛』3紙の新年共同社説のタイトルは「今年，もう一度軽工業に拍車を掛けて人民生活の向上と強盛大国の建設で決定的な転換を起こそう」であり，従来の重工業を復活させるという大きな方針に変更はないものの，国民生活の「決定的な転換」を掲げ，国民生活に関係が深い軽工業と農業の生産拡大に力を入れる方針を強調した。金正日時代において，新年共同社説が前年を総括し，その年の施政方針を明らかにする上で，社会的に極めて重要な位置を占めていたことを考えると，2010年の新年共同社説に「軽工業」「農業」が重要課題として強調されるようになったことは，国民生

表 6 - 1　2005年以降の新年共同社説，新年の辞の題名，スローガン

年	種別	題目（共同社説），スローガン（新年の辞）
2005	共同社説	全党，全軍，全民が一心団結して先軍の威力をさらに高くとどろかせよう
2006	共同社説	遠大な抱負と信念をもってより高く飛躍しよう
2007	共同社説	勝利の信念に満ちて先軍朝鮮の一大全盛期を開いていこう
2008	共同社説	共和国創建60周年を迎える今年を祖国の歴史に刻まれる歴史的転換の年として輝かそう
2009	共同社説	総進軍のラッパの音高らかに鳴り響かせ今年を新たな革命的大高揚の年として輝かそう
2010	共同社説	党創建65周年を迎える今年，もう一度軽工業と農業に拍車をかけ，人民生活に画期的な転換をもたらそう
2011	共同社説	今年，もう一度軽工業に拍車を掛けて人民生活の向上と強盛大国の建設で決定的な転換を起こそう
2012	共同社説	偉大な金正日同志の遺訓を体し，2012年を強盛・繁栄の全盛期が開かれる誇るべき勝利の年として輝かそう
2013	新年の辞	宇宙を征服したあの精神，あの気迫で経済強国建設の転換的局面を切り開こう！
2014	新年の辞	勝利の信念をもって強盛国家建設のすべての部門で飛躍の熱風を強く巻き起こそう！
2015	新年の辞	祖国解放70周年に当たる今年，全民族が力を合わせて自主統一の大路を開いていこう！
2016	新年の辞	朝鮮労働党第7回大会が開かれる今年，強盛国家建設の最盛期を開こう！
2017	新年の辞	自力自彊の偉大な原動力によって社会主義の勝利の前進を早めよう！

（出所）『朝鮮中央通信』，『朝鮮新報』の報道をもとに筆者作成

活向上が国家運営上重要な課題となったことを示唆している（表 6 - 1）。

11年の新年共同社説でも「新年2011年は，人民生活大高揚の炎をさらに激しく燃え上がらせ，強盛大国の建設で決定的な転換を起こすべき総攻撃戦の年である」とし，軽工業の振興，地方工業の重要性などを強調した。

金正日逝去後の12年の新年共同社説には，自力更生を主たる原動力にするとしながらも，強盛国家建設の主要部門が「軽工業部門と農業部門」あると明記された。軽工業を振興するための地方工業の充実とともに，「人民の食の問題，食糧問題を解決することは，強盛国家建設の焦眉の問題」「こんにち，党組織の戦闘力と幹部の革命性は，食糧問題を解決することで検証される」との表現が登場した。

2012年 4 月15日の金正恩による初めての公開演説[1]では，「世界で一番良い我

が人民，万難の試練を克服して党に忠実に従ってきた我が人民が，二度とベルト
を締め上げずに済むようにし，社会主義の富貴栄華を思う存分享受するようにし
ようというのが我が党の確固たる決心です」「我々は，偉大な金正日同志が経済
強国の建設と人民生活の向上のためにまいた貴重な種を立派に育てて輝かしい現
実として開花させなければなりません」と国民生活の向上が朝鮮労働党の重要な
政策課題であることを明らかにしただけでなく，それが金正日の遺訓であり，簡
単に変えうるものではないことも明らかにした。

2013年1月1日の金正恩による最初の「新年の辞」テレビ演説では，「経済強
国の建設はこんにち，社会主義強盛国家建設偉業の遂行で前面に提起される最も
重要な課題です」として，石炭，電力，金属，鉄道運輸を優先部門としつつ，
「経済建設の成果は，人民生活にあらわれなければなりません」「農業と軽工業は，
依然として今年の経済建設の主力を注ぐべき戦線です」と国民生活の向上を強調
し，国民生活に関連の深い農業と軽工業を重視している。

2014年1月1日の「新年の辞」では，農業と建設，科学技術の3部門を強調し
ている。翌15の「新年の辞」では，日本からの解放70周年と朝鮮労働党創建70
周年の年として，まずは「党の指導力と戦闘力を強化」を謳い，国防工業の重要
性を強調した後，「我々は，既存の自立経済の土台とあらゆる潜在力を最大限に
動員して，人民生活の向上と経済強国建設に画期的転換をもたらさなければなり
ません」「人民生活の向上において転換をもたらさなければなりません」としつ
つ，農業と畜産業，水産業を「3本の柱とし，人民の食の問題を解決し，食生活
水準を一段と高め」る必要性を強調している。

16年の「新年の辞」では，「電力，石炭，金属工業と鉄道輸送部門が総進撃の
先頭に立って力走しなければなりません」と重工業の重要性を強調しつつ，「わ
が党は，人民生活の問題をあまたの国事のなかの第一国事としています」として
農業と畜産，水産部門の重要性を指摘している。

17年の「新年の辞」では，前年に開催された朝鮮労働党第7回大会で採択され
た「国家経済発展5カ年戦略」について言及しながら，科学技術の重視，優先を

1）金正恩「先軍の旗印をより高く掲げ，最後の勝利をめざして力強くたたかっていこう—金
日成主席誕生100周年慶祝閲兵式における祝賀演説」2012年4月15日［http://kcyosaku.web.
fc2.com/kju2012041500.html］

強調した。そして，科学技術が必要とされるのは，「原料と燃料，設備の国産化に重点を置き，工場，企業の近代化と生産の正常化で提起される科学技術上の問題」の解決を重視している。部門別には，電力と金属，化学工業部門が第一優先，石炭工業と鉄道運輸部門が第二優先，機械工業が第三優先で，その次に軽工業と農業，水産業がきている。特筆すべきは最後に「いつも気持ちだけで，能力が追いつかないもどかしさと自責の念に駆られながら昨年を送りましたが，今年はいっそう奮発して全身全霊を打ち込み，人民のためにより多くの仕事をするつもりです」との表現があった。経済と国民生活の向上が国民の関心事となっており，「民意」が内政上の重要なポイントとなってきていることを想像させるに十分な記述であった。

2.2 中口との経済交流の活発化—金正日の中国，ロシア訪問

(1) 朝中国境地帯での中国の経済開発プロジェクトの活発化

2009年，北朝鮮に隣接する中国の2つの省の経済開発プログラムが国務院（中央政府）の承認を受け，国家プロジェクトとして採択された。

同年7月1日，遼寧省の「遼寧沿海経済ベルト地域発展計画」が原則承認された。このプロジェクトは2009～2020年を対象期間とする長期経済発展計画である[2]。

同年8月30日に国務院は吉林省の「中国図們江地域協力開発計画要綱」を承認した。この計画も対象期間は2009～2020年の長期プロジェクトである。これは1990年代初めから国連開発計画（UNDP）が提唱してきた「大図們江開発」（GTI）で計画されてきたさまざまなプロジェクトを国内経済計画に取り込む形で，国内の国境地域の開放・開発のための試験的な役割を果たすこと等を目的としている。

2）遼寧省のプロジェクトには，黄海沿岸の都市で，北朝鮮との国境都市でもある，丹東市が重点対象の一つとして組み込まれている。丹東市内に「産業園区」といわれる新都市を作ることを始め，港湾機能の拡張，黒龍江省，吉林省と連結される鉄道の建設などが予定されている。

第6章　朝鮮経済の現状と未来

表6-2　2010〜11年にかけての金正日の中国訪問

回数	時期		訪問地	首脳会談	備考
	開始	終了			
1	2010/5/3	2010/5/7	大連，天津，北京，瀋陽	北京	
2	2010/8/26	2010/8/30	吉林，長春，ハルビン	長春	
3	2011/5/20	2011/5/26	牡丹江，長春，揚州，南京，北京	北京	
4	2011/8/25	2011/8/27	ホロンバイル，チチハル，通化	－	ロシア訪問の帰路

（出所）『朝鮮新報』『朝鮮中央通信』の報道をもとに筆者作成

(2) 金正日の中国訪問

　表6-2のように，2010年から11年にかけて金正日は3回（ロシア訪問の帰途をあわせれば4回）の中国訪問を行った。この3回の中国訪問では，3回とも首脳会談がセッティングされた。

　中国は最高指導部の言葉で，北朝鮮によりいっそうの経済開放を促した。2010年5月の訪中では，総理の温家宝が「中国の改革・開放の経験を紹介したい」と語り，8月の長春での首脳会談では，国家主席の胡錦涛が，中国の改革開放30年の歴史を振り返りながら，経済発展のためには，自力更生モデルだけでなく，対外経済協力が必要であり，それが時代の潮流であることを強調した。このようなストレートな発言が中国の公式発表に掲載されるようになったのは2010年からであり，中国が北朝鮮に強力なメッセージを発したと解してよい。その結果，後述するとおり2011年から朝中間の経済関係に大きな変化が見られるようになった。

(3) 中朝間の「共同開発・共同管理」の始動

　2011年1月には，中国の吉林省・琿春市で生産された石炭（褐炭）が北朝鮮の羅津港経由で上海港へと輸送するプロジェクトが開始され，羅津港は吉林省が海へと出るための出口としての位置づけが明確になった[3]。羅津港を中国が積極的に利用するプランは，吉林省の発展計画の中でも重要なプロジェクトのひとつと

　3）この時は石炭価格が高騰していたため，琿春から羅津までの約100キロを自動車輸送しても採算が合ったが，その後の資源価格の下落で，このプロジェクトは採算制を失い，中止された。

155

してとらえられている。

2011年6月には，遼寧省・丹東市に隣接した黄金坪と威化島が特殊経済地帯である「黄金坪・威化島経済地帯」に指定された。吉林省・琿春市の隣にある羅先経済貿易地帯とともに，中朝共同開発および共同管理プロジェクトの着工式が行われた。羅津港で行われた着工式では，両国が積極的に協力して電力問題を早急に解決し，羅津港の現代化，羅津港—元汀道路の改修を年内に終えて中継貨物輸送と観光業で転換をもたらすべきであるとの演説が行われた[4]。また，中国・吉林省の琿春市から羅先市に至る高圧送電線を建設し，中国から送電を行うことによって，進出する中国企業や中国との取引を行う北朝鮮企業に安定した電力供給を行うことも報道され，中国側は朝中国境までの送電線を建設し，北朝鮮国内でも送電線用の鉄塔を建設するなど一部準備がなされたが，その後の北朝鮮の核，ミサイル開発をめぐる国際的な緊張の激化により，2017年4月末現在でも電力供給は実施されていない[5]。また，「共同開発・共同管理」プロジェクトは，北朝鮮側の窓口となっていた国防委員会副委員長の張成沢が2013年12月に粛清された後，北朝鮮の核，ミサイル開発をめぐる国連安全保障理事会における制裁の強化も相まって，事業条件の悪化から2017年4月現在，進展は極めてゆっくりしたものになっている[6]。

(4) 朝ロ経済協力の活発化

1990〜91年にかけての旧ソ連崩壊に伴い，朝ロ間は疎遠な関係が続いていたが，2000年7月にプーチン大統領が平壌を訪問，「朝ロ共同宣言」に調印した[7]。翌01年8月に金正日総書記がモスクワを訪問し「朝ロモスクワ宣言」[8]が調印され，

---

4) その後2012年10月26日に開通式が行われた。「羅先経済貿易地帯　羅津—元汀道路開通式」『朝鮮新報』ホームページ［http://chosonsinbo.com/jp/2012/10/1031ry/］（最終アクセス2017年8月19日）

5)「延边对朝供电进入实质勘测阶段」『吉林日報』ホームページ［http://jlrbszb.chinajilin.com.cn/html/2011-11/17/content_19716.htm?div =-1］（最終アクセス2017年8月19日）

6) 粛清の際の判決には，羅先経済貿易地帯における外国への土地販売（詳細は書かれていない）も罪状の一つとなっている。「공화국형법 제60조 따라 장성택 사형–국가안전보위부 특별군사재판」［共和国刑法第60条に基づき張成沢死刑—国家安全保衛部特別軍事裁判］『朝鮮中央通信』［http://chosonsinbo.com/2013/12/kcna_131213/］（最終アクセス2017年8月19日）

第6章　朝鮮経済の現状と未来

両国間の新たな関係が正式に確認された。

　両国首脳間の合意に基づき，2006年3月，北朝鮮の金容三鉄道相がロシアを訪問し，朝ロ両国間の鉄道連結のための問題を討議した。その第1段階の措置として，羅津とハサン間鉄道の改修近代化に合意した。同年7月，ロシア鉄道株式会社代表団が訪朝し，金容三前鉄道相と会談した[9]。2007年4月には，鉄道省とロシア鉄道がハサン―羅津鉄道区間の改修近代化に関する覚書を締結した。覚書には，羅津―ハサン鉄道区間の改修近代化事業のため朝ロ合弁企業を設立する点に言及されている。同年11月，ロシア鉄道代表団が羅先を訪問し，羅津―ハサン間鉄道の一部区間と羅津港に対する最終調査を行い下準備は最終段階に入った。2008年3月，北朝鮮鉄道省とロシア鉄道側は平壌で会談を行い，羅津港にコンテナ埠頭を建設し，羅津―ハサン間の鉄道を改修，シベリア横断鉄道を利用した国際貨物中継輸送で協力することと，以上の事業を担当する合弁企業創設に関する法的・技術的問題などを協議し，合弁会社設立契約を結んだ。同年8月6日には羅先国際コンテナ輸送合弁会社（ラソンコントランス）と鉄道省東海鉄道連運会社の間で羅津～豆満江鉄道賃貸契約書が締結された[10]。ロシア鉄道側はハサン―羅津間の鉄道改修を契機に，羅津港へ輸送される貨物をシベリア横断鉄道（TSR）経由でヨーロッパへと輸送する計画を立てている[11]。

　2010年5月からはロシア鉄道の子会社「RZDストロイ」が参加し，割合速いペースで整備が進んでいった[12]。2011年10月13日には，ハサン～羅津間の54キロメートルのうち，ロシア側に近い約32キロの工事が完成し，試験運行が行われた。13年には全通し，同年9月22日には開通式が行われた[13]。翌14年には羅津

7）「朝ロ共同宣言」『朝鮮新報』ホームページ［http://korea-np.co.jp/sinboj2000/sinboj2000-7/sinboj000724/sinboj00072461.htm］（最終アクセス2017年8月19日）

8）「金正日総書記ロシア訪問」『朝鮮新報』ホームページ［http://korea-np.co.jp/sinboj2001/8/0808/81.htm］（最終アクセス2017年8月19日）

9）羅津―ハサン区間鉄道と羅津港の改修事業をロシア鉄道株式会社が担当することが決定し，双方は数次にわたる交渉と現地調査を行い，鉄道と港の運営方式などに合意した。

10）「羅津―ハサン鉄道，7年間の軌跡」『朝鮮新報』オンライン版［http://korea-np.co.jp/j-2008/04/0804j1008-00002.htm］（最終アクセス2017年8月19日）

11）同上

12）「北朝鮮・羅津港向け鉄道改修工事が活発化：金正日氏の訪問に向けて？」『JSN』ホームページ［http://www.jsn.co.jp/news/2011/140.html］（最終アクセス2017年8月19日）

港第 3 埠頭の改修工事も竣工し,同年 7 月18日には竣工式が行われた[14]。同埠頭は当初コンテナ輸送を取り扱うことを前提に建設が行われたが,北朝鮮の核,ミサイル開発をめぐり,日本と韓国が羅津港経由でのコンテナ輸送を禁止していることから,ロシア産の石炭を当初は韓国と中国,2017年 7 月末現在では中国に中継輸送するプロジェクトが行われている(写真 6 - 1)[15]。

その他のプロジェクトとしては,金正日が2011年 8 月24日にロシアのウラン・ウデで行った首脳会談でロシア大統領メドベージェフとの間で合意された,ロシアから韓国に至る天然ガスパイプラインを北朝鮮経由で通すプロジェクトがあるが,その後の南北間の緊張の継続から,アイデアはあるものの実行には移されていない(表 6 - 3)。

2.3 中国との経済交流の活発化—外国投資の受け入れ強化

中ロ,特に中国との経済交流の活発化を象徴する出来事として,この時期に対外的に知られたのは,2010年 1 月20日に平壌で「大豊グループ理事会の第 1 回会議」が開催され,その関連報道で,国防委員会委員長命令「大豊グループの活動を保証するについて」と国防委員会決定「国家開発銀行を設立するについて」「大豊グループ調整委員会を設立するについて」が出されたと報道された時だった[16]。この大豊グループについて,『朝鮮中央通信』は「国家開発銀行への投資誘致および資金源を確保する経済連合体」だと紹介した[17]。

金養建・朝鮮アジア太平洋平和委員会委員長がグループの理事長に,在中朝鮮人の朴哲洙[18]が常任副理事長兼総裁となった。この理事会には,国防委員会,内閣,財政省,関連部署と朝鮮アジア太平洋平和委員会等の代表 7 名が参加して

---

13)「羅津―ハサン鉄道が開通,朝ロ関係発展に寄与」[http://chosonsinbo.com/jp/2013/09/0925mh-01/](最終アクセス2017年 8 月19日)

14)「羅津港 3 号埠頭竣工」[http://chosonsinbo.com/jp/2014/07/20140724riyo-4/](最終アクセス2017年 8 月19日)

15) 三村光弘[2016]「羅津港第 3 埠頭訪問」『ERINA REPORT』No. 132,27〜28頁。

16)「国際金融市場通じてインフラ構築 1 次登録資本は100億ドル」『朝鮮新報』ホームページ[http://korea-np.co.jp/j-2010/04/1004j0310-00001.htm](最終アクセス2017年 8 月19日)

17)「조선대풍국제투자그룹 리사회 제 1 차회의」[朝鮮大豊国際投資グループ理事会第 1 回会議]『朝鮮中央通信』ホームページ[http://www.kcna.co.jp/calendar/2010/01/01-20/2010-0120-016.html](最終アクセス2017年 8 月19日)

第6章 朝鮮経済の現状と未来

写真6-1 羅津港第3埠頭における石炭積み込みの様子（2017年8月）

（出所）筆者撮影

表6-3 2010〜11年にかけての金正日のロシア訪問

回数	時期 開始	時期 終了	訪問地	首脳会談	備考
1	2011/8/20	2011/8/24	アムール州、ブリヤート共和国	ウランウデ	

（出所）『朝鮮新報』『朝鮮中央通信』の報道をもとに筆者作成

いる。特徴は，国家予算以外に，国際金融市場を利用して国家開発の目標を実現

---

18) 朴哲洙氏は，平壌で『朝鮮新報』紙のインタビューに応じ，当面の10年計画では，6つの経済インフラ構築事業を同時に進め，その項目は，食糧，鉄道，道路，港湾，電力，エネルギーだと語っている。具体的には，5年以内に平壌—新義州（平安北道），平壌—元山（江原道）—羅先（咸鏡北道），平壌—開城（黄海南道），恵山（両江道）—金策（咸鏡北道）間の鉄道と道路を画期的に改善し，これに基づいて各都市の開発も同時に行うとしていた。また，事業は「国家予算から完全に独立したプロジェクト」とのことで，大豊グループ自体は株式会社の形態をとっているという。

していくというものだ。

これに関連して，翌11年1月15日には，内閣決定「国家経済開発10カ年戦略計画」が採択された[19]。この計画に従って「国家経済開発の戦略的目標」が制定され，インフラの建設や農業，電力，石炭，燃料，金属など基礎工業と地域開発が中核とされたとされている。「国家経済開発戦略の対象を実行するうえでの問題を総轄する政府の機構」として，内閣の中に国家経済開発総局が新設された。しかも，この計画で確定されたプロジェクトの実行は，朝鮮大豊国際投資グループに委任し，同グループが全面的に担当して実行するというものであった。これらの計画は，その後進展が見られず，2017年4月末現在，プロジェクトは全く進んでいないので，基本的に失敗と見られる。

3 金正恩時代の朝鮮経済──「社会主義文明国」「全民科学技術人材化」

3.1 金正日の逝去と金正恩時代の始まり

2011年12月17日，金正日が逝去した。同月19日発の『朝鮮中央通信』では，地方出張に向かう列車内で「精神肉体的過労」で逝去したと報道された。同日付で国家葬儀委員会の構成が発表され，金正恩は第一順位で，彼の名前だけに「同志」の敬称が付されていた。翌20日には金正日の遺体は錦繍山記念宮殿に安置された。葬儀（永訣式）は同月28日に錦繍山記念宮殿で行われた。金正恩はこの時，朝鮮人民軍大将の称号[20]と朝鮮労働党中央軍事委員会副委員長の職責を持っていた[21]。同年12月29日に開かれた中央追悼大会で最高人民会議常任委員会委員長の金永南が追悼の辞の中で，金正恩を「党・軍・人民の最高指導者」として紹介した[22]。こうして，金正恩時代が始まった。

金正恩は2012年4月11日に開催された第4回朝鮮労働党代表者会において，総書記に代わる党の最高職として新設された「第一書記」に推戴され，政治局常務

---

19)「経済開発10カ年計画を樹立　中核はインフラ建設と基礎工業」『朝鮮新報』ホームページ［http://korea-np.co.jp/j-2011/04/1104j0121-00001.htm］（最終アクセス2017年8月19日）

20)『朝鮮中央通信』2010年9月27日発。

21)『朝鮮中央通信』2010年9月28日発。

22)『朝鮮中央通信』2011年12月29日発。

第6章　朝鮮経済の現状と未来

委員・中央軍事委員会委員長にも就任した[23]。翌々日の4月13日に開催された
最高人民会議第12期第5回会議で「国防委員長」に代わって新設された「国防委
員会第一委員長」に就任した[24]。同年7月17日には，朝鮮労働党中央委員会と
朝鮮労働党中央軍事委員会，朝鮮民主主義人民共和国国防委員会，朝鮮民主主義
人民共和国最高人民会議常任委員会の連名で朝鮮民主主義人民共和国元帥称号を
授与された[25]。その後，2016年5月9日，朝鮮労働党第7回大会において朝鮮
労働党規約改正にともない，朝鮮労働党第一書記に代わって新設された朝鮮労働
党委員長に就任し[26]，同年6月29日，最高人民会議において国防委員会第一委
員長に代わって新設された国務委員長に就任した[27]。

3.2　金正恩時代の開始と新しいキーワード（社会主義文明国，新世紀産業革命，知識経済）

2012年1月1日に発表された『労働新聞』，『朝鮮人民軍』，『青年前衛』三紙の
共同社説では，北朝鮮経済が「知識経済型強国建設の道に入った」と報道された。
また，国家建設の方向性として，「社会主義文明国」という概念が提起された。
これまでも「新世紀産業革命」として情報技術（IT）やナノテク，宇宙技術等
の先端産業を重視し，コンピュータ数値制御（CNC）やファクトリーオートメー
ション（FA）を通じて工場の近代化を推進する方針は出されていたが，それ
を「知識経済」という言葉で総括した[28]。

2012年の初夏から夏にかけて，平壌市内での高層住宅の建設や食堂や商店，ス
ーパーマーケットなど住民サービス施設の完成，最高指導者の一般国民家庭への
突然の訪問，国営の楽団での米国映画のテーマ音楽の演奏やディズニーキャラク
ターに類似した着ぐるみの登場を含む斬新な演出，平壌市内の大規模遊園地の竣
工などが世界に報道された。金正恩がこれらの行事に婦人を同伴したことも北朝
鮮国内はもちろん，周辺国でも盛んに報道された。2012年4月13日のロケット発

---

23)『朝鮮中央通信』2012年4月11日発。
24)『朝鮮中央通信』2012年4月13日発。
25)『朝鮮中央通信』2012年7月18日発。
26)『朝鮮中央通信』2016年5月10日発。
27)『朝鮮中央通信』2016年6月29日発。
28)『労働新聞』2012年1月1日付。

射においては，発射の失敗後すぐに国営メディアで報道されたが[29]，否定的な出来事を即座に報道することは，これまでの北朝鮮の報道ではあまり前例のないことであった。

2012年4月15日の金日成主席誕生100周年慶祝閲兵式における祝賀演説に引き続き，2013年元旦には，19年ぶりに最高指導者がテレビで国民に直接語りかける「新年の辞」が復活した。この新年の辞では，12年末のロケット発射を「人工衛星『光明星-3』号2号機の打ち上げを成功させて総書記の遺訓を立派に実現し，朝鮮の宇宙科学技術と総合的国力を力強く誇示した」とロケット発射が人工衛星の発射であり，世界で10番目の「宇宙クラブ」に入ったことを科学技術政策の面からも評価している。

金正恩時代に入り，中国に対する資源輸出を中心とする輸出増加により，外貨事情を含め，経済状況が好転していったこともあり，世界の主要国と伍した生活文化の完成を目指す動きが盛んになっていった。

「社会主義文明国」とは，『労働新聞』の社説で「全人民が高い文化知識と健康な体力，高尚な道徳品性を身につけて最も文化的な条件と環境で社会主義文化生活を思う存分享受し，全社会に美しくて健全な生活気風が満ち溢れる国」と定義されており，その具体的内容としては，「全般的無料義務教育制，無料治療制が実施され，文学・芸術とスポーツをはじめ，あらゆる文化分野が人々を自主的な思想意識と高い文化知識，健康な体力と高尚な道徳品性を身につけた全面的に発展した人間に育成」[30]することが想定されているようである。

金正恩時代に入り，写真6-2のように，平壌市内では公衆の面前で手をつないで歩くカップルが時たま（現在ではかなり多くなってきたし，まだ数は少ないが地方都市でも見られるようになってきている）見られるようになったし，市内のあちこちに写真6-3のような（写真はたまたま女性だが，男女含め）おしゃれな人々が増えてきている。

平壌市内や各道の人民委員会所在地（日本の県庁所在地に相当）では，携帯電話の利用者も多い。2015年7月現在で加入者は260万人を超え[31]，2016年前半には300万台前半を超えたとの報道もあり[32]，スマホユーザーも着実に増えてきて

---

29) 『朝鮮中央通信』2012年4月13日発。
30) 『労働新聞』2013年9月4日付。

写真 6-2　平壌市内で手をつないで歩くカップル（2016年3月）

（出所）筆者撮影

いるようだ。写真 6-4 のような光景は，平壌やその他の大都市では普通のこととなってきている。

3.3　「生きた宣伝物」としての建設事業

　金正恩時代に入っての変化の一つが，建設事業に力を入れるようになったことである。表 6-4 は金正恩時代の2012年以降に北朝鮮で行われた主要な建設プロジェクトである。初期のプロジェクトはすでに金正日時代から始まっていたもので，住民便宜施設や遊園地，市内中心部の比較的小規模の高層住宅が主なものであった。その後，馬息嶺スキー場や紋繡遊泳場など比較的大規模の娯楽施設や科学者，大学教員向けの住宅などが建設されるようになり，工場の従業員寮や福祉施設なども建設されるようになってきている。ここから見て取れるのは，「社会

---

31)「北朝鮮，携帯電話市場への新規参入はあるか—北朝鮮側からみた携帯キャリア事情」『東洋経済オンライン』2015年7月27日［http://toyokeizai.net/articles/-/78311?amp_event = related_3］
32)「これが北朝鮮のスマホだ！ 利用者が増加中の北朝鮮，どんなサイトが人気なのか？」『Habor Business Online』2017年1月4日。［https://hbol.jp/123943/4］

写真6-3　平壌市内のおしゃれな女性たち（2016年3月）

（出所）筆者撮影

主義文明国」建設で指摘された，教育（教員の生活条件の向上）や医療（病院の増設，特に専門病院），文化，芸術，スポーツ施設といったものが建設の対象になっている，ということである[33]。すなわち，これらの施設の建設そのものが新たな時代の幕開けと新たな指導者のスタイルを国民に理解させる「生きた宣伝物」であるといえる[34]。

　これらの施設，住宅の新規の建設だけではなく，風水害等で破壊された家屋についても早期の復旧を図る事例が増えている。例えば，2015年8月22日からの雨で甚大な被害を受けた羅先市に対して，金正恩は同年8月27日に朝鮮労働党中央軍事委員会拡大会議で，羅先市の被害復旧作業を重要議題として最初に討議する

---

33) 金正恩時代の最初の5年間に建設された施設は，北朝鮮の経済建設に直接結びつくわけではないが，「社会主義文明国」時代の幕開けを国民に実感させる上では，かなり大きな作用を及ぼしていると言える。そして，これらの施設を利用あるいは住宅の利用権を分配された人々は，その経済的利益も含めて新たな時代の「ファン」になっていくように建設の対象や優先順位が設定された，と考えるのはあまりにも勘ぐりすぎだろうか。

第6章　朝鮮経済の現状と未来

写真6-4　平壌市内でスマホを操作する人（2016年3月）

（出所）筆者撮影

ようにし，人民軍が羅先市の被害復旧を全面的に受け持って党創立記念日前までに完全に終えることに関する朝鮮人民軍最高司令官命令を下達した[35]。また同年9月と10月の2回にわたって羅先市の被災現場を視察した[36]。復旧作業には

---

34) 芸術性を重視し，どちらかというと抽象的な「記念碑的建造物」を作った金正日と実用的で国民が直接それを利用，使用することによってありがたみを感じる施設を作った金正恩の違いは，その統治のスタイルの違いを反映しているとも言える（ただし，住民便宜施設や博物館などはすべて有料である。博物館などは教育施設としての性格から，あまりお金がなくても施設は利用できるように入場料は安く設定されているが，中で売られているお菓子や清涼飲料水などはほとんどすべてが市場価格である）。金正恩は国民一人一人の心を掴み，「民意」をその統治の原動力とすべく努力しているように見える。金日成は政治，国家体制を，金正日は軍事を極めたとすれば，金正恩は経済を極めていくことになるのだろう。その道は険しいかもしれないが，それこそが一般の北朝鮮国民が求めていることなのだろうと感じる。

35)「〈第1書記の活動9月〉反帝・自主の立場で共闘」『朝鮮新報』2015年10月6日付。
　［http://chosonsinbo.com/jp/2015/10/20151006riyo/］

36)『朝鮮中央通信』2015年9月18日発，同年10月8日発。

表 6-4　金正恩時代の主要な建設プロジェクト

プロジェクト名	内容	位置	時期
綾羅人民遊園地	遊園地，プール，イルカ館，3D映画館	平壌市中区域	2011～12
柳京院	大衆浴場	平壌市大同江区域	2011～12
人民野外スケート場	スケート場	平壌市大同江区域	2011～12
凱旋青年公園遊園地	遊園地	平壌市牡丹峰区域	2011～12
人民劇場	劇場	平壌市中区域	2011～12
統一通りスポーツセンター	体育施設	平壌市楽浪区域	2011～12
洗浦地区畜産拠点	牧場	江原道	2012～
高山果樹農場	果樹園	江原道	2012～16
平壌国際空港第2ターミナル	空港	平壌市順安区域	2011～15
平壌産院乳腺腫瘍研究所	病院	平壌市大同江区域	
ローラースケート場	ローラースケート場	平壌市内各所	2012～13
倉田通り住宅建設	高層住宅および学校，幼稚園，託児所，商店など各種便宜施設	平壌市中心部	2012～13
馬息嶺スキー場	スキー場	江原道	2012～13
銀河科学者通り	住宅	平壌市龍城区域	2012～13
紋繍遊泳場	屋外，室内プール	平壌市大同江区域	2012～13
美林乗馬クラブ	乗馬クラブ	平壌市寺洞区域	2012～13
祖国解放戦争勝利記念館	博物館	平壌市西城区域	2012～13
金日成総合大学教育者住宅	高層住宅	平壌市大城区域	2013
平壌体育館改修	体育館の改修	平壌市中心部	2013
柳京歯科病院	病院	平壌市大同江区域	2013
玉流児童病院	病院	平壌市大同江区域	2013
清川江階段式発電所(熙川発電所2段階工事)	水力発電所	慈江道，平安北道，平安南道	2013～2015
金正淑平壌紡績工場労働者寮	従業員寮	平壌市船橋区域	2013～2014
松涛園国際少年団キャンプ場改装	キャンプ場	江原道元山市	2013～2014
平壌育児院	乳児園	平壌市大同江区域	2014
平壌愛育院	児童福祉施設	平壌市大同江区域	2014
衛星科学者通り	高層住宅	平壌市恩情科学地区	2014
延豊科学者休養所	休養施設	平安南道	2014
金策工業総合大学教育者住宅	高層住宅	平壌市平川区域	2014
朝鮮人民軍1月8日水産事業所	漁労，水産加工	江原道	2014
未来科学者通り	高層住宅	平壌市平川区域	2015
科学技術殿堂	博物館，電子図書館	平壌市平川区域	2015～16
柳京眼科総合病院	病院	平壌市大同江区域	2016
平壌初等学院，中等学院	寄宿制学校（孤児等）	平壌市寺洞区域	2016～17
黎明通り	高層住宅	平壌市大城区域	2016～17

(出所)『朝鮮中央通信』，『朝鮮新報』の報道をもとに筆者作成

第6章　朝鮮経済の現状と未来

朝鮮人民軍が動員され，羅先市先鋒地区の白鶴洞には，新しい住宅が建設された。

2016年8月29日～9月2日まで主に北部の咸鏡北道の朝中国境地域で起こった水害では，国境河川の豆満江が氾濫し，多くの家屋やアパートが流失した。200日戦闘に参加し，平壌市で黎明通り建設に参加していた主力部隊が水害復旧に派遣され[37]，写真6-5のように，冬の始まりまでには豆満江沿岸の都市のアパートの多くが新築・復旧された。

4　「経済開発と核武力開発の並進路線」

4.1　朝鮮労働党中央委員会2013年3月全員会議での並進路線の提起

2013年3月31日，平壌で朝鮮労働党中央委員会2013年3月全員会議が開催された。金正日第一書記が会議を取りしきり，党中央委員会委員，同候補委員，党中央検査委員会委員が出席した。全員会議では（1）現情勢と革命発展の必要にあわせてチュチェ革命偉業遂行において決定的転換を引き起こすための党の課題について，（2）最高人民会議第12期第7回会議に提出する幹部問題，（3）組織問題が討論された。

（1）に関連して「経済建設と核武力建設を並進させることに対する新たな戦略的路線」が提示された。この路線の意図について金正恩第一書記は報告の中で「新たな並進路線の真の優越性は，国防費を追加的に増やさなくても戦争抑止力と防衛力の効果を決定的に高めることにより，経済建設と人民生活向上に力を集中することができるところにある」と述べた。（3）に関連して，朴奉珠が党中央委員会政治局委員に補選され，玄永哲，金格植，崔富日が党中央委員会政治局候補委員に補選された[38]。

北朝鮮において2013年3月の並進路線が「新たな」並進路線と呼ばれているのは，中ソ対立とベトナム戦争のさなか，キューバ危機直後の1962年12月，朝鮮労働党中央委員会第4期第5回全体会議で示された「経済建設と国防建設の並進路線」があるからである。この時の並進路線はあくまで国防建設がメインであり，

---

37)「咸鏡北道水害復旧作業に尽力」『朝鮮新報』2016年9月12日付。［http://chosonsinbo.com/jp/2016/09/12riyo-jjj01-3/］

38)『朝鮮中央通信』2013年3月31日発。

167

写真 6-5　復旧された咸鏡北道穏城郡南陽労働者区のアパート（2017年8月撮影）

(出所) 筆者撮影

　第2章で述べたとおり，当時行われていた第1次七カ年計画は3年間の延長を余儀なくされた。したがって，2013年3月の並進路線は，1962年12月の並進路線との対比の中で理解する必要がある。

　新たな並進路線の「新しいところ」とは，核開発を進めることで経済制裁の強化などにより経済開発がおざなりになるのではなく，逆に核抑止力を得ることによって米国との戦争の可能性を減少させることができ，そのうち北朝鮮が主張する米国の「対北朝鮮敵視政策」（これには経済制裁も入る）を止めざるを得なくなるのだから，安心して経済建設に邁進することができる，という論理である。長期的なビジョンとしては，通常兵器および兵力は縮小し，不足している労働力を除隊軍人から充当できるようにすることで，経済成長を促進するという考えもあるものと思われる。

　翌4月1日，平壌の万寿台議事堂で最高人民会議第12期第7回会議が開催された。会議では，最高人民会議の法令（1）「朝鮮民主主義人民共和国社会主義憲法の一部の内容を修正・補充することについて」，（2）「朝鮮民主主義人民共和国錦

繍山太陽宮殿法を採択することについて」，(3)「自衛的核保有国の地位をいっそう強固にすることについて」，(4)「朝鮮民主主義人民共和国宇宙開発法を採択することについて」が全会一致で採択された。また，最高人民会議の決定「朝鮮民主主義人民共和国国家宇宙開発局を設けることについて」が採択された。北朝鮮は法的にも核保有国を宣言することとなった。

最後に組織問題が討論され，朝鮮労働党中央委員会の提議によって，朴奉珠・党中央委員会委員が首相に任命された。同氏は2003年9月から2007年4月まで首相を務めた。崔永林前首相は，最高人民会議常任委名誉副委員長となった。金正覚・元人民武力部長と李明秀・元人民保安部長が国防委員から解任され，金格植・人民武力部長と崔富日・人民保安部長が国防委員に選出された[39]。

この2日間の会議で，北朝鮮は非常に重要な2つの決定をした。第一に核，ミサイル開発は「急変する情勢に対処するための一時的な対応策ではなく，恒久的に推し進めていかなければならない戦略的路線であることが強調」され，「決して米国のドルと交換するための商品ではなく，朝鮮の武装解除を狙う対話と交渉のテーブルにのせて論議する政治・経済的取引物ではない」とされた[40]ことであり[41]，もうひとつは，「国防費を追加的に増やさなくても戦争抑止力と防衛力の効果を決定的に高めることにより，経済建設と人民生活向上に力を集中する」として政策を導入した翌日に，金正日時代に経済改革を主導してきた朴奉珠（2007年に解任）を再び内閣総理に任命したことである。

外部でどのように理解されようとも，北朝鮮の国内では核武力の増強によって米国に対して抑止力が生まれ，そのおかげで経済建設に邁進できるという論理で新たな並進路線は説明されている。そして，米国本土を攻撃できる能力を手にしたときには，朝米交渉のゲームのルールが根本的に変わるということを北朝鮮の

---

39)『朝鮮中央通信』2013年4月1日発。

40)「経済建設と核武力建設の並進路線提示／朝鮮労働党中央委員会全員会議」『朝鮮新報』2013年4月1日付。[http://chosonsinbo.com/jp/2013/04/0401ry/]

41) このことに関しては，2017年7月4日の「火星14号」発射に関連して，金正恩が「米国の対朝鮮敵対視政策と核による威嚇が根源的に清算されない限り，われわれはどのような場合にも核と弾道ロケットを協議のテーブルにはあげないであろうし，われわれが選択した核武力強化の道から一寸たりとも引くことはないだろう」と語ったことが報道されている。したがって，2013年3月末から17年7月始めまでの4年と少しの間，核武力開発は着々と進められてきた，ということになる。

169

人々は信じてここまでの道を歩んできたと言ってよいだろう[42]。

4.2　核，ミサイル開発と経済制裁

(1) 北朝鮮による核実験，ロケット・ミサイル発射

　2013年3月末の並進路線の発表以来，北朝鮮は2016年1月6日（いわゆる「水爆実験」）と同年9月9日に核実験を行った。また，2013年〜17年の間に，短距離，中距離弾道ミサイルや多連装ロケット砲の発射もそれ以前と比較して頻繁になってきている。ミサイルの内容も潜水艦発射弾道ミサイル（SLBM）やコールドローンチ型の固体燃料ミサイルなど，これまでよりも技術水準が上がったと考えられるものが多くなっている。

　これは，新たな並進路線が単なるお題目ではなく，北朝鮮が公式に宣言しているとおり，米国本土に到達する大陸間弾道ミサイル（ICBM）とそれに搭載可能な核弾頭を開発することにより，米国に対する抑止力を確保することが目的であると考えられる。また，北朝鮮を核保有国と認めさせ，北朝鮮が一方的に核兵器を放棄する形ではなく，核保有国同士の対等な関係で朝鮮戦争の休戦状態を平和条約，そして朝米国交正常化へと向けた米国による「対北朝鮮敵視政策」の終結を目標としたものであると考えられる。

(2) 国連安全保障理事会決議による経済制裁

　国連安保理決議による制裁は，北朝鮮が2006年10月9日に最初の核実験を行っ

42）日本や米国，韓国では（中国やロシアでも多くの場合そうだが）一般的に，並進路線の核武力開発と経済開発は，核開発が進めば進むほど国連安全保障理事会決議による制裁や日米韓欧の独自制裁によって経済が苦しくなっていくために両立不可能であると考えられている。しかし筆者が北朝鮮の研究者や官僚たちと話す中で感じたのは，北朝鮮国内では，ここで踏みとどまればイラクやリビア，シリア，ウクライナのように大国に踏みにじられるだけであり，核開発を進めて米国が無視できなくなるまで自国の脅威を最大化することによってゲームのルールを変え，米国が「対北朝鮮敵視政策」に修正を加えざるを得ない状況まで追い込んだ上で，「核軍縮交渉」を進めることこそが生きる道であると信じている人がかなり多い，ということである。米国と国家の生存をかけたチキンゲームをやっているわけであるが，やらなければイラクやリビアの二の舞になるだけで負けが決まっており，やれば確率はそれほど高くはないもしれないが勝つかもしれないので，やるしかないのだろう。しかも，今のところ（2017年7月末現在）国民の多くがこれを割合素直に信じているように感じられる。

170

たことを受けて出された安全保障理事会決議1718（2006）（同年10月14日採択）[43) から始まった[44)。その後に出された決議1874（2009）[45)，決議2094（2013）[46)，決議2270（2016）[47)，決議2321（2016）[48)，決議2356（2017）[49)，決議2371（2017）[50) はすべて，体系として決議1718を基本として，その内容を補充，拡張するものとなっている。したがって，北朝鮮に対する国連安保理制裁を理解するためには，決議1718（2006）の制裁条項から見ていく必要がある。

決議1718（2006）における経済制裁条項は，パラ8〜12に規定されている。まず，パラ8は（a）〜（f）までの条項をおいている。（a）は禁輸，（b）は奢侈品以外の物品，（c）は技術訓練，助言，サービス又は援助，（d）は資産凍結，（e）は渡航禁止，（f）は貨物の検査等の協力行動の要請である。パラ9は支払禁止や資産凍結の免除を規定し，パラ10は渡航禁止に関する免除，パラ11は，パラ8の制裁措置の実施を決議の採択から30日以内に，安全保障理事会に報告するよう要請した条項である。パラ12は，制裁委員会の設置と任務に関する条項である。

その後の決議でさまざまな条項が追加されていったが，すべてを説明するには紙幅が足りない。2016年末現在での国連安全保障理事会による対北朝鮮制裁の内容については，日本貿易振興機構［2017: 60-66］の図表11が詳しい説明を行っている。

(3) 各国の独自制裁

国連安全保障理事会決議による制裁のほかに，北朝鮮に対して独自の経済制裁を行っている国としては，米国と日本，韓国，EUをあげることができる。その他に，旧東側諸国を対象として旧西側諸国が横断的に加入しているワッセナーアレンジメント，原子力供給国会合（NSG）の取り決め，オーストラリアグループ

---

43) 文書番号 S/RES/1718（2006），和訳は官報告示外務省第598号（平成18年11月6日発行）。
44) それ以前にも制裁決議ではないが北朝鮮の核問題に対して，安保理で決議第825号（1993年），決議1540号（2004年），決議第1695号（2006年）が出されている。
45) 文書番号 S/RES/1874（2009），和訳は官報告示外務省第328号（平成21年6月19日発行）。
46) 文書番号 S/RES/2094（2013），和訳は外務省告示第83号（平成25年3月19日発行）。
47) 文書番号 S/RES/2270（2016），和訳は外務省告示第67号（平成28年3月11日発行）。
48) 文書番号 S/RES/2321（2016），和訳は外務省告示第463号（平成28年12月9日発行）。
49) 文書番号 S/RES/2356（2017），和訳は外務省告示第203号（平成29年6月9日発行）。
50) 文書番号 S/RES/2371（2017），和訳は外務省告示第288号（平成29年8月16日発行）。

（AG）の取り決め，ミサイル関連機材・技術輸出規制（MTCR）があり，貿易制限が行われている。

日本貿易振興機構［2017: 67-69］が，比較的詳しく制裁内容を解説しているが，米国の対北朝鮮制裁は朝鮮戦争が始まった1950年6月25日の3日後の同年6月28日から開始された。北朝鮮の人々は自分たちの経済を「制裁の中で成長してきた」と形容するが，あながちそれも間違っていないと言える。米国の対北朝鮮制裁の特徴は，単に輸出入を禁止するだけでなく，多国間開発銀行からの援助反対や国際金融機関からの援助への反対の義務づけが行われていることが特徴である。したがって，米国の独自制裁が解除されない限り，米国は時の政権の意思とかかわらず，北朝鮮が世界銀行やアジア開発銀行等に加入することに反対することを法的に義務づけられる。これが北朝鮮の言うところの「敵対視政策」の一部であり，時の政権がこのような問題を解決しようとすれば，立法府を納得させながら一つ一つ解決していくほかなく，時間のかかる，大変に骨が折れる作業となる。

日本独自の対北朝鮮経済制裁は[51]，2006年7月における北朝鮮によるミサイル発射を踏まえて，「特定船舶入港禁止法」に基づく北朝鮮の万景峰92号の入港禁止がとられたのが最初である。

2006年10月9日の北朝鮮による核実験を受けて，国連安保理決議1718（2006）が出された。日本は同年11月14日に輸出貿易管理令等を改正し，決議1718（2006）の制裁リストを国内的に実施するようにしたほか，単独制裁措置がさらに強化され，「特定船舶入港禁止法」によるすべての北朝鮮籍の船舶の寄港禁止，「外国為替および外国貿易法」による北朝鮮からの輸入の全面禁止と北朝鮮籍の者の原則入国禁止が行われるとともに，仲介貿易取引（北朝鮮から第三国へ輸出する貨物の売買に関する取引）や輸入代金支払（北朝鮮からの輸入貨物の代金の支払）も禁止された。

2009年6月16日の閣議決定で，人道目的以外の北朝鮮を仕向地とするすべての品目の輸出と北朝鮮を仕向地とする第三国からの貨物の移動を伴う貨物の売買に

51）外務省ホームページの「北朝鮮」，経済産業省ホームページの「対北朝鮮制裁関連」，財務省ホームページの「経済制裁措置および対象者リスト」，一般財団法人安全保障貿易情報センターホームページの「最近の経済制裁措置」などに最新の情報が掲載されている。

第6章　朝鮮経済の現状と未来

関する取引（仲介貿易取引）を許可制にすることを決定し，同日，輸出貿易管理令と外国為替令を改正し，事実上禁止にした。このため，2010年以降，日朝の直接貿易は統計上ゼロになっている。日本の独自制裁は行政府が行っているものであり，米国の制裁と比較すると解除はそれほど難しくない。

　その他の制裁措置も数多くあるが，以上が主要な制裁措置である。

　日本貿易振興機構［2017: 71-72］によれば，韓国の対北朝鮮独自制裁は，2010年3月のいわゆる「天安艦事件」の原因調査の結果，韓国政府はこれを北朝鮮の魚雷攻撃と断定し，同年5月24日に済州海峡の全面通航不許可，南北交易の中断，韓国国民の訪朝不許可，対北心理戦再開，黄海での米韓合同軍事演習，大量破壊武器拡散防止に向けた海上遮断訓練，国連安保理レベルでの対北措置の推進などを含めたいわゆる「5・24措置」をとり，同年11月の延坪島への北朝鮮の砲撃を受け，韓国政府は開城工業団地以外の南北間経済交流を遮断した。2016年2月11日には開城工業団地の操業も停止し，南北間の経済交流はほぼ断絶することとなった[52]。

　日本貿易振興機構［2017: 70-71］によれば，EUの対北朝鮮独自制裁は，それほど多くはなく，基本的には国連安全保障理事会決議にともなう制裁を円滑に実行するための措置であるとされる。奢侈品の品目や朝鮮民族保険総会社への制裁追加が独自の制裁と言えるかもしれない。

5　経済政策の方向性

5.1　経済管理改善への準備

　日本貿易振興機構［2017: 6］によれば，金正恩は金正日の永訣式当日の2011年12月28日に関係幹部たちを前にして，社会主義企業管理方法を現場の要求に即して速やかに完成するよう求めたのに続き，翌12年には，内閣の幹部および，学者らを招集し，「生産者自身が生産と管理における主人としての責任と役割を果たすようにする社会主義企業管理方法」を完成するように研究課題を提示した。これを受けて，内閣内に「常務組」と呼ばれるタスクフォースがつくられ，研究

---

52)「開城工業団地の閉鎖で被害総額は8,152億ウォン規模に」『通商広報』2016年03月23日。
　　［https://www.jetro.go.jp/biznews/2016/03/5a92109c86dae13e.html］

173

機関，経済部門関係者らと幾度にもわたり国家的な協議会や討論会などを開催し，具体的な方法論などを討議したといわれている[53]。

　日本貿易振興機構［2017: 6］によれば，2012年下半期から，一部の協同農場で「圃田担当責任制」および現物分配等を試験的に実施した。また，工業部門では経済の部門別（電力，石炭，金属，機械工業などの各部門）に中央，道，地方の各地域の等級に応じてそれぞれ2〜3の企業で試験導入が始まり，初期には100余りの企業で，年末には200余りの企業で試験的に導入された。

　2013年の年頭に発表された「新年の辞」では経済指導と管理を改善すべきであるとの言及がなされ，各部署での経験を広く普及することが指示された。また，「新たな並進路線」が発表された朝鮮労働党2013年3月全体会議でも「朝鮮式経済管理方法を研究完成」せよとの発言があったことを受け，試験的導入の結果に基づき，より幅広く普及されることになった。同年から全国の協同農場で「圃田担当責任制」の全面的導入が始まり，4月からは独立採算制企業に対し計画権，生産組織権，分配権，貿易および合弁・合作権などの権限を与える措置がとられた。それらの措置は8月に「社会主義企業責任管理制」として定式化された。

　新たな経済政策のうち，農業部門における政策については，2014年2月6日の「全国農業部門分組長大会」で，個人あるいは少数のグループに特定の田畑を割り当て，肥育管理に責任を持たせ，分配にもその結果を重視する「圃田担当責任制」が金正恩書簡の中で定式化された[54]。同年6月18日には国家経済開発委員会と合弁投資委員会が貿易省と一体化され，「対外経済省」となった。経済開発

---

53) 経済管理改善の原則として語られているのは，次の通りである。「経済管理方法を改善することにおいてわれわれが堅持するのは，第一に社会主義原則を徹底して守ることであり，第二に国家の統一的指導の下にすべての事業を行うことだ。集団主義に基づいて向上，企業所に責任と権限をそのまま与え，彼らが主人としての立場で働くことができる方法を探求することである」としている。また，実務者や学者がさまざまな改善案を提示した場合に，どうするかであるが，必ずそれを現場でテストしてから導入するとの見解も次のように示されている。「この過程でよい案が提起されたが，経済現場におけるテストを経ずに導入することはできない。経済的試験を行ってみて，成果が出れば全国的に導入しようと思う。まだ大部分が研究段階にある」「《우리 식의 경제관리방법》의 완성을／내각 관계자 인터뷰」［「『朝鮮式の経済管理方法』の完成を／内閣関係者インタビュー」］『朝鮮新報』2013年5月10日付。［http://chosonsinbo.com/2013/05/0510th-4/］，「『ウリ式の経済管理方法』の完成を』『朝鮮新報』2013年5月17日付。［http://chosonsinbo.com/jp/2013/05/0517th/］

区の追加指定も行われ，対外的に投資を積極的に誘致する方針が継続していることも確認された。

2014年9月号の朝鮮労働党の理論誌『勤労者』に，国家計画委員会のリ・ヨンミン副局長が，「（金正恩第一書記が）今年5月に歴史的な労作を発表し，現実発展の要求に合う朝鮮式経済管理方法を確立するために行うべき綱領的指針を明らかにされた」と記し，その「綱領的指針」の基本的な中身などを説明している[55]。

同年9月3日付『労働新聞』には，「朝鮮式経済管理の優越性と威力を高く発揚しよう」と題した社説で，経済管理改善の方向性に対して，「社会主義原則を確固として堅持しなければならない」と社会主義原則の堅持を強調している。翌10月22日付の同紙の別の記事によれば，「経済事業において社会主義原則を堅持すると言うことは，生産手段に対する社会主義的所有を擁護固守し，集団主義原則を徹底して具現するということである」と規定している。この2つの記事から，国営企業の私有化は現段階で許容されないことがわかる。しかし，所有制に手を付けない「経営面での工夫」について，それを否定するような記述はなく，「社会主義企業責任管理制」に基づく経済管理方法の改善（経済改革）の実行がいよいよ準備段階から慎重な実行段階に入ろうとしていると見ることもできる。

では，企業の経営自主権が拡大するとすれば，具体的にどのようなことが起こるのだろうか。金正日時代の「経済改革」で，国営企業が非国営部門との取引を行うようになってきたことは紹介したが，現在ではそれに加えて主に軽工業部門の国営企業が利益をあげるために事業を行うことが一般化しつつある。商品や原材料の売買だけではなく，投資にも非国営部門が関与する場面が増加していると

54）この書簡では，「分配における均等主義は社会主義的分配の原則とは縁がなく，農場員の生産意欲を低下させる有害な作用を及ぼします。分組は，農場員の作業日の評価を労働の量と質に応じて，そのつど正確に行わなければなりません。そして，社会主義的分配の原則の要求に即して，分組が生産した穀物のうちで国家が定めた一定の量を除いた残りは，農場員に各自の作業日に応じて現物を基本として分配すべきです。国は，国の食糧需要と農場員の利害，生活上の要求を十分検討したうえで合理的な穀物義務売り渡し課題を定め，農業勤労者が自信を持って奮闘するようにしなければなりません」と前年の分組管理制の強化における重大な問題となっていた現物分配の不徹底の問題を指摘し，是正を促した。

55）詳しくは福田恵介「北朝鮮，始まった市場経済への転換」東洋経済オンライン［http://toyokeizai.net/articles/-/55436］参照。

言われている[56]。また，個人での商売だけでなく，より規模の大きい実質的に「民営企業」と呼ばれるものの存在も，韓国の研究などでは触れられることが増えてきた。金正恩時代の「経済改革」は，前述した社説や記事から見る限り，金正日時代の経験を咀嚼しつつ，「何が社会主義なのか」という問いに正面から答えるイデオロギー的準備を行いつつ推進する点に特徴があるといえる。その成否いかんは，おそらくわれわれが中国の例から，「改革開放」と呼んでいる市場的要素を導入した制度が北朝鮮でも導入されるかどうかを左右するであろう。

筆者の複数回[57]にわたる北朝鮮の学者とのインタビューの結果，2014年5月の指針の内容は，経済全般に対する管理方法において，2つの原則を持つとされている。まず，(1) 国家の統一的指導と戦略的管理を正しく実現することすなわち，科学的な経済発展戦略を作成して，それに基づいて展望計画（長期経済計画）と現行計画（年ごとの経済計画）を作成し執行することと，(2) 経済事業に対する朝鮮労働党の政治事業を先行させることである[58]。

5.2 社会主義企業責任管理制の導入

(1) 工業における社会主義企業責任管理制

工業部門における社会主義企業責任管理制は，工場企業所（独立採算制で運営される機関を「社会主義企業体」と呼ぶ）の経済管理方法を前述した2つの原則を守りながら改善していくとことである。経済計画の樹立や指導，統制において，重要な戦略的指標は中央政府が引き続き管轄するものの，その他の指標については地方の人民委員会や各企業体に計画作成権限を委譲されることになるとされている[59]。そして各社会主義企業体に，生産組織権，管理機構および労力調整権，製品開発権，品質管理権，人材管理権，貿易権・合弁合作権，財政管理権，価格制定および販売権を委譲していく方針であるとされている。また，「平方メートル管理制」のように，設備や建物，面積，道路，アパートのような単位を基準に

---

56) 日本貿易振興機構［2017: 45-49］

57) 2014年4月および2016年3月。

58) 朝鮮労働党第7回大会で金正恩第1書記が言及した2016年から20年までの国家経済発展5カ年戦略目標はこの「科学的な経済発展戦略」に相当すると考えられる。

59) 中央政府が管轄する指標が以前は10あったとすると，現在では1～2つの重要指標のみ中央政府が作成するようになったと言われている。

第6章 朝鮮経済の現状と未来

様々な管理制および責任制を導入し，統一的指導を強化しつつ，企業体ごとの戦略的管理や経営判断を重視していく方針であるとされている。

(2) 農業における社会主義企業責任管理制

農業部門における社会主義企業責任管理制は，協同農場（独立採算制で運営される機関を「社会主義企業体」と呼ぶのは工業部門と同じ）の経済管理方法を前述した2つの原則を守りながら改善していくことは工業部門と同じである。

その方法としては，分組管理制の中で責任制をより高めるための方法として，個人あるいは少数のグループに特定の田畑を割り当て，肥育管理に責任を持たせ，分配にもその結果を重視する圃田担当責任制が2012年の後半から全国的に導入された[60]。翌13年から実質的に導入され，2014年2月6日の「全国農業部門分組長大会」における金正恩書簡の中で，「圃田担当責任制」が定式化された[61]。国家による生産計画はこれまでと同じく分組（平均的には15〜25人程度とされている）に示達されるが，分配の際に分組の中で，担当する圃田の収穫高を重視して現物で分配することになっているようである[62]。

6　朝鮮労働党第7回大会と経済部門間連携への挑戦

6.1　大会の概要

2016年5月6日〜9日に平壌市の4・25文化会館で朝鮮労働党第7回大会が開

---

60) 2012年はほぼ終わりの段階で導入されたため，本格的な導入は2013年からとなった。

61) この書簡では，「分配における均等主義は社会主義的分配の原則とは縁がなく，農場員の生産意欲を低下させる有害な作用を及ぼします。分組は，農場員の作業日の評価を労働の量と質に応じて，そのつど正確に行わなければなりません。そして，社会主義的分配の原則の要求に即して，分組が生産した穀物のうちで国家が定めた一定の量を除いた残りは，農場員に各自の作業日に応じて現物を基本として分配すべきです。国は，国の食糧需要と農場員の利害，生活上の要求を十分検討したうえで合理的な穀物義務売り渡し課題を定め，農業勤労者が自信を持って奮闘するようにしなければなりません」と前年の分組管理制の強化における重大な問題となっていた現物分配の不徹底の問題を指摘し，是正を促した。

62) ただし，担当する圃田の収穫高だけでなく，分組や作業班，協同農場の共同作業にどれだけ参加したかについても評価対象になるので，中国のような個人の請負営農方式ではない，という説明が北朝鮮の学者からなされた。

177

催された[63]。1980年10月の第6回大会以来，35年半ぶりに開催された第7回大会では，(1) 朝鮮労働党中央委員会の活動総括，(2) 朝鮮労働党中央検査委員会の活動総括，(3) 朝鮮労働党規約改正について，(4) 敬愛する金正恩同志をわが党の最高位に推戴することについて，(5) 朝鮮労働党中央指導機関の選挙の5つの議題で議事が進行した。

初日の6日には，金正恩第一書記による開会の辞と議題の決定，朝鮮労働党中央委員会の活動総括が行われた。この活動報告は，(1) チュチェ思想，先軍政治の偉大な勝利，(2) 社会主義偉業の完遂のために，(3) 祖国の自主的統一のために，(4) 世界の自主化のために，(5) 党の強化，発展のためにと5つの部分からなる。

第一部分では，1980年代後半から90年代前半の旧ソ連・東欧の社会主義政権崩壊，94年の金日成主席の逝去後の情勢に関連して，「民族最大の痛恨事の後，我々を圧殺しようとする帝国主義者とその追随勢力の政治的・軍事的圧力と戦争挑発策動，経済封鎖は極に達し，そのうえ，ひどい自然災害まで重なり，経済建設と人民生活は，筆舌に尽くしがたい試練と難関を経ることになりました」「わが祖国の安全と社会主義の運命は危機に瀕し，朝鮮人民は歴史に類を見ない『苦難の行軍』，強行軍をおこなわなければなりませんでした」としている。そのような状況への対応として，「銃剣重視，軍事優先の原則に立って軍事をすべての事業に優先させ，人民軍を中核，主力部隊として革命の主体を強化し，それに依拠して社会主義偉業を勝利に向けて前進させていく金正日式社会主義基本政治方式」である先軍政治が実施されたとしている。そこでは「軍事重視，軍事優先の原則に立って国防工業の発展に第一の力を注ぎ」，「反帝・自主の立場と社会主義の原則を堅持」し，「『苦難の行軍』，強行軍を成功裏に終えるとともに，祖国の安全と自主権，社会主義を誇り高く守り抜」いたとしている。そして，この時期に朝鮮半島において大規模な戦争が起こらず，平和を守ったことこそが，「先軍政治のおかげ」であり，朝鮮労働党の「最大の功績」であるとしている。経済面では「国防工業を優先的に発展させながら同時に軽工業と農業を発展させる」「社会主義強国の建設」があり，金正日時代の成果として「朝鮮労働党の指導のもとに，わが軍隊と人民が，アメリカを頭目とする帝国主義連合勢力に単独で立

---

63)『労働新聞』2016年5月7日，8日，9日，10日付。

178

ち向かって社会主義を守り，社会主義偉業を勝利に向けて前進させてきたことは歴史の奇跡であり，これは，チュチェ思想，先軍政治の偉大な勝利です」と評価している。

金正恩時代については，「金日成―金正日主義を永遠なる指導思想」とし，「党員と人民を領袖の遺訓貫徹戦」へと立ち上がらせ，「党を組織的，思想的にさらに強化し，権柄と官僚主義，不正腐敗を根絶するための全党的なたたかい」を行ったうえで，「新たな情勢と革命発展の要求に即して経済建設と核武力建設を並進させるという戦略的路線を打ち出し」たとしている。

経済建設の成果においては，「国防工業と国防科学技術部門では，世界を驚嘆させる飛躍的発展」を遂げたとし，人民経済部門（一般の経済）については，「主体化，近代化，科学化が，積極的に推進された」としている。

第二部分では，「全社会の金日成―金正日主義化」が重要な目標であり，経済面においては「社会主義強国建設[64]」が重要な課題とされている。そのために，人民政権を強化し，思想，技術，文化の「3大革命」を推進し，「自彊力第一主義[65]」を方法論として採用し，「科学技術強国[66]」を作り上げていくことを強調している。そのために人材育成に力を入れ「全人民科学技術人材化[67]」を実現していくべきであるとしている（現在は修学前1年，初等教育5年，中等教育6年の合計12年が義務教育）。経済建設については，「わが国は堂々と政治・軍事強国の地位を占めましたが，経済部門はまだ相応の水準に達していません」との認識を示し，その理由として「先端水準に達している部門がある反面，ある部門は著しく立ち後れており，人民経済各部門間のバランスがとれておらず，先行部門

64）「国力が強く，限りなく繁栄し，人民がこの世にうらやむことのない幸せな生活を思う存分享受する天下第一の強国」と定義されている。

65）「自分の力と技術，資源に依拠して主体的力量を強化し，自分の前途を切り開いていく革命精神です」「自彊力第一主義を具現するための闘争方式は，自力更生，刻苦奮闘です」と定義されている。

66）「国の科学技術全般が世界の先端水準に達した国，科学技術の主導的役割によって経済と国防，文化をはじめ，すべての部門が急速に発展する国」と定義されており，その目標は「近い将来に総合的科学技術力において世界の先進国の隊列に堂々と加わること」と定義されている。

67）「社会の全構成員を大卒程度の知識を身につけた知識型勤労者，科学技術発展の担い手にするための重要な事業」と定義されている。

が先行していないため国の経済発展に支障をきたしています」としている。この状況を改善するために「自立性と主体性[68]が強く、科学技術を基本生産力として発展する国」を目指すべきであるとしている。また、「食糧の自給自足を実現」することを目標とし、「経済発展と人民生活で提起される物質的需要を国内生産で充足しうる多面的かつ総合的な経済構造を構築し、絶えず改善、完備すべき」であるとしている。方法論としては、「人民経済の各部門で科学技術と生産の一体化」を行い、「社会主義企業責任管理制を正しく実施」することとしている。

第2日目である7日には事業総括報告の続きと討論、8日には金正恩第一書記による「朝鮮労働党中央委員会の活動総括」に対する結語と第2議題である朝鮮労働党中央検査委員会の活動総括が行われ、決定書「朝鮮労働党中央委員会事業総括報告に対して」が採択された。9日には第3～5議題が議論された。また、決定書「朝鮮労働党規約改定に関する決定書」が採択された。新たな党規約では、党の最高の職責を朝鮮労働党委員長に新たに規定し、朝鮮労働党委員長は党を代表し、全党を導く党の最高指導者であるということについて定めた。これと関連し、党中央委員会書記職制を副委員長に、道・市・郡党委員会と基層党組織の責任書記、書記、副書記職制を委員長、副委員長に、党中央委員会書記局の名称を政務局に、道・市・郡党委員会書記処の名称を政務処と規制した。

また、決定書「敬愛する金正恩同志をわが党の最高位に推挙することについて」が採択された。これにより、金正恩第一書記は、朝鮮労働党委員長となった。

そのほか、大会では、党中央指導機関の選挙が行われ、第7期第1回全員会議の決定による、党中央委員会政治局常務委員会と政治局などに対する選挙結果が発表された。

6.2 大会の意義

この大会は、金日成時代末期と金正日時代には主として経済の悪化、南北の力関係の変化から明確な成果を誇示できないことから開催できなかった大会を、35年半ぶりに行なったことで、諸外国の関心も高く、金正日時代から金正恩時代への変化を国内外に印象づける結果となった。

これまでの大会では、政治、軍事、経済の分野で大きな進歩をある程度の数字

---

68)「原料と燃料、設備の国産化」が重要な要素であると定義されている。

第6章　朝鮮経済の現状と未来

の裏付けをもって発表し，体制競争の相手方である韓国や西側諸国に対して，社会主義の優位性を宣伝する内容となっていた。

今回の大会を見ると，そのような南や米国に対する対抗心はもっぱら軍事面に限られており（「経済建設と核武力建設の並進路線」の恒久化および核保有国としての初歩的な「核ドクトリン」の再確認），政治分野では「党内に分派を作った現代版宗派分子を断固粛清」「権勢や官僚主義，不正腐敗行為が根本から消えるまで戦い」と基本的には国内向けのものに止まった。経済に関しては，実績を誇示するというよりは，現状の困難さを率直に認め，現実から出発して改善を行っていくことを呼びかけている。

本大会は対南，対米では現体制を認めることを要求し，吸収合併の試みに対しては，核の使用も含めた徹底した反撃を行うことを宣言するとともに，現政権の存在を認め，対話によって問題を解決する立場をとれば，対話に応じる姿勢があることを明らかにしている。

国内政治的には，政治の多元化を拒否し，朝鮮労働党の一党独裁と「領袖」論をそのまま受け継ぐことを宣言した。というよりは，本大会自体が，金正恩委員長を正当な領袖とするための手続きであったと言えるであろう。

経済に関しては，これまでの党大会とは異なり，困難な状況にあることを最高指導者が認め，現実から出発して経済を建設していこうとする姿勢を見せた。そして，金正恩政権発足後推進してきた新たな経済管理方法を公式化し，漸進的な経済管理改善を行うことを宣言している。この点は非常に率直で，金正恩時代における重要な変化の一つであると言える。

また，同大会では，2016年初めからすでに実施されていた2016～20年の「国家経済発展5カ年戦略」実行が「発表」され，内容は電力，石炭，金属，鉄道運輸部門，基礎工業部門等が中心となっている[69]。重化学工業の復活が北朝鮮経済の復活と認識されていることが明らかになった。具体的な目標数値が報道されていないが，4大先行部門（石炭，電力，金属，鉄道）と基礎工業部門が優先する方針が堅持されていることから，経済管理の改善はあるとしても，米国との関係の改善（あるいは逆に戦争）など，北朝鮮の将来を規定する大変化がない限り，当面大きな産業政策の変更はないと思われる。

69）詳しい内容については，日本貿易振興機構［2017: 33-44］を参照。

181

この第7回大会は，35年半ぶりの大会であり，大会を開いたこと自体が実績となった。これまで大会を開くことができなかったのは，経済が悪かったからであるが，現在では悪い経済を公に認めてしまい，経済建設目標にも実数がなくなっている。数値目標は対外的に公表できないほど悪いが，悪いということを認めてしまったことにより，非常時を平時へと転換してしまった。核兵器開発の進展により，対内的には核抑止力により，米国の攻撃を受けない存在にまで成長させたという「実績」による自信感に裏付けされていると言えよう。

7　おわりに─朝鮮経済の未来像

北朝鮮は，対外公開されている学術誌の中でも，社会主義の固守を除けば，具体的内容において資本主義国の経営管理方法と相似点が多いものや，ドグマ的に状況を捉えるのではなく，社会の現状を認めたうえで，現実的な解決策を模索する必要を示唆しているものなど，自らの社会の現状をどう創造的に解決するかをそれなりに真剣に議論している。しかし，国営企業の私有化や民営企業の設立といった社会主義経済の根本である所有制にかかわる議論は未だに封印されている。日本貿易振興機構［2017: 44-49］にもあるとおり，北朝鮮経済は公的部門以外に非国営部門がかなりの力をつけてきており，公式の議論には出せない，さまざまな状況があることは想像に難くない。

北朝鮮では，対外公表する情報については，相当なスクリーニングを経たものしか出さない[70]。その傾向からいえば，前節や前々節の議論で，海外に伝わっている内容よりもはるかに具体的かつ現状を踏まえた直接的な議論が北朝鮮国内ではなされていると考えてよい。そして，その中には「社会主義とは何か」という根源的な問いも含まれていると筆者は考えている。北朝鮮の経済政策の方向性が完全に固まるまでには，まだもう少し時間がかかりそうであるが，前述したような議論が外国からも垣間見えていることは，金正日時代と比較してより経済に集中することを念頭に置いていると考えることができよう。

---

70) 北朝鮮で学術交流を行うときは，相手の研究者は対外的に話してよい内容を書いたメモを機関決定して持参しており，それを大きく外れた回答は期待できない。また，そのメモを見たいといっても見せてもらえないことがほとんどである。

第6章　朝鮮経済の現状と未来

　経済開発と核武力開発の並進路線をめぐっては，北朝鮮は米国本土に達する核兵器およびその運搬手段を作り出し，米国が北朝鮮との交渉に応じざるを得ないところまで追い込むことをその主たる目的としているように見える。そうだとすれば，これまでの国連安全保障理事会決議による国際的な制裁や日米韓の独自制裁は北朝鮮経済にそれなりに悪影響を与えることには成功したが，北朝鮮の核，ミサイル開発を断念させるという目的は達成できていないことになる。北朝鮮は米国が振り向くまで脅威を与えることだけが生きる道であると考えるようになっており，当分の間米国との間で極めて緊張度の高いチキンゲームが続くことが予想される。この緊張を戦争という形にしない智恵が日本を含めた当事者に求められている。この問題がある程度の解決を見ないことには，対外経済関係の拡大も難しいし，世界銀行やアジア開発銀行，アジアインフラ投資銀行といった国際金融機関への加盟も無理であろう。したがって，当面は朝鮮半島の核問題をめぐる軍事的，国際政治的な情勢が北朝鮮経済を大きく制約，左右することになる。逆に，その問題が解決したときには，経済は少しずつ政治の従属変数から脱していく可能性が高く，北朝鮮経済は新たな段階に入っていくだろう。

　だとすれば，筆者のように北朝鮮の経済研究にかかわる者は，日本で活動しようと北朝鮮や韓国，中国，ロシア，米国などどこで活動しようとも，大きな状況が動いたときに北朝鮮がどのように変わっていくのかを考えられるようにするために，基本的な情報と北朝鮮国内における議論の動向，そして北朝鮮の人々がこの世界をどのように感じているのかについての感性に対して，常に敏感である必要がある。

183

おわりに

　朝鮮半島では，日本の敗戦にともなう植民地朝鮮に対する連合国の占領から始まり，米ソ対立の深化によって統一国家での独立ができない状況の中，1948年に南北が別々の国（分断国家）として独立した。50年6月には朝鮮戦争が始まり，北朝鮮が東側陣営を，韓国が西側陣営を代表する形で米国を中心とする国連軍，中国人民志願軍が参戦し，南北双方で戦闘員のみならず，非戦闘員にも多くの犠牲者が出た。休戦後も朝鮮半島には統一した国家は生まれていない。

　53年7月の休戦後，北朝鮮は米国や日本，韓国といった西側陣営と対立しつつ，東側陣営からの支援を受けながら，急速な社会主義化を進めた。ところが，50年代の末から1960年代にかけて，隣国であり，社会主義の大国であるソ連と中国が対立し，北朝鮮は双方から忠誠を求められた。1970年代にはベトナム戦争（米国による攻撃，第2次朝鮮戦争の危機），キューバ危機（米国との対立を解消するためにソ連はキューバを見捨てた）があり，経済建設よりも国防建設を優先せざるをえなかった。このような経験から北朝鮮は，大国は自国の利益のために小国を裏切るという教訓を得，自国で必要なものは基本的に自国でまかなうという方針を維持してきた。

　1989〜91年に進行したソ連・東欧の社会主義政権崩壊は，経済的には社会主義世界市場の喪失を，政治，安全保障面ではソ連の「核の傘」の消失をもたらした。重工業中心の経済政策を農業，軽工業，貿易の重視へと変更し，資本主義国との関係改善を図ろうとしたが，米国をはじめ旧西側諸国は，北朝鮮を新たな世界秩序の下での国際社会に迎え入れる努力をするよりは，崩壊を待った。北朝鮮は米国との対立に独力で対処せざるを得ない状況に陥った。90年代中盤に多くの餓死者を出すほどの経済危機を経験しながらも，体制は崩壊しなかった。北朝鮮は，国家の生存のためには抑止力の強化あるのみと考え，再び重工業重視の政策に戻り，さらに核兵器を持つことが必要と考え，核，ミサイル開発を進めてきた。

　金正日時代が正式に発足した1998年以降，北朝鮮では国民生活を向上させるために，経済的インセンティブを導入しようとする経済改革が行われた。市場（い

185

ちば）も公認され，国家だけでなく，民間の経済活動も活発になったが，2005年以降は改革のペースが落ち，07年からは引き締めムードになり，09年11月には経済活動を国営部門中心に戻すための貨幣交換が行われた。しかし経済の実態はすでに不可逆的に変化しており，市場（いちば）の取引や外貨使用の禁止は間もなく取り消された。

　2010年以降は，民間の経済活動が一定の影響力を持っている前提で政策が形成され，実態を制度に取り込んでいくためのさまざまな政策の調整が行われている。それらは社会主義企業責任管理制と呼ばれ，生産現場や農場の裁量を拡大する形で，生産に従事する労働者や農民の生産意欲を高めつつ，現場の実情に合った経営戦略をとることができる制度である。その根底には，国民生活を高めなければ，現政権が支持されないという冷徹な現実を直視する精神がある。とはいえ，経済一辺倒になったわけではない。米国との熾烈な対立は現在も続き，政治的には生産手段の社会的所有を中心とする社会主義と朝鮮労働党の指導，組織生活に代表される集団主義を守らなければならない。それが，現時点での北朝鮮の経済政策の限界である。

　今後，朝鮮半島の核問題が解決へと向かい，朝米関係に改善が見られるとすれば，北朝鮮は現在よりはるかに良好な政治，安全保障的環境の中で，政治を先行させながらも，国民生活の向上を図るため，経済をより重視する政策をとる可能性が高い。その方向性はおそらく現状の追認であり，それを突き詰めていけば，現状で認めていない私有化の容認にまでに至る可能性もある。すなわち，核問題の解決後には，北朝鮮社会の根幹にかかわる「社会主義とは何か」という問いに正面から答えざるを得ない時代が来るとも言える。

　金正恩時代の北朝鮮は，国民からの安心，安全な環境の構築（安全保障），生活向上（経済）への期待がこれまでになく高まっており，国民のこのような欲求に時の政権がどれくらい応えていけるのかが，支持のバロメーターとなる。為政者にとっては，極めて厄介な環境ではあるが，北朝鮮の歴史上はじめて，国民生活の向上こそが国家の役目であるという時代に入る可能性があり，周辺国に比して遜色のない経済（社会主義文明国家）が本当に実現するかもしれない。

　視点を北東アジア全体に拡大してみると，朝鮮半島の核問題の解決への方向性いかんでは，今後の北東アジアは，本当の意味で東西冷戦の終結を前提とした新たな国際秩序を域内の国々が協力して作り上げていく時代に突入するかもしれな

い。そのプロセスは十年単位での相当の時間を要し，日本を含め，各国にとって相当骨の折れる作業となるだろう。しかし，われわれの住む北東アジアを平和で繁栄した地域にしていくためには，この苦労を避けて通ることはできない。本書が，日本が北東アジアにおける近未来の「平和を維持し，専制と隷従，圧迫と偏狭を地上から永遠に除去」（日本国憲法前文）する営為の中で，それなりに「名誉ある地位」（同）を占めるために少しでも貢献できるとすれば，筆者にとっては無上の喜びである。

* * *

筆者が最初に朝鮮半島とのかかわりを持ったのは，1984年，中2の春だった。筆者が通っていた中学校は当時は国際線が就航していた伊丹空港の近くにあり，大韓航空職員の子供たちが何人か在籍していた。NHKでハングル講座が始まり，朝鮮半島に関心を持つ先生が，テレビやラジオではなく，同級生たちから朝鮮語を学ぶサークルを作ったとき，私も誘われた。

その時は何の考えもなく，単に興味だけではじめたのだが，次第に韓国に対する関心が深まり，中学校を卒業した後の春休み，すでにソウルに帰国していた友人の家に，列車とフェリーを乗り継ぎ，遊びに行った。高校時代は朝鮮半島関係で本が出れば，学校の図書館でリクエストして読みふけった。

1987年の春休み，筆者は中学時代の友人と3週間の中国大陸と香港への旅行に出た。中国好きの友人は一人で旅に出ようと思ったが，親に反対された。周辺で唯一，海外一人旅をした実績のある筆者と一緒なら行ってもいいとのことで，筆者に一緒に行こうと誘った。筆者は当時，韓国好きが高じて，このままでは韓国だけしか見えなくなってしまいそうだと思っており，中国を見て，韓国を相対化しようと思い，上海，蘇州，杭州，武漢，桂林，広州，香港を回る旅に出かけた。途中の蘇州で，テレビで見る天安門広場があまりに美しいので，杭州を飛ばして北京へと向かった。3月末の北京は寒く，黄砂が舞う最悪の天気で，北京に行ったことを後悔した。この経験から筆者はすべてのメディア（本書を含む）は人を騙すという事実に気付いた。また，社会主義国である北朝鮮を研究する筆者にとって，30年前の，計画経済からまだ抜け切れていない中国の姿を見たことは，今から考えると大変幸運なことであった。

その後，大阪外国語大学で朝鮮語を学んだ。この時に申熙九先生（故人，当時朝鮮問題研究所長）から北朝鮮の政治経済を学び，韓丘庸先生（児童文学評論家）から北朝鮮の文学を学んだ。また，先輩の植田晃次氏（大阪大学言語文化研究科准教授）からは，朝鮮語話者は韓国だけでなく，北朝鮮や中国，ロシア，米国などあちこちにいると教えていただいた。これらのことが，筆者が後に，北朝鮮研究を目指すようになるきっかけとなった。

　大阪外大卒業後は大阪大学に3年次編入した。司法試験を受けようという目論見は，鬼のような形相で勉強している先輩たちの姿を見て，1週間で消え去った。結局，アジア法を学び，博士前期，博士後期課程は西村幸次郎先生（現，山梨学院大学大学院法務研究科客員教授）に師事した。西村先生は朝鮮法の大家である大内憲昭先生（関東学院大学教授）を紹介して下さった。大内先生は，その後筆者が交流を続ける朝鮮社会科学者協会に筆者を紹介するなど，筆者の研究を全面的にサポートして下さった。筆者が現在，北朝鮮の研究者と交流しているのは，大内先生のおかげである。

　西村先生は筆者が博士課程在籍中に一橋大学に移られたので，博士論文は，松浦好治先生（名古屋大学大学院法学研究科法情報センター特任教授）に指導していただいた。大阪大学ではまた，政治学の多胡圭一先生（大阪経済法科大学教授），日本法制史の中尾敏充先生（奈良大学教授），西洋法制史の三成賢次先生（大阪大学副学長）には大変お世話になった。同期の西島和彦氏（ユースシアタージャパン代表）とは，大学院の慣れない環境の中，後輩の石塚迅氏（山梨大学生命環境学部准教授）とともに，修了まで二人三脚で生存競争を闘った。学会活動では，坂田幹男先生（大阪商業大学教授）や朴一先生（大阪市立大学経済学研究科教授）など，多くの先生方にご指導いただいた。

　時の流れるのは速いもので，筆者が大阪から新潟に居を移し，現在の職場である環日本海経済研究所（ERINA）に入所してから16年半が経つ。学生時代は北朝鮮の対外経済関係法を研究していた筆者がERINAに入所するきっかけを作って下さったのは，高龍秀先生（甲南大学経済学部教授）であった。経済法を研究していた筆者が北朝鮮経済の研究を始めるまでには少し時間がかかった。筆者がERINAに入所した際の所長であった吉田進氏には，それまでのビジネスや中国，ロシアを中心とする海外での経験から，研究者としてのリスクマネジメントについて学ぶことが多かった。また，すぐれたビジネスマンとしての後ろ姿を見なが

ら，純粋な学術研究だけでなく，ビジネスとの関連の中で物事を考える習慣をつけていただいた。調査研究部長であった中川雅之氏には，研究が軌道に乗るまでの間，静かに，しかし力強く見守っていただいた。その後所長として仕えた西村可明氏は，この叢書をスタートさせ，筆者が本書を執筆するチャンスを与えて下さった。また，西村氏には真実を探求し，忍耐強く時を待つ学者の心意気を学んだ。現所長の河合正弘氏には，筆者の北朝鮮研究に格別の支持をいただいている。ERINAの同僚である新井洋史氏，朱永浩氏（福島大学経済経営学類准教授），穆尭芊氏らには，ひとかたならぬお世話になっている。筆者がERINAで恵まれた研究生活を送ることができたのは，小倉貴子氏（総務部部長代理），吉田亜紀子氏（同主事）をはじめとする事務方のサポートに負うところ大である。また，これまで国際共同研究を通じて，北朝鮮をはじめとして，韓国，中国，ロシア，米国の研究者にも大変お世話になった。

　本書が世に出るまでの間，ERINA企画広報部長の中村俊彦氏，同部長代理の新保史恵氏には，原稿の整理や校正，地図の作成に尽力いただいた。そして原稿の量にくじけそうになっている筆者を叱咤激励しつつ，日本評論社との連絡に当たっていただいた。本書がなんとか世に出たのは，このお二方のおかげである。

　本書の編集を担当して下さった日本評論社第2編集部の斎藤博氏には，再三の原稿の遅れや差し替えにもかかわらず，忍耐強く対応していただいた。本の出版において，編集者の役割が重要であるとよく言われるが，今回の執筆を経験して，それがなぜか，実感することができた。改めて御礼申し上げたい。

　最後に，日々北東アジアを漂流する筆者を温かく見守り，励ましてくれた家族，特に妻，法子に御礼申し上げたい。

2017年8月

三村光弘

参考文献

日本語文献

李燦雨［2017］「中朝委託加工貿易と北朝鮮経済」『東亜』（602），94〜101頁。

──［2010］「南北経済交流の現状と展望」小牧輝夫・環日本海経済研究所編『経済から見た北朝鮮：北東アジア経済協力の視点から』明石書店，159〜184頁。

──［2002］「日朝経済協力の方案」［http://www.erina.or.jp/wp-content/uploads/2014/10/01140.pdf］（最終アクセス2017年8月30日）

飯村友紀［2014］「北朝鮮経済の現状分析・試論：「新たな並進路線」と裁量権の様態を中心に」『現代韓国朝鮮研究』（14），44〜63頁。

市川哲也［2013］「北朝鮮のアフリカ外交」慶應義塾大学2012年度 人文科学・自然科学研究会卒業制作，
［http://www.gakuji.keio.ac.jp/hiyoshi/hou/fukusenkou/3946mc00000274t2-att/isozaki_zemi.pdf］（最終アクセス201年4月22日）

伊藤亜人［2017］『北朝鮮人民の生活─脱北者の手記から読み解く実相』弘文堂。

今村弘子［2013］「北朝鮮の経済─変革か改革か」小此木政夫・西野純也編『朝鮮半島の秩序再編』慶応義塾大学出版会，123〜141頁。

林東源［2008］『南北首脳会談への道─林東源回顧録』岩波書店。

呉圭祥［2004］「総連第20回全体大会に向け知ろう総連の歩み（19）」『朝鮮新報』日本語版，2004年2月26日付［http://korea-np.co.jp/j-2004/01/0401j0226-00001.htm］（最終アクセス2017年8月30日）

呉民学［2003］「朝鮮民主主義人民共和国が進める新経済政策の方向性」『アジ研ワールド・トレンド』9（5），22〜25頁。

上澤宏之［2010］「南北朝鮮経済関係の比較考察─交易構造とその展開」『亜細亜大学大学院経済学研究論集』34，33〜64頁。

姜日天［1986］「朝鮮社会主義経済建設の現段階における独立採算制の強化について（上）」『月刊朝鮮資料』1986年9月号，53〜62頁。

──［1987］「朝鮮社会主義経済建設の現段階における独立採算制の強化について（下）」『月刊朝鮮資料』1987年7月号，52〜65頁。

金己大［1986］「共和国経済政策の新しい課題（上）」『月刊朝鮮資料』1986年6月号，25〜35頁。

──［1986a］「共和国経済政策の新しい課題（下）」『月刊朝鮮資料』1986年8月号，48〜56頁。

金秀大［1997］「共和国の農業協同経営における分組管理制とその展開」『月刊朝鮮資料』1997年3月号，18〜26頁。

金正日［2004］「強盛大国建設の要求に合わせ社会主義経済の管理を改善強化することについて─党、国家の経済機関責任活動家たちへの講話」『世界』2004年11月号、pp. 238〜249。

木村光彦［1999］『北朝鮮の経済─起源・形成・崩壊』創文社。

高昇孝［1973］『朝鮮社会主義経済論』日本評論社。

小牧輝夫［2010］「北朝鮮エネルギー問題の現状と課題」小牧輝夫・環日本海経済研究所編『経済から見た北朝鮮：北東アジア経済協力の視点から』明石書店，71〜88頁。

桜井浩［1976］『韓国農地改革の再検討』アジア経済研究所。

澤池忍［2010］「日朝経済関係」小牧輝夫・環日本海経済研究所編『経済から見た北朝鮮：北東アジア経済協力の視点から』明石書店。

申熙九［2005］『朝鮮経済論序説―1950年代から6・15共同声明まで』大阪経済法科大学出版部。

鐸木昌之［2014］『北朝鮮首領制の形成と変容―金日成，金正日から金正恩へ―』明石書店。

――［1992］『北朝鮮―社会主義と伝統の共鳴』東京大学出版会。

高林敏之［2010］「朝鮮民主主義人民共和国の対アフリカ関係に関する試論―『国際親善展覧館』の展示を手がかりにして」『アフリカ研究』No.76，31～38頁。

玉城素［2009］『玉城素の北朝鮮研究―金正日の10年を読み解く』晩聲社。

陳吉相［1993］「外国の投資に関する朝鮮民主主義人民共和国法」『月刊朝鮮資料』1993年8月号，41～53，40頁。

外村大［2012］『朝鮮人強制連行』岩波書店（岩波文庫）

中川雅彦［2016］「経済から見た「北朝鮮崩壊」論：満腹してなくても今日より明日がよく見える社会」『インテリジェンス・レポート』（92），38～47頁。

――［2015］「「税金がない国」の国家財政：朝鮮民主主義人民共和国の国家予算制度」『インテリジェンス・レポート』（81），17～27頁。

――［2015a］「金正恩体制は何を引き継いだのか：「金日成・金正日主義」の基礎」『インテリジェンス・レポート』（78），14～22頁。

――［2012］「朝鮮社会主義のなかの中小企業：地方産業工場の位置づけ」『アジ研ワールド・トレンド』18（20），20～23頁。

――［2011］『朝鮮社会主義経済の理想と現実：朝鮮民主主義人民共和国における産業構造と経済管理』アジア経済研究所。

――［2011a］「政治理念と政治エリート」中川雅彦編『朝鮮労働党の権力後継』アジア経済研究所，9～24頁。

――［2009］「朝鮮社会主義経済の構造と接近方法」『朝鮮社会主義経済の現在』アジア経済研究所，1～6頁。

――［2009a］「国家予算の動き」『朝鮮社会主義経済の現在』アジア経済研究所，9～25頁。

――［2005］「経済現状と経済改革」『金正日の経済改革』アジア経済研究所，1～14頁。

――［2004］「朝鮮民主主義人民共和国の工業管理体系と経済改革―行政機関と国営企業との関係」『アジア経済』45（7），2～28頁。

――［2004a］「朝鮮民主主義人民共和国における自力更生―重工業投資を優先した経済建設の推進過程,1945～1970年」『アジア経済』45（5），2～33頁。

――［2002］「朝鮮民主主義人民共和国における企業連合の形成」『アジア経済』43（11），2～23頁。

――［2001］「分析リポート 朝鮮民主主義人民共和国における企業連合―連合企業所の形成とその変遷」『アジ研ワールド・トレンド』31（10），31～38頁。

――［2000］「朝鮮民主主義人民共和国建国期における地方政権機関―人民委員会の形成と金日成体制の成立」『アジア経済』41（6），2～19頁。

日朝貿易会［1971］「日朝貿易の十五年誌」『日朝貿易』No.55（1971/6），21～28頁

―――［1993］『日朝貿易関係37年誌』

日本貿易振興機構［2017］『2016年度最近の北朝鮮経済に関する調査』日本貿易振興機構［https://www.jetro.go.jp/ext_images/_Reports/01/f0f8f157151bd739/20160134.pdf］（最終アクセス2017年9月8日）。

朴三石［1990］「在日朝鮮人による合弁事業の現状と課題（上)」『月刊朝鮮資料』1990年6月号，45～54頁。

―――［1990a］「在日朝鮮人による合弁事業の現状と課題（下)」『月刊朝鮮資料』1990年6月号，63～70頁。

朴在勲［2015］「朝鮮半島情勢セミナー報告本格的に動き始めた「朝鮮式経済改革」の実情」『東アジア経済情報』2（10），8～11頁。

―――［2011］「貿易と外国投資の現況」中川雅彦編『朝鮮労働党の権力後継』アジア経済研究所，99～123頁。

―――［2010］「朝鮮における経済再建の動き」小牧輝夫・環日本海経済研究所編『経済から見た北朝鮮：北東アジア経済協力の視点から』明石書店。

―――［2009］「対外経済政策の変化と貿易および投資の現況」『朝鮮社会主義経済の現在』アジア経済研究所，45～70頁。

―――［2005］「工業部門と国家予算に見る経済再建の動き」『金正日の経済改革』アジア経済研究所，29～52頁。

朴在勲・三村光弘・尹廷元・澤池忍・李鋼哲・李燦雨・田辺輝行［2010］「座談会 北朝鮮経済の「昨日，今日，明日」」小牧輝夫・環日本海経済研究所編『経済から見た北朝鮮：北東アジア経済協力の視点から』明石書店。

原田敬一［2007］『日清・日露戦争―シリーズ日本近現代史〈3〉』岩波書店

藤井新著・平岩俊司・坂井隆・礒崎敦仁・鐸木昌之編［2014］『北朝鮮の法秩序―その成立と変容』小石川ユニット。

水野直樹［2004］『生活の中の植民地主義』人文書院。

三浦元博・山崎博康［1992］『東欧革命―権力の内側で何が起きたか』岩波書店。

三村光弘［2016］「過渡期の北朝鮮ビジネス――個人・民営企業の台頭と金融改革」小倉和夫・康仁徳・日本経済研究センター編著『解剖 北朝鮮リスク』日本経済新聞出版社，77～103頁。

―――［2013］「北朝鮮経済における南北交易の位置」『現代韓国朝鮮研究』（13），27～36頁。

―――［2013a］「北朝鮮の新政権の経済政策と今後の北朝鮮」，小此木政夫・西野純也編著『朝鮮半島の秩序再編』慶應義塾大学出版会。

―――［2013b］「朝鮮民主主義人民共和国の経済政策と経済改革の方向性」『コリアン・スタディーズ』（1），40～53頁。

―――［2010］「朝鮮における鉱工業の発展」小牧輝夫・環日本海経済研究所編『経済から見た北朝鮮：北東アジア経済協力の視点から』明石書店，53～69頁。

―――［2009］「経済改革と経済実態の変化」小此木政夫・礒﨑敦仁編『北朝鮮と人間の安全保障』慶應大学出版社，89～111頁。

三宅康之［2007］「中国の「国交樹立外交」，1949～1957年」『紀要. 地域研究・国際学編』39（名古屋：愛知県立大学外国語学部），169～197頁。

宮本悟［2013］「千里馬作業班運動と千里馬運動の目的：生産性の向上と外貨不足」『現代韓国朝鮮研究』(13)，3～13頁。

―――（2011）「揺らぐ北朝鮮―局面転換の鍵は何か？（3）北朝鮮の対アフリカ軍事関係と国連制裁」『東亜』(528)，98～106頁。

―――［2011］「国際的制裁と対外政策」中川雅彦編『朝鮮労働党の権力後継』アジア経済研究所，25～49頁。

―――［2008］「南北交易に対する経済動向の影響」『海外事情』57（7・8），103～114頁。

文聖姫［2013］「朝鮮民主主義人民共和国における計画経済と「市場化」の相互補完関係に関する一考察」『韓国朝鮮の文化と社会』(12)，150～191頁。

―――［2013a］「北朝鮮における経済特区政策再活性化の背景」『北東アジア地域研究』(19)，79～95頁。

―――［2011］「対外経済政策の変遷」中川雅彦編『朝鮮労働党の権力後継』アジア経済研究所，75～98頁。

文浩一［2011］『朝鮮民主主義人民共和国の人口変動―人口学から読み解く朝鮮社会主義―』明石書店。

―――［2011a］「貨幣交換とマクロ動向」中川雅彦編『朝鮮労働党の権力後継』アジア経済研究所，51～74頁。

―――［2009］「人口統計からみる地域偏差」『朝鮮社会主義経済の現在』アジア経済研究所，27～44頁。

―――［2005］「食糧の需給状況と人々の健康状態」『金正日の経済改革』アジア経済研究所，15～28頁。

リ・ギソン［2006］「21世紀初頭の朝鮮の経済建設環境」『ERINA REPORT』Vol. 72，18～22頁。

柳学洙［2016］「金正恩時代の「朝鮮式経済管理方法」を読み解く」『アジ研ワールド・トレンド』22（1），39～43頁。

―――［2015］「1970-1980年代の朝鮮民主主義人民共和国における連合企業所の設立と組織形態：企業レベルデータによる定量的接近」『比較経済研究』52（1），59～73頁。

―――［2014］「朝鮮民主主義人民共和国における企業意思決定システム：「大安の事業体系」を中心として」『一橋経済学』，261～289頁。

―――［2011］「1940-1950年代における朝鮮民主主義人民共和国の企業経営システム―支配人唯一管理制の成立とその問題点」『アジア経済』52（3），2～27頁。

―――［1999］「最近の農民市場に関する政策動向と経済理論研究」『月刊朝鮮資料』1999年2月号，37～39頁。

柳宗悦［2014］『朝鮮とその芸術』グーテンベルク21（Kindle 版）

梁文秀［2000］『北朝鮮経済論―経済低迷のメカニズム』信山社。

尹廷元［2010］「北朝鮮の農業と食料問題」小牧輝夫・環日本海経済研究所編『経済から見た北朝鮮：北東アジア経済協力の視点から』明石書店。

和田春樹［2012］『北朝鮮現代史』岩波書店。

『朝鮮新報』［http://chosonsinbo.com/jp/］

朝鮮語文献

참고文献

김정일 [金正日] [1984] 『인민생활을 더욱 높일데 대하여 : 조선로동당 중앙위원회 책임일군 협의회에서 한 연설 (1984년 2월16일)』[人民生活をより高めることに対して：朝鮮労働党中央委員会責任幹部協議会において行った演説（1984年2月16日）]

리동구 [リ・ドング] [1998] 「사회주의사회에서 농민시장가격의 옳바른 조정」[社会主義社会において農民市場価格の正しい調整]『김일성종합대학 학보: 철학, 경제학』44（3）58〜62頁。

宮塚利雄 [1994] 「북한의 합영사업과 일본기업-재일조선인을 중심으로」[北韓の合弁事業と日本企業—在日朝鮮人を中心に]『북한의 투자황경과 남북한 경제협력의 정책과제』[北韓の投資環境と南北韓経済協力の政策課題] 韓国開発研究院、41〜66頁。[https://www.kdi.re.kr/research/subjects_view.jsp?pub_no＝2326]（最終アクセス2017年4月30日）

박태호 [パク・テホ] [1987] 『조선민주주의인민공화국대외관계사 2』[朝鮮民主主義人民共和国対外関係史2] 平壤：社会科学出版社。

사회과학원 추체경제연구소편 [社会科学院主体経済研究所編] [1985] 『경제사전 (1)』[経済辞典（1）] 平壤：社会科学出版社

림형종 외 [リム・ヒョンジョンほか] [1990] 『조선지리전서 (경제지리)』[朝鮮地理全書（経済地理）] 平壤：教育図書出版社

조선로동당출판사 [朝鮮労働党出版社] [2004] 『조선로동당력사』[朝鮮労働党歴史] 平壤：朝鮮労働党出版社。

── [1991] 『조선로동당력사』[朝鮮労働党歴史] 平壤：朝鮮労働党出版社。

사회과학원주체경제연구소편 [社会科学院主体経済研究所編] [1985] 『경제사전』[経済辞典] 第2巻，平壤：社会科学出版社。

崔壽永 [2010] 『북·중 경제관계와 남북경협의 대북 파급효과 비교분석』[北・中経済関係と南北経協の対北波及効果比較分析] ソウル：統一研究院。

大韓貿易投資振興公社 （KOTRA）『북한의 대외무역동향』[北韓の対外貿易動向] 各号。

韓国・統一省 『남북교류협력동향』[南北交流協力動向] 各号（〜2016年7月）

『로동신문』[労働新聞] [http://www.rodong.rep.kp/]

『조선중앙통신』[朝鮮中央通信] [http://www.kcna.kp] [http://www.kcna.co.jp/]

『조선신보』[朝鮮新報] [http://www.chosonshinbo.com/]

『경제연구』[経済研究] 平壤：科学百科事典出版社。

『김일성종합대학학보:철학,경제학』[金日成総合大学学報：哲学，経済学] 平壤：金日成総合大学出版社。

『사회과학원학보』[社会科学院学報] 平壤：社会科学出版社。

『조선중앙년감』[朝鮮中央年報] 平壤：朝鮮中央通信社。

英語文献

Foreign Trade of the DPRK, Pyongyang: Foreign Trade Publishing

KIM, Byung-Yeon. [2017] *Unveiling the North Korean Economy: Collapse and Transition*, Cambridge University Press

MIMURA Mitsuhiro [2015] "The Newly Created Economic Development Zones in the Democratic People's Republic of Korea: In relation to the new economic policy under the Kim Jong Un government," *The Northeast Asian Economic Review*, (3)1, pp. 27-37.

『ERINA REPORT』記事一覧 ［Vol. 1（1994年 2 月）〜No. 137（2017年 8 月）］

題名	著者	著者所属	号数	出版時期	ページ数
朝鮮民主主義人民共和国の経済情勢と外資導入政策	井澤良行	ERINA 研究員	5	1995年 2 月	14-21
北朝鮮の現状と開放政策の行方	稲垣清	三菱総合研究所主席研究員	5	1995年 2 月	22-24
朝鮮民主主義人民共和国のエネルギー需給の現況	李燦雨	ERINA 研究員	8	1995年11月	26-32
新潟・北東アジア経済会議'96 第 2 セッション「経済特区の現状と課題」			10	1996年 4 月	18-25
北朝鮮に開いた市場経済の窓	金森久雄	ERINA 理事長	13	1996年10月	1-2
羅津・先鋒地帯国際ビジネスフォーラムの成果をどう見るか	信國眞載	ERINA 調査研究部長	13	1996年10月	2-3
羅津・先鋒地帯国際投資ビジネスフォーラム報告	伊倉仁, 中野力	ERINA 研究員	13	1996年10月	4-13
北朝鮮経済の現況	辻久子	ERINA 主任研究員	13	1996年10月	14-21
北朝鮮視察記	辻久子	ERINA 主任研究員	13	1996年10月	22-29
羅津の変化と合弁企業視察	駒形正明	ERINA 経済交流部長代理	13	1996年10月	30-31
羅津・先鋒自由経済貿易地帯開発に対する世界的関心と我が国の対外経済関係の発展展望について	金秀勇	金日成総合大学経済学部教授	14	1996年12月	1-4
外資導入政策：中国の成長と北朝鮮の停滞	朴貞東	韓国開発研究院（KDI）研究委員	14	1996年12月	5-11
新潟・北東アジア経済会議'97 朝鮮民主主義人民共和国対外経済協力推進委員会 金正宇委員長からのメッセージ	金正宇	朝鮮民主主義人民共和国対外経済協力推進委員会委員長	16	1997年 4 月	16
96年の朝鮮民主主義人民共和国経済の評価と97年の展望	洪性國	韓国統一院経済課長	17	1997年 6 月	8-10
朝鮮民主主義人民共和国の食糧需給状況，その展望と対策	金氻根	韓国農村経済研究院首席研究委員	18	1997年 8 月	1-7
羅津・先鋒自由経済貿易地帯の開発に関する政策と現在の状況—羅津・先鋒自由経済貿易地帯ビジネ	孟鉄虎, 金成俊	朝鮮民主主義人民共和国対外経済協力推進委員会課長	20	1997年12月	1-5

『ERINA REPORT』記事一覧

スセミナーにおける発言要旨—					
羅津・先鋒自由経済貿易地帯を巡る最近の動きについて	影山陽一	ERINA 調査研究部研究主任	20	1997年12月	7-10
相互理解と信頼の醸成に向けて—朝鮮民主主義人民共和国 投資促進ミッション同行記—	駒形正明	ERINA 経済交流部部長代理	20	1997年12月	13-17
開放・改革を始めた北朝鮮に隣国は何をすべきか	辻久子	ERINA 調査研究部主任研究員	20	1997年12月	18
南北朝鮮の統一費用の推計に関する研究のサーベイと今後の課題	尹永善	ERINA 調査研究部客員研究員	20	1997年12月	20-27
南北朝鮮の選択と南北関係シナリオ	呉三教	現代経済社会研究院統一経済センター研究委員	20	1997年12月	31-37
図們江地域開発は進んでいるか—図們江地域開発の最近の動き—	影山陽一,西片一喜	ERINA 調査研究部研究主任, ERINA 調査研究部研究員	21	1998年2月	1-14
図們江流域3国国境越え紀行	辻久子	ERINA 調査研究部主任研究員	21	1998年2月	18-26
新潟・北東アジア経済会議'98第2セッション「北東アジアの輸送ネットワーク」			22	1998年4月	26-36
朝鮮民主主義人民共和国でのビジネスについて—平壌に拠点を置く西欧の銀行実務者の見解—	キース・チディー	ING 北東アジア銀行総支配人	23	1998年6月	10-15
環日本海新航路開設に向けた中ロ国境通過の現状と課題	池田浩,西片一喜	ERINA 調査研究部研究員, ERINA 調査研究部前研究員	23	1998年6月	16-28
北朝鮮との経済交流の可能性	駒形正明	ERINA 経済交流部前部長代理	23	1998年6月	52-54
羅津—先鋒経済貿易地帯の開発とその特徴	李幸浩	朝鮮社会科学院世界経済南南協力研究所所長	24	1998年8月	25-29
IMF 時代の韓国経済と南北朝鮮の経済協力	尹永善	ERINA 調査研究部客員研究員	26	1998年12月	1-13
吉林省と羅津・先鋒地帯における最近の投資促進活動について	ジェフ・ライト	図們江地域開発計画事務局投資アドバイザー	26	1998年12月	48-50
ロ—中—朝 国境通過の現状—物流ルート実地踏査ビジネスミッション派遣報告	中川雅之	ERINA 経済交流部長	26	1998年12月	51-54

北東アジアにおける地域協力の進展：北東アジア経済協力会議および図們江開発計画諮問委員会	UNDP図們江開発事務局		29	1999年8月	5-8
中国東北部新ルート開設セミナー報告 ～釜山―羅津―新潟定期コンテナ航路利用促進説明会～	朴鐘圭	東龍海運株式会社社長	29	1999年8月	19-20
キーパーソンインタビュー「朝鮮半島にどう取り組むか」	康仁徳	前大韓民国統一部長官	30	1999年10月	18-23
羅津・先鋒の新しい動き	辻久子	ERINA 調査研究部主任研究員	30	1999年10月	24-29
北東アジアにおける政治安全保障の現状	ロバート・スカラピーノ	カリフォルニア大学バークレー校東アジア研究所ロブソンリサーチ政府名誉教授	32	2000年2月	8-15
新潟・北東アジア経済会議2000 第1セッション「北東アジアから世界への回廊：国際輸送ネットワークの拡充」			33	2000年4月	17-31
図們江地域の将来と資金調達の課題	カール・アーロン	世界銀行外国投資顧問サービス部門投資政策官	34	2000年6月	17-23
図們江地域の輸送回廊実現に向けて	辻久子	ERINA 調査研究部主任研究員	34	2000年6月	32-40
図們江地域の外国直接投資の現状と潜在的投資分野	李燦雨	ERINA 調査研究部客員研究員	34	2000年6月	49-56
図們江開発参考文献			34	2000年6月	57-60
ピョンヤン訪問とその成果	吉田進	ERINA 所長	36	2000年10月	59-61
北東アジア経済協力における中国丹東市の役割と展望	李燦雨	ERINA 調査研究部客員研究員	37	2000年12月	1-7
中国丹東市にみる対外交流	吉田均	ERINA 調査研究部客員研究員	37	2000年12月	8-10
朝鮮民主主義人民共和国（北朝鮮）における外国企業協会（FBDA）の概略	ロジャー・バレット	外国企業協会首席代表	38	2001年2月	11-14
図們江下流地域の開発現状と基本課題	李茂祥	中国延辺現通海運集団総裁	38	2001年2月	30-32
曲がり角に来た UNDP 主導の図們江開発	辻久子	ERINA 調査研究部主任研究員	38	2001年2月	35-38
北東アジア経済会議2001イン新潟					

『ERINA REPORT』記事一覧

第1セッション「北東アジアの物流ネットワーク：不連続点の解消に向けて」			39	2001年4月	28-41
第10回北東アジア経済フォーラム長春会議報告	辻久子	ERINA調査研究部主任研究員	40	2001年6月	4-9
UNDP会議報告—北東アジア経済協力会議に参加して	中川雅之	ERINA経済交流部兼調査研究部長	40	2001年6月	15-17
朝鮮民主主義人民共和国の外国資本導入史	李燦雨	ERINA調査研究部客員研究員	41	2001年8月	9-19
北朝鮮観光「Monitor Tour」報告	佐藤尚	ERINA経済交流部部長代理	43	2001年12月	47-53
北東アジア輸送ネットワークにおける朝鮮半島の役割	安承範, 田一秀	韓国交通開発研究院北東アジア物流研究センター研究委員, 同先任研究委員	44	2002年2月	69-75
北東アジア経済会議2002イン新潟運輸・物流専門家会合（運輸・物流常設分科会）			45	2002年4月	66-77
「北東アジアにおけるエネルギー安全保障及び持続可能な開発：協力の展望」会議報告	ウラジーミル・イワノフ, ドミトリー・セルガチョフ, 小熊エレナ	ERINA調査研究部主任研究員, 同研究員, 同研究助手	46	2002年6月	5-12
北東アジアの歴史の正しい側面を探る—朝鮮民主主義人民共和国（北朝鮮）とのエネルギー協力の潜在的役割—	ブラッドリー・O・バブソン	世界銀行北朝鮮担当顧問	46	2002年6月	24-27
北朝鮮, 朝鮮半島エネルギー開発機構（KEDO）とロシア	ウラジーミル・イワノフ	ERINA調査研究部主任研究員	46	2002年6月	37-45
日本と朝鮮民主主義人民共和国の経済関係の歴史と現状	李燦雨	ERINA調査研究部客員研究員	47	2002年8月	27-43
UNDP「北東アジアにおける協力, 発展の展望」セミナー及び図們江地域開発計画諮問委員会	吉田進	ERINA所長	47	2002年8月	50-52
朝鮮民主主義人民共和国の対外経済関係法の現状（1）	三村光弘	ERINA調査研究部研究員	48	2002年10月	15-35
シベリア鉄道の国際利用と朝鮮半島縦断鉄道に関する学術会議	辻久子	ERINA調査研究部主任研究員	48	2002年10月	53-55

朝鮮民主主義人民共和国の対外経済関係法の現状（2）	三村光弘	ERINA 調査研究部研究員	49	2002年12月	39-59
平壌国際経済技術・インフラ展覧会および平壌視察	三村光弘	ERINA 調査研究部研究員	49	2002年12月	74-78
朝鮮民主主義人民共和国の対外経済関係法の現状（3）	三村光弘	ERINA 調査研究部研究員	50	2003年 2 月	25-40
韓国の盧武鉉・新政権の対内外政策の概要と課題	李燦雨，辻久子	ERINA 調査研究部客員研究員，同主任研究員	51	2003年 4 月	48-55
朝鮮民主主義人民共和国の対外経済関係法の現状（4）	三村光弘	ERINA 調査研究部研究員	51	2003年 4 月	64-80
キーパーソンインタビュー（日）「北東アジアにおける北朝鮮の政治動向」	武貞秀士	防衛庁防衛研究所主任研究官	52	2003年 6 月	1-10
朝鮮民主主義人民共和国の対外経済関係法の現状（5）	三村光弘	ERINA 調査研究部研究員	52	2003年 6 月	53-67
朝鮮民主主義人民共和国の対外経済関係法の現状（6）	三村光弘	ERINA 調査研究部研究員	53	2003年 8 月	32-65
韓国鉄道の現状と南北鉄道連結運行方案	李容相	韓国鉄道技術研究院責任研究員	54	2003年10月	11-16
朝鮮民主主義人民共和国の対外経済関係法の現状（7・完）	三村光弘	ERINA 調査研究部研究員	54	2003年10月	18-32
羅津・先鋒訪問記	三村光弘	ERINA 調査研究部研究員	55	2003年12月	54-58
シベリア横断鉄道と朝鮮半島縦断鉄道連結の可能性	辻久子	ERINA 調査研究部主任研究員	56	2004年 2 月	41-43
2004北東アジア経済会議／北東アジア経済フォーラムイン新潟運輸・物流パネル「動き出す輸送回廊」			57	2004年 5 月	34-45
北朝鮮・ロシア間経済協力の現状と南北経済協力に与える示唆点	趙明哲	韓国対外経済政策研究院研究委員，ERINA 調査研究部客員研究員	58	2004年 7 月	48-56
朝鮮民主主義人民共和国の経済関係法の改正（1）	三村光弘	ERINA 調査研究部研究員	58	2004年 7 月	59-70
活気と中国製品があふれる街，平壌	三村光弘	ERINA 調査研究部研究員	60	2004年11月	42-45
中朝間の経済交流と協力の現状及びその発展傾向に関する分析	張宝仁	中国吉林大学東北アジア研究センター教	61	2005年 1 月	18-24

『ERINA REPORT』記事一覧

		授			
朝鮮民主主義人民共和国の経済関係法の改正（2）	三村光弘	ERINA 調査研究部研究員	61	2005年1月	31-55
キーパーソンインタビュー「統一を見据え，平壌科学技術大学を設立します」	金鎮慶	延辺科学技術大学総長	62	2005年3月	37-40
朝鮮民主主義人民共和国の経済関係法の改正（3・完）	三村光弘	ERINA 調査研究部研究員	63	2005年5月	16-32
第4回「新しい北東アジア」東京セミナー	三村光弘	ERINA 調査研究部研究員	63	2005年5月	38-42
2005北東アジア経済会議イン新潟専門家会合：北東アジア輸送回廊／産業・観光回廊			65	2005年9月	57-68
キーパーソンインタビュー「朝鮮半島縦断鉄道を延長して「鉄のシルクロード」を造ろう」	崔然恵	韓国鉄道公社（KORAIL）副社長	67	2006年1月	4-5
回復基調に入った北朝鮮経済	三村光弘	ERINA 調査研究部研究員	67	2006年1月	36-38
開城工業地区を参観して	三村光弘	ERINA 調査研究部研究員	68	2006年3月	63-67
北朝鮮羅津港訪問記	成実信吾	ERINA 客員研究員	68	2006年3月	67-69
黄砂にけむる平壌	三村光弘	ERINA 調査研究部研究主任	70	2006年7月	66-69
南北首脳会談以後の南北経済協力の評価および今後の課題	洪翼杓	韓国対外経済政策研究院（KIEP）専門研究員	71	2006年9月	17-23
縮小する中朝貿易と拡大する中朝の経済格差	三村光弘	ERINA 調査研究部研究主任	71	2006年9月	39-40
21世紀初頭の朝鮮の経済建設環境	李基成	朝鮮社会科学院経済研究所室長	72	2006年11月	18-22
朝鮮農業の当面する諸課題	李幸浩	朝鮮社会科学院経済研究所所長	73	2007年1月	63-67
朝鮮における政治道徳的刺激と物質的刺激の正しい組み合わせとその適用について	李正花	朝鮮社会科学者協会研究員	73	2007年1月	68-71
「北朝鮮国内の韓国」―開城工業団地訪問記―	大西広	京都大学大学院経済学研究科教授	73	2007年1月	72-73
朝鮮における情報技術の発展とその利用	李錦華	朝鮮社会科学者協会研究員	74	2007年3月	10-12
朝鮮民主主義人民共和国における		ERINA 調査研究部			

立法の動向（その1）	三村光弘	研究主任	74	2007年3月	13-41
大図們江地域の協力開発における吉林省側の進展状況と情勢分析について	祝濱濱	中国東北師範大学地域経済専攻博士	76	2007年7月	27-34
朝鮮における実利重視の経済管理の改善	張進宇	朝鮮社会科学者協会研究員	76	2007年7月	54-57
朝鮮における社会主義経済強国建設	尹載昌	朝鮮社会科学院経済研究所研究員	77	2007年9月	55-57
北東アジアにおける朝鮮民主主義人民共和国の経済交流と展望	朴慶哲	朝鮮社会科学者協会研究員	77	2007年9月	58-60
朝鮮民主主義人民共和国の経済の現状	三村光弘	ERINA調査研究部研究主任	78	2007年11月	1-11
米国の対朝鮮経済制裁	李幸浩	朝鮮社会科学院経済研究所所長	78	2007年11月	15-17
経済強国建設において科学技術の発展を重視している朝鮮	張進宇	朝鮮社会科学者協会研究員	78	2007年11月	18-21
四大先行部門に力を入れている朝鮮民主主義人民共和国	李永玉	朝鮮社会科学者協会研究員	78	2007年11月	22-24
北朝鮮の金融改革の動向―商業銀行制度の導入を中心に―	柳承鎬	韓国輸出入銀行南北協力本部副部長	78	2007年11月	25-30
北朝鮮出張記	三村光弘	ERINA調査研究部研究主任	78	2007年11月	44-51
遼寧省と北朝鮮との経済貿易の現状及び今後の課題	禹穎子	遼寧社会科学院世界経済研究所副研究員・ERINA調査研究部客員研究員	79	2008年1月	48-54
朝鮮民主主義人民共和国における対外リーガルサービスと平壌対外民事法律相談所	金正国	朝鮮社会科学院法律研究所	80	2008年3月	30-32
将来の北東アジアにおけるエネルギー部門の地域協力に向けた提案事項と北朝鮮―機会と制約	デイビッド・フォン・ヒッペル, ピーター・ヘイズ	ノーチラス研究所客員研究員, 同所長	82	2008年7月	56
朝鮮民主主義人民共和国に対する日本の経済的孤立圧殺政策	姜哲敏	朝鮮社会科学院経済研究所研究員	82	2008年7月	70-73
開城工業地区における労務管理	朴昌明	駿河台大学法学部准教授	82	2008年7月	74-80

『ERINA REPORT』記事一覧

「朝鮮民主主義人民共和国の経済」特集について	三村光弘	ERINA 調査研究部研究主任	83	2008年9月	1-2
朝鮮経済および中朝経済協力の現状と展望	張鋒	吉林省社会科学院教授・朝鮮・韓国研究所長	83	2008年9月	5-11
現在の朝鮮民主主義人民共和国における社会主義経済強国建設の基本方針と原則	金動識	朝鮮社会科学者協会研究員	83	2008年9月	13-15
最近，農業発展に力を入れている朝鮮	金蒼景	朝鮮社会科学者協会室長	83	2008年9月	16-19
朝鮮における軽工業の現代化と人民消費品の生産	石哲元	朝鮮社会科学者協会室長	83	2008年9月	20-23
朝鮮の強盛大国建設と経済改革	金哲	遼寧社会科学院朝鮮半島研究中心秘書長	85	2009年1月	1-9
建国60周年を迎え祝賀ムードの平壌	三村光弘	ERINA 調査研究部研究主任	86	2009年3月	49-50
中国吉林省と北朝鮮の経済貿易関係の現状と展望	呉昊	吉林大学東北アジア研究院教授	88	2009年7月	5-12
図們江地域開発の進展と課題 —延辺朝鮮族自治州を中心に—	李聖華	延辺大学経済管理学院助教授	88	2009年7月	14-18
平壌出張記	三村光弘	ERINA 調査研究部研究主任	88	2009年7月	36-39
社会主義経済強盛大国建設において朝鮮が一貫して堅持している基本原則	張明浩	朝鮮社会科学院経済研究所研究員	89	2009年9月	72-74
朝鮮民主主義人民共和国の外国投資企業および外国人の税金制度	金志革	朝鮮社会科学院法律研究所研究員	89	2009年9月	75-78
日々発展する国境都市，丹東	三村光弘	ERINA 調査研究部研究主任	89	2009年9月	84-86
朝鮮民主主義人民共和国における外国投資のための環境	石哲元	朝鮮社会科学者協会室長	91	2010年1月	81-83
朝鮮民主主義人民共和国における社会給養サービスについて—平壌市内の食堂を中心に—	リ・ジョンハ	朝鮮社会科学者協会研究員	91	2010年1月	84-86
世界金融危機と朝鮮民主主義人民共和国の経済—資本主義通貨金融危機に対する歴史的考察—	黄哲鎭	朝鮮社会科学院経済研究所研究員	92	2010年3月	108-110
現在の世界金融危機に関する分析	呉平愛	朝鮮社会科学者協会	93	2010年5月	113-115
世界金融危機と朝鮮の国内経済	金東識	朝鮮社会科学者協会研究員	94	2010年7月	62-64

羅津出張記	三村光弘	ERINA 調査研究部研究主任	96	2010年11月	53-55
近年における朝鮮のマクロ経済動向分析	金哲	遼寧社会科学院朝鮮半島研究中心秘書長・ERINA 共同研究員	100	2011年7月	65-68
北朝鮮の経済特区開発構想と対中アプローチ戦略	尹勝炫	延辺大学経済管理学院教授	100	2011年7月	73-86
平壌・羅先出張記	三村光弘	ERINA 調査研究部長	100	2011年7月	87-90
羅先経済貿易地区訪問記	三村光弘	ERINA 調査研究部長・主任研究員	102	2011年11月	41-46
2012北東アジア経済発展国際会議（NICE）イン新潟 セッションC 物流・交通			105	2012年5月	50-61
特集「北朝鮮経済の発展方向」にあたって	三村光弘	ERINA 調査研究部長・主任研究員	107	2012年9月	1-2
中国の東北地域発展戦略と対北朝鮮経済貿易協力の現状及び展望	満海峰	遼東学院朝鮮半島研究所長・教授	107	2012年9月	3-11
主体性が顕著に強化されている朝鮮の経済	白明吉	朝鮮社会科学者協会研究員	107	2012年9月	12-14
近年の朝鮮の科学技術発展方向とその主要な成果	呉星哲	朝鮮社会科学者協会研究員	107	2012年9月	15-16
軽工業と農業の発展に力を注いでいる朝鮮	李英玉	朝鮮社会科学者協会研究員	107	2012年9月	17-19
Mongolia-DPRK Economic Relations	N. ドルジスレン	モンゴル戦略研究所国際安全保障研究センター長	109	2013年1月	58-60
南北経済協力の成功条件と促進のためのロードマップ	趙成烈	国家安保戦略研究所責任研究委員	110	2013年3月	49-63
GTI 大図們江地域（GTR）横断輸送回廊に関する統合輸送インフラ及び国境通過円滑化調査	バルバラ・クレチェトワ	国連開発計画（UNDP）図們江事務局プログラムオフィサー	111	2013年5月	8-12
特集「朝鮮民主主義人民共和国の経済建設」にあたって	三村光弘	ERINA 調査研究部長・主任研究員	117	2014年4月	61-62
近年の朝鮮民主主義共和国における経済建設の成果—人民経済先行部門と農業，軽工業，その他の部門—	白明吉	朝鮮社会科学者協会室長	117	2014年4月	62-67

朝鮮民主主義共和国経済開発区法の基本内容に関して	林英燦	朝鮮社会科学院法律研究所研究員・副教授	117	2014年4月	68-70
朝鮮民主主義人民共和国における黄金坪・威化島経済貿易地帯の宣布と黄金坪・威化島経済貿易地帯法の構成体系について	金新鎬	朝鮮社会科学院法律研究所室長	117	2014年4月	71-72
北東アジアの平和を実現する上で必要とする重要な国際法	リ・ギョンナム	朝鮮社会科学院法律研究所研究員	117	2014年4月	73-75
北朝鮮における経済開発区設立の背景および展望	権秀蓮,権哲男	中国中山大学亜太研究院2014級修士課程,中国延辺大学経済管理学院教授	123	2015年4月	55-60
特集「朝鮮経済の新展開」にあたって	三村光弘	ERINA 調査研究部主任研究員	124	2015年6月	1
朝鮮における自立的な機械工業発展の歴史	石哲元	朝鮮社会科学者協会室長	124	2015年6月	3-5
朝鮮における地方工業の発展	李元赫	朝鮮社会科学者協会研究員	124	2015年6月	6-8
建設の大繁栄期を迎える朝鮮	朴銀順	朝鮮社会科学者協会研究員	124	2015年6月	9-11
都市建設が進む羅先経済貿易地帯	三村光弘	ERINA 調査研究部主任研究員	125	2015年8月	57-59
2016北東アジア経済発展国際会議（NICE）イン新潟セッションB：交通・物流			129	2016年4月	25-38
北朝鮮経済の最近の変化と今後の見通し	三村光弘	ERINA 調査研究部主任研究員	130	2016年6月	1-4
朝鮮民主主義人民共和国における経済開発区設立に関する一考察	李聖華	延辺大学経済管理学院・延辺大学朝鮮半島研究共同創業新センター副教授,ERINA 共同研究員	130	2016年6月	7-13
朝鮮民主主義人民共和国の自然環境保護と自然保護区制度についての一考察	李松林	延辺大学講師	130	2016年6月	15-20
北朝鮮における水資源利用に関する一考察	権哲男,白雨鑫	延辺大学経済管理学院・朝鮮半島研究協同創新センター教授,ERINA 共同研究員,延辺大学経済管理学	132	2016年10月	17-24

		院理論経済学科修士課程			
平壌出張記	三村光弘	ERINA 調査研究部主任研究員	132	2016年10月	26-27
羅津港第3埠頭訪問	三村光弘	ERINA 調査研究部主任研究員	132	2016年10月	27-28
第6回羅先国際商品展示会	三村光弘	ERINA 調査研究部主任研究員	132	2016年10月	29
国際制裁が北朝鮮経済に及ぼす影響に関する分析	李聖華,李小川	延辺大学経済管理学院副教授,延辺大学朝鮮半島研究創業新センター研究員,ERINA 共同研究員,延辺大学経済管理学院世界経済専攻修士課程	135	2017年4月	65-74
羅先経済貿易地帯出張記	三村光弘	ERINA 調査研究部主任研究員	136	2017年6月	34-36
平壌出張記	三村光弘	ERINA 調査研究部主任研究員	136	2017年6月	37-38

索　引

あ　行

エネルギー　42, 45, 47-48, 50, 52

か　行

貨幣交換　140, 142, 149-151
北朝鮮人民委員会　10
北朝鮮臨時人民委員会　10, 15
吸収統一　2, 13, 118
苦難の行軍　2, 126-128, 149, 178
金剛山（クムガンサン）観光　63
軽工業　41, 152-154, 178
経済管理　124, 128, 130, 133, 135, 142,
　　173-175, 181
経済計画　21, 23
経済建設と核武力建設の並進路線　68
経済相互援助会議（COMECON）　19
開城（ケソン）工業地区　63
合営法（合弁法）　20
鉱物資源　34
五カ年計画　22
国家開発銀行　158
国家経済発展五カ年戦略　181
国家予算　28

さ　行

市場価格　134, 143
実利　132-133, 149
社会主義企業責任管理制　174-177, 180
社会主義世界市場　53, 58, 117-119, 125,
　　149
社会主義分配原則　124

社会主義文明国　161-162
重工業　37, 39-41, 52
商品経済　142, 149-150
植民地　4-6
自立的民族経済　17, 19
　　──建設　53
新経済戦略　121, 124-125, 127
水産業　31, 33, 153-154
戦後復興3カ年計画　21
戦時計画経済　18
ソ連崩壊　118-119

た　行

体制競争　12-13, 181
地域市場　142, 144, 146-147
知識経済　161
地方工業　152
朝鮮戦争　1, 3, 7, 10-13
大豊（テプン）グループ　158
東西冷戦　1-3, 7, 12, 117, 151
党の戦略的方針　121, 126-127
特殊経済地帯　56, 58, 62, 66, 68
独立採算制　124, 134

な　行

七カ年計画
　第1次──　22, 24
　第2次──　25
　第3次──　25
農業　30, 152-154, 177-178
農民市場　123, 128, 142

207

は 行

80年代の10大展望目標　　25
非国営部門　　97, 137-138, 142
黄金坪（ファングムピョン）・威化島（ウィ
　　ファド）経済地帯　　66, 156
プロレタリア国際主義　　18-19, 117, 120
分組管理制　　122
分断　　2, 12-13
並進路線　　167-169, 174, 181, 183
圃田担当責任制　　174, 177

ま 行

民意　　154

ら 行

羅津（ラジン）港　　60, 155-158
羅先（ラソン）経済貿易地帯　　58, 67-68,
　　156
累積債務問題　　20
六カ年計画　　23-24

●著者紹介

三村光弘（みむら・みつひろ）

現職：公益財団法人環日本海経済研究所（ERINA）調査研究部主任研究員
1969年大阪府生まれ。1993年大阪外国語大学外国語学部朝鮮語学科卒業。1995年大阪大学法学部法学科卒業。1997年大阪大学大学院法学研究科博士前期課程修了。2001年大阪大学大学院法学研究科博士後期課程修了，博士（法学）。2001年ERINA入所，調査研究部研究員。2006年調査研究部研究主任。2011年調査研究部部長兼主任研究員。2015年より現職。
主な論文：「過渡期の北朝鮮ビジネス」小倉和夫・康仁徳・日本経済研究センター編『解剖北朝鮮リスク』日本経済新聞出版社，2016年。「北朝鮮の新政権の経済政策と今後の北朝鮮」小此木政夫・西野純也編著『朝鮮半島の秩序再編』慶應義塾大学出版会，2013年。「北朝鮮の経済改革とその課題」日本国際問題研究所平成24年度研究プロジェクト「2012年の北朝鮮」分析レポート，日本国際問題研究所，2013年ほか。

【ERINA北東アジア研究叢書】6
現代 朝 鮮経済
挫折と再生への歩み

2017年9月30日　第1版第1刷発行

著　者——三村光弘
発行者——串崎　浩
発行所——株式会社日本評論社
　　　　　〒170-8474　東京都豊島区南大塚3-12-4　電話　03-3987-8621（販売），8595（編集）
　　　　　振替　00100-3-16
　　　　　https://www.nippyo.co.jp/
印　刷——精文堂印刷
製　本——株式会社松岳社
装　幀——林　健造
検印省略 © M. Mimura, 2017
Printed in Japan
ISBN978-4-535-55884-7

JCOPY 〈（社）出版者著作権管理機構　委託出版物〉
本書の無断複写は著作権法上での例外を除き禁じられています。複写される場合は，そのつど事前に，（社）出版者著作権管理機構（電話 03-3513-6969，FAX 03-3513-6979，e-mail: info@jcopy.or.jp）の許諾を得てください。また，本書を代行業者等の第三者に依頼してスキャニング等の行為によりデジタル化することは，個人の家庭内の利用であっても，一切認められておりません。